ULRICH SCHNABEL

zuversicht

ULRICH SCHNABEL

zuversicht

Die Kraft der inneren Freiheit und
warum sie heute wichtiger ist denn je

BLESSING

MIX
Papier aus verantwortungsvollen Quellen
FSC® C014496

Verlagsgruppe Random House FSC® N001967

1. Auflage, 2018

Umschlaggestaltung: Geviert, Grafik & Typografie
Umschlagabbildung: Gustav Klimt,
Die drei Lebensalter (Ausschnitt), 1905,
Öl/Lwd., Galleria Nazionale d'Arte Moderna, Rom
© akg-images/Erich Lessing
Bildredaktion: Annette Mayer
Satz: Leingärtner, Nabburg
Druck und Einband: GGP Media GmbH, Pößneck
Printed in Germany
ISBN: 978-3-89667-513-2

www.blessing-verlag.de

Für Alva und Hannah
und die zuversichtliche Generation

Inhalt

Was heißt hier Zuversicht?

»Jeder Tag ist ein Geschenk
Er ist nur scheiße verpackt
Und man fummelt am Geschenkpapier rum
und kriegt es nur mühsam wieder ab.«

Aus dem Song »Das Leichteste der Welt«
von Kid Kopphausen

Stellen Sie sich vor, Sie starten in Ihr Erwachsenenleben, sind Anfang zwanzig und voller Ideen und Zukunftshoffnung. Da wird bei Ihnen eine rätselhafte Krankheit diagnostiziert, die unheilbar ist und – so eröffnen Ihnen die Ärzte bedauernd – allmählich zur Lähmung und über kurz oder lang zum Tod führen wird. Wie viele Jahre Ihnen noch bleiben, kann niemand genau sagen, aber den betroffenen Mienen der Ärzte entnehmen Sie, dass es offenbar nicht mehr allzu viel Zeit ist.

Wie gehen Sie damit um? Wüten Sie gegen Ihr Schicksal und stürzen sich in eine Verzweiflungsaktion? Versinken Sie in Selbstmitleid und einem depressiven Es-hat-ja-alles-eh-keinen-Sinn-mehr-Gefühl? Oder hoffen Sie auf ein Wunder und bitten Sie – je nach Glaubensrichtung – um eine Audienz beim Papst/Dalai Lama/Wunderheiler?

Das ist mehr als ein hypothetisches Gedankenspiel. Es ist einerseits die wahre Geschichte eines persönlichen Schicksals (und vielleicht ahnen Sie schon, um wen es geht); andererseits ist es eine gute Metapher für das Lebensgefühl unserer Zeit, das von Krisen- und Endzeitstimmung geprägt ist. Denn die gewohnte Welt wirkt wie aus den Fugen, die Tage unseres vertrauten Lebensstils scheinen gezählt. Angesichts einer Vielzahl existenzieller Bedrohungen – Terrorismus, Atomkriegsgefahr, Klimawandel, Wirtschaftskrisen – wirkt das demokratische System wie von einer Lähmung befallen und ohne Hoffnung auf eine rettende Therapie. Zwar kann niemand genau sagen, wie lange die gewohnten Mechanismen noch funktionieren, doch der Zusammenbruch scheint nur eine Frage der Zeit.

Die Gesellschaft reagiert auf diese Krisenstimmung ähnlich wie ein Todkranker auf die Nachricht von seinem baldigen Ende: Nicht wenige Bürger flüchten sich in Wut und Verzweiflung, toben ihre Angst und ihren Hass in sozialen Netzwerken oder radikalen Parteien aus und machen für alle Übel passende Sündenböcke aus – in Deutschland sind die Flüchtlinge schuld, bei Donald Trump die Mexikaner, in Russland die Westler ... Andere versinken in Depression, ziehen sich zurück und lesen sinistre Bücher, wie etwa Michel Houellebecqs *Unterwerfung*, die mit großer Geste den Untergang der abendländischen Kultur beschwören.

Stephen Hawking hat nichts von alldem getan, als ihm sein bald bevorstehendes Ende angekündigt wurde. Dabei hätte er allen Grund zur Wut oder Depression gehabt. Kurz nach seinem 21. Geburtstag war es, als ihm die Ärzte eröffneten, dass er an einer seltenen Muskelerkrankung leide, für die es keine Therapie gäbe. Wie lange er noch zum Leben habe, konnte ihm niemand sagen, aber es war klar, dass mit einer kontinuierlichen Verschlechterung seines Zustandes zu rechnen sei. Der junge Physik-Doktorand wusste nicht einmal, ob ihm noch genügend Zeit bliebe, seine Promotion abzuschließen.

Doch dann überlebte Hawking alle ärztlichen Prognosen und erreichte das respektable Alter von 76 Jahren. Und nicht nur das: Als er im März 2018 starb, wurde der gelähmte Kosmologe für eine Weltkarriere gerühmt, die selbst für kerngesunde Forscher

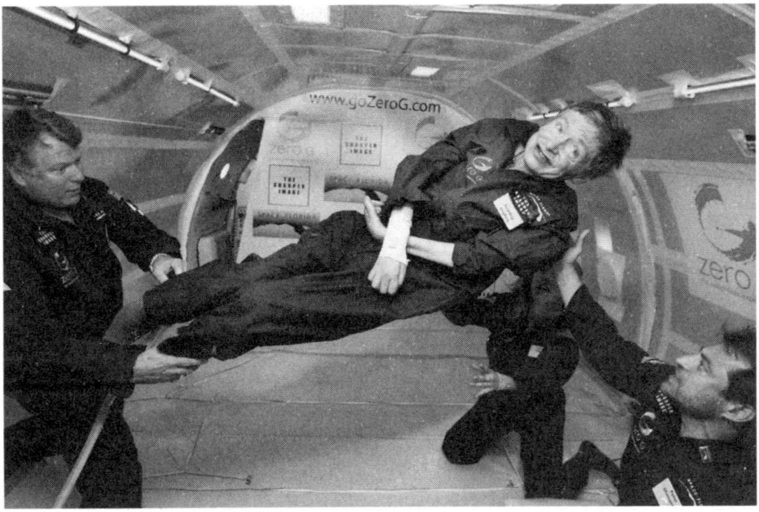

Stephen Hawking in der Schwerelosigkeit eines Parabelfluges

märchenhaft gewesen wäre: bekanntester Physiker seiner Zeit, sensationell erfolgreicher Bestsellerautor und nebenbei noch mehrfacher Vater und Großvater. Welche Zuversicht hielt ihn aufrecht, woraus schöpfte Hawking seinen erstaunlichen Lebensmut? Und was lässt sich daraus lernen für unseren eigenen Umgang mit unabwendbaren Krisen und lebensbedrohlichen Situationen?

Üblicherweise sind beim Thema Zuversicht ein paar typische Antworten schnell bei der Hand: Man dürfe die Hoffnung nicht verlieren, dass am Ende doch alles gut ausgehe; müsse sich in positivem Denken üben und zum Beispiel darauf vertrauen, dass auch bei unheilbaren Krankheiten noch Spontan- oder Wunderheilungen möglich seien; oder es wird empfohlen, sich der Religion zuzuwenden und seinen Glauben wiederzuentdecken.

Stephen Hawkings Geschichte ist deshalb so bemerkenswert, weil bei ihr all diese gängigen Antworten nicht greifen: Weder erlebte er eine wundersame Heilung, noch ging seine Krankheitsgeschichte »gut« aus. Im Gegenteil, die Amyotrophe Lateralsklerose (ALS), an der er litt, hat seinen Körper genau so unerbittlich in den Schraubstock genommen, wie es die Ärzte vorhergesehen hatten. Die Nervenerkrankung raubte ihm nach und nach die Kontrolle über seine Muskeln und schließlich noch die Stimme. Über vierzig Jahre saß er im Rollstuhl, die letzten dreißig Jahre seines Lebens konnte er sich nur noch mithilfe eines Sprachcomputers und einer roboterhaften Kunststimme mitteilen.

Auch mit der Hoffnung auf Gott oder andere höhere Mächte brauchte man Hawking nicht zu kommen. Der Physiker war ein durch und durch nüchterner Kopf, der mit religiösen Anwandlungen ebenso wenig anfangen konnte wie mit allen Arten von Wunderglauben oder esoterischem Hoffnungskitsch. Im Gegenteil. Im Leben wie in seinen physikalischen Theorien hatte er sich der Logik und der kühlen Ratio verschrieben. Anders als sein berühmter Kollege Albert Einstein hat er auch niemals Spekulationen darüber angestellt, was »der Alte« (wie Einstein Gott gern bezeichnete) wohl täte oder ob Gott würfelt oder Ähnliches. In seinen Theorien, so sagte Hawking einmal, sei für einen Schöpfer schlicht kein Platz.*

Es ist aber auch nicht so, dass Hawking ein übermenschlicher Superheld gewesen wäre, dem jegliche Verzweiflung und Schwermut fremd waren. Auf die Eröffnung, dass er an einer unheilbaren Krankheit litt, reagierte er so, wie wohl jede/r von uns darauf reagieren würde: Er empfand die Nachricht als »Schock« und fragte sich, warum ausgerechnet ihm so etwas passiere. »Ich fühlte mich irgendwie als tragische Gestalt«, erzählt er in seinen Memoiren,

---

* Dass er in seinem Bestseller *Eine kurze Geschichte der Zeit* dennoch davon spricht, »Gottes Plan« auf der Spur zu sein, war ein reiner Verkaufstrick. Am liebsten hätte er diesen Satz gestrichen, gibt Hawking in seinen Memoiren zu. Aber dann »hätten sich die Verkaufszahlen möglicherweise halbiert«.

er habe zunächst viel Musik von Wagner gehört und wirre Träume gehabt.[1] Die Zeitschriftenberichte aber, denen zufolge er unmäßig getrunken habe, so insistierte Hawking, seien »übertrieben« gewesen (was nicht ausschließt, dass er sich hin und wieder ein Glas genehmigte). Kurz und gut: Stephen Hawking zeigte sich als ganz normaler Mensch, der seine tiefe Krise nicht mit übernatürlichen Fähigkeiten meisterte, sondern mit denselben Mitteln, die uns allen zur Verfügung stehen.

Genau das macht ihn als Beispiel für die Kraft der Zuversicht so interessant. Denn in dem Maße, wie ihm die äußere Bewegungsfähigkeit genommen wurde, war Hawking gezwungen, seine innere Freiheit zu entdecken. Das ist ihm offenbar so gut gelungen, dass er daraus einen enormen Überlebenswillen entwickelte, unabhängig von seiner körperlichen Verfassung. Fairerweise muss man hinzufügen, dass Hawking außergewöhnlich intelligent war und eine eindeutige Begabung zum physikalischen Denken hatte – ein solches Talent hat nicht jeder. Dennoch kann er auch jenen, die am aktuellen Zustand der Welt verzweifeln, als Vorbild dienen: Obwohl der junge Hawking nach gängigen Maßstäben kaum eine Chance hatte, hat er sie exzellent genutzt.

Um diese Kraft der inneren Freiheit und die Bedeutung der Zuversicht geht es in diesem Buch. Im Folgenden begegnen Sie zahlreichen Menschen, die mit Stephen Hawking eines gemein haben: Sie alle standen vor der Frage, wie man den Lebensmut bewahrt, wenn die äußeren Bedingungen unerfreulich, düster oder gar aussichtslos erscheinen. Und ihre Geschichten handeln alle von der Kunst, unter solchen Umständen die richtige innere Haltung zu finden und auch dann noch Anlass zur Zuversicht zu sehen, wenn jene Quellen erschöpft sind, aus denen wir üblicherweise schöpfen.

Was Zuversicht und Optimismus unterscheidet

Um es allerdings gleich vorweg zu sagen: Dabei geht es *nicht* um die naive Hoffnung, dass am Ende irgendwie alles gut werde; dieses Buch ist auch kein Ratgeber im positiven Denken oder eine Empfehlung zum unbeirrten Optimismus, demzufolge es keine Krisen und niemals leere Gläser gibt, sondern immer nur Chancen und halb volle Gläser. Diese Art von stählernem Optimismus ist mancherorts – wie etwa in den USA – ja schon fast zur Staatsideologie erhoben. Dabei trübt der ständige Blick durch die rosarote Brille die Sicht eher, als sie zu schärfen. Gerade wenn echte Katastrophen drohen, ist diese Haltung wenig hilfreich und oft sogar kontraproduktiv.

Eingängig lassen sich die Unterschiede zwischen Optimismus, Zuversicht und Pessimismus anhand der berühmten Parabel von den drei Fröschen illustrieren, die in einen Topf Milch fallen. Der Pessimist denkt: »O je, wir sind verloren, jetzt gibt es keine Rettung mehr.« Sagt's und ertrinkt. Der Optimist hingegen gibt sich unerschütterlich: »Keine Sorge, nichts ist verloren. Am Ende wird Gott uns retten.« Er wartet und wartet und ertrinkt schließlich ebenso sang- und klanglos wie der Erste. Der dritte, zuversichtliche Frosch hingegen sagt sich: »Schwierige Lage, da bleibt mir nichts anderes übrig, als zu strampeln.« Er reckt also den Kopf über die Milchoberfläche und strampelt und strampelt – bis die Milch zu Butter wird und er sich mit einem Sprung aus dem Topf retten kann.

Zuversicht heißt also nicht, illusionäre Hoffnungen zu hegen, sondern einen klaren Blick für den Ernst der Lage zu behalten; zugleich heißt Zuversicht aber auch, sich nicht lähmen zu lassen, sondern die Spielräume zu nutzen, die sich auftun – und seien sie noch so klein. Allerdings ist die Begriffsverwirrung zwischen Zuversicht, Hoffnung und Optimismus weit verbreitet. So definiert etwa der Duden die Zuversicht als »festes Vertrauen auf eine positive Entwicklung in der Zukunft«, andere Nachschlagewerke führen sie schlicht als »sinnverwandt« zum Optimismus auf. Dabei ist aber ein entscheidendes Element der ursprünglichen Bedeutung verloren gegangen. In dem alten Wort Zuversicht schwingt nämlich immer auch ein Mollklang mit, der dem gut gelaunten, modernen Optimisten völlig fremd ist. Den Unterschied hat meine *ZEIT*-Kollegin Susanne Mayer einmal treffend so auf den Punkt gebracht: »Anders als ihr prolliger Vetter, der Optimismus, der mit fetten Fingern in die Zukunft weist, mit diesem ›Ach-das-wird-schon‹, hat die Zuversicht schmerzliche Kenntnis von der großen Zahl ihrer Widersacher.«[2]

Etymologisch leitet sich der Begriff Zuversicht vom althochdeutschen *zuofirsiht* ab, also vom Verb *sehen* mit den Präfixen *zuo* und *fir*, was so viel bedeutete wie das *Voraussehen auf die Zukunft*, egal ob sich diese nun gut oder schlecht präsentiert.[3] Im Laufe der Zeit wandelte sich die Bedeutung des Begriffs mehr und mehr von der neutralen Zukunftsaussicht hin zu einer hoffnungsvoll geprägten Erwartung dessen, was man sich wünscht. Dabei schwang lange Zeit das religiöse Vertrauen auf das Himmelsreich mit (wie es in dem Choral »Jesus, meine Zuversicht« von Bach zum Ausdruck kommt). Doch im Laufe der Neuzeit verblasste diese religiöse Grundierung und wurde ersetzt durch das Vertrauen in die Kraft der eigenen Fähigkeiten und den unaufhaltsamen Fortschritt.

Was früher das ewige Leben im Himmel einlösen sollte (dass am Ende doch alles gut wird), musste fortan der Mensch selbst (genauer: der künftige Fortschritt) garantieren. Und eine Zeit lang sah es ja tatsächlich so aus, als weise die aufklärerische Vernunft den Weg in ein solches irdisches Paradies. Dank Wissenschaft und Technik wurden viele Arbeiten leichter, Krankheiten weniger bedrohlich und die Menschen insgesamt wohlhabender. Zugleich versprach der Humanismus, auch auf politischem Felde alles zum

Besten zu wenden: Sklaverei abgeschafft, Menschenrechte erklärt, Freiheit und Demokratie für alle Bürger in Aussicht gestellt.

Natürlich waren die Verhältnisse niemals perfekt, aber das machte nichts, solange man den Glauben bewahren konnte, dass die Marschrichtung stimmte und man auf diesem Wege in ferner Zukunft das gelobte Land des universellen Menschenglücks erreiche. Optimistische Gemüter bewahrten sich diesen Glauben noch bis 1989. Als die Berliner Mauer fiel, postulierte der Politikwissenschaftler Francis Fukuyama vollmundig *Das Ende der Geschichte* und vertrat die These, der Siegeszug des politischen (und ökonomischen) Liberalismus sei unaufhaltsam und die westliche Demokratie werde sich nahezu zwangsläufig weltweit als Regierungsform durchsetzen.[4]

Die Krise der Zukunftshoffnung

Heute kann man über solche Hoffnungen nur noch müde lächeln. Der vermeintliche Siegeszug der westlichen Demokratie ist nicht nur zum Stehen gekommen, sondern scheint in vielen Ländern den Rückwärtsgang eingelegt zu haben. Selbst in den USA, die sich traditionell als Hort der Freiheit und Vorreiter der Demokratie sehen, ist mit Donald Trump ein Präsident ans Ruder gekommen, der demokratische Entscheidungsprozesse für lästigen Firlefanz hält und der die jahrhundertelang gewachsenen Institutionen der bürgerlichen Zivilgesellschaft (das geschmähte »Establishment«) offenbar am liebsten schleifen würde.

Auch in anderen Ländern stehen die liberalen politischen Parteien mit dem Rücken zur Wand, müssen sich gegen den Aufstieg (rechts)populistischer Strömungen zur Wehr setzen oder in autokratischen Staatsformen ums Überleben kämpfen – eine Entwicklung übrigens, die der deutsch-britische Soziologe und Politiker

Ralf Dahrendorf früh vorausgesehen hat. Bereits 1997 diagnostizierte Dahrendorf in einem hellsichtigen Artikel, wir stünden »an der Schwelle zum autoritären Jahrhundert«, was er als zwangsläufige Folge der globalisierten Wirtschaft beschrieb: Denn in dem Maße, wie sich große transnationale Firmen der Kontrolle und Gesetzgebung demokratischer Staaten entzögen, rufe dies »beinahe unweigerlich autoritäre Maßnahmen auf den Plan«. Deshalb würden die Globalisierung und ihre sozialen Folgen »eher autoritären als demokratischen Verfassungen Vorschub leisten«[5].

Doch nicht nur die politische Fortschrittshoffnung hat sich als brüchig erwiesen, auch das Vertrauen in Wissenschaft und Technik hat gelitten. Die Hoffnung auf die heilsbringende Wirkung des technischen Fortschritts ist vielfach umgeschlagen in die Furcht vor seinen Nebenwirkungen: Kernenergie bringt schwer zu entsorgenden radioaktiven Abfall mit sich, der Einsatz von Antibiotika fördert gefährliche Resistenzen, die Entwicklung intelligenter Maschinen bedroht Arbeitsplätze und so weiter. Sicher hat es in den vergangenen Jahrhunderten enorme Fortschritte gegeben. Niemand wünscht sich etwa zu den sanitären Zuständen des 12. Jahrhunderts oder zu chirurgischen Eingriffen ohne Narkose zurück. Aber die Hoffnung, dass es ewig so weitergehen könnte und am Ende das Paradies der ewigen Glückseligkeit stehe, diese Zukunftshoffnung ist zerstoben.

Zumindest gilt das für die wohlhabenden westlichen Industrienationen. Während in China und anderen aufstrebenden Ländern die Zukunft meist noch hoffnungsvoll besetzt ist, spürt man in Deutschland und anderen Vertretern des »alten« Abendlandes häufig eine Art geistige Erschöpfung, eine Form der inneren Resignation in Bezug auf die Zukunft. Auch Stephen Hawking bekam das zu spüren, als er mit über siebzig Jahren einen Text über die Zukunftsaussichten der Menschheit veröffentlichte.[6] In diesem Essay analysierte er kritisch die aktuellen Menschheitsprobleme, mahnte ein notwendiges Umdenken an und erklärte abschließend: »Das ist machbar. In Bezug auf die Spezies Mensch bin ich ein ungeheurer Optimist.«

Was war die Reaktion? Aus den Leserkommentaren scholl ihm postwendend eine enorme mentale Depression entgegen: »Ich teile den Optimismus für unsere Spezies nicht. Die Menschheit ist das Krebsgeschwür dieses Planeten – dieser wird sich jedoch zu heilen wissen. Wir hatten unsere Chancen. Es ist zu spät«, schrieb etwa ein Leser namens »René«. Der nächste legte nach: »Ich kann mich René nur anschließen, auch ich hege keinerlei Hoffnung bezüglich der menschlichen Rasse …« Und so ging es immer weiter. Die Kommentatoren schienen sich geradezu in Hoffnungslosigkeit übertreffen zu wollen.[7]

Wer solche Meinungsäußerungen liest oder Umfragen betrachtet, stößt immer wieder auf diese resigniert-wütende Stimmung, die den Untergang für beschlossene Sache hält und sich nur in der Negation so richtig wohlzufühlen scheint. Die Vertreter dieser Position würden sich selbst vermutlich anders beschreiben: vielleicht als realistisch oder desillusioniert, jedenfalls auf dem Boden der harten Wirklichkeit stehend, während die anderen hoffnungslos abgehobene Träumer seien. Doch klar ist: Hier kommt eine enorme Zukunftsverneinung zum Ausdruck.

»Wer Visionen hat, soll zum Arzt gehen« – dieser flapsig dahergesagte Satz des verstorbenen Altkanzlers Helmut Schmidt hat inzwischen ein fast tragisches Gewicht bekommen.* Kaum ein Politiker wagt heute noch einen großen visionären Entwurf; gerade

* Tatsächlich war das nur eine ironische Bemerkung von Schmidt, mit der er die drängende Frage eines Journalisten nach seinen Visionen abwehrte. Wer Helmut Schmidt kannte, wusste, dass dieser Politiker natürlich Zukunftsvorstellungen und politische Visionen hatte – etwa zur wirtschaftlichen Zusammenarbeit oder zur Gestaltung Europas.

dem reichen Westen scheinen die positiven Utopien abhandengekommen zu sein. Stattdessen dominieren rückwärtsgewandte »Retrotopien«, wie der Sozialphilosoph Zygmunt Baumann diagnostizierte. In seinem letzten Buch *Retrotopia*[8] beschrieb Baumann, wie zu Beginn des 20. Jahrtausends viele Menschen die Hoffnung auf eine bessere Zukunft gegen den Wunsch eingetauscht haben, es möge alles so werden, wie es früher einmal war. Sie begeistern sich, so Baumann, für »Visionen, die sich anders als ihre Vorläufer nicht mehr aus einer noch ausstehenden und deshalb inexistenten Zukunft speisen, sondern aus der verlorenen/geraubten/verwaisten, jedenfalls untoten Vergangenheit« – eben Retro- statt Utopien. Dass dabei in der Regel Antworten gegeben werden, die schon gestern gescheitert sind, scheint die Anhänger der jeweiligen Retrotopien nicht zu stören. Offenbar kann der Mensch besser mit falschen Visionen leben als ganz ohne sie.

Die große Transformation

Wie ist die Flucht in die Retrotopien zu erklären? Verständlich wird das, wenn man sich vor Augen hält, wie umwälzend die Transformation ist, die derzeit alle Bereiche unserer Gesellschaft erfasst. Durch die Globalisierung, den Aufstieg neuer Weltmächte und großer internationaler Unternehmen, die zunehmend die Spielregeln bestimmen, wirkt unser altvertrautes Politiksystem überfordert und überholt. Zugleich sorgen die rasante Digitalisierung und die wissenschaftlichen Fortschritte etwa in der Biotechnik, der Fortpflanzungsmedizin oder der künstlichen Intelligenz für eine enorme Veränderung unserer Lebenswelt. Man führe sich nur einmal vor Augen, wie sehr ein einzelnes Gerät – das 2007 von Apple vorgestellte iPhone – in wenigen Jahren unser Verhalten und unseren Umgang miteinander beeinflusst hat. Wenn man jüngeren Leuten davon erzählt, dass man selbst noch in einer Zeit ohne Handys, Facebook und WhatsApp aufgewachsen ist, schauen sie einen an, als würde man vom Leben als Höhlenmensch berichten.

Zugleich sehen wir uns enormen ökologischen Herausforderungen wie etwa dem Klimawandel gegenüber sowie der Bedrohung durch neue terroristische oder fundamentalistische Gruppierungen, die unsere Werte und unser demokratisches System infrage stellen und die Weltlage destabilisieren. Angesichts solch dramatischer Veränderungen sprechen Kulturwissenschaftler und Ökonomen bereits von der »großen Transformation«, um anzuzeigen, dass wir es nicht einfach nur mit einem üblichen Zeitenwandel zu tun haben, sondern mit einer tief greifenden Umwälzung, die alle Bereiche unseres Lebens erfasst. »Was an der Oberfläche wie eine Wirtschaftskrise aussieht, sind in Wahrheit die Geburtswehen einer Neuen Welt, in der fast alles anders sein wird als bisher. Wir werden eine grundlegende Änderung von fast allem erleben, was wir tun, wie wir es tun und warum wir es tun. In gewisser Weise wird sich sogar ändern, wer wir sind«, prophezeit etwa der Ökonom und Managementforscher Fredmund Malik.[9]

Vielleicht kann man die derzeitige Umwälzung am besten mit dem Übergang vom Mittelalter zur Neuzeit vergleichen, der ebenfalls von technischen Erfindungen, vielerlei Entdeckungen und wirtschaftlichen Neuerungen angetrieben wurde und der das Leben der Menschen in nahezu allen Bereichen veränderte. Auch damals war die Welt in Aufruhr, die Kräfte des Alten und des Neuen prallten mit entsetzlicher Wucht aufeinander und nur unter fürchterlichen Kämpfen – man denke an den Dreißigjährigen Krieg – entstand allmählich eine neue Gesellschaftsordnung. Wer will es den Menschen damals verdenken, dass sie Angst vor dem Neuen hatten, krampfhaft am Vertrauten festhielten oder sich in Weltuntergangsfantasien flüchteten? Hätte man einen Menschen im 15. Jahrhundert gefragt, wie er sich die Welt der Zukunft vorstellte, so hätte er wohl nicht annähernd beschreiben können, wie dramatisch sich das moderne Leben von seinem eigenen Dasein einmal unterscheiden würde.

Ähnlich geht es uns heute. Auch wir wären überfragt, wenn man uns bitten würde, die Welt in ferner Zukunft zu beschreiben. Gut möglich, dass bis dahin Entwicklungen und Veränderungen eingetreten sind, die wir uns heute noch nicht einmal ansatzweise ausmalen können. Doch eines ist klar: Der Weg dahin ist keinesfalls zwangsläufig, sondern hängt letztlich davon ab, wie wir heute handeln und welche Weichen wir stellen – und ob wir dabei noch so etwas wie eine positive Utopie entwickeln können, eine Zukunftsvorstellung, für die es sich zu leben und zu kämpfen lohnt.

Die Lebensenergie der Zuversicht

Genau deshalb ist die Frage nach der Zuversicht heute so essenziell. Wie kann das postmoderne Subjekt, dem all die alten Zukunftserwartungen zerstoben sind, noch eine positive Perspektive entwickeln? Was erzeugt jene Hoffnung, die unabdingbar für das Weiterleben ist und die etwa Stephen Hawking – trotz seiner ausweglos scheinenden Krankengeschichte – so beeindruckend vorlebte? Anders gesagt: Woraus lässt sich der Lebensimpuls gewinnen, der am Anfang jeder Art von Aktivität steht – und sei es nur das froschhafte Strampeln in einem Topf voller Milch? Denn ohne dieses zuversichtliche Ausschauhalten nach möglichen Spielräumen ist keinerlei Bewegung möglich, es bleibt nur die Erstarrung und schließlich – um im Bild des Fröschebeispiels zu bleiben – der zwangsläufige Untergang.

Man kann daher die Zuversicht auch als eine notwendige Form der Lebensenergie beschreiben, als jenen tief im Menschen ruhenden Antrieb, der unsere Existenz überhaupt erst möglich macht.

Ohne ein Mindestmaß an Zuversicht würde kein vernünftiger Mensch Kinder in die Welt setzen, würde zu keiner Reise mehr aufbrechen, kein politisches Programm entwerfen und vermutlich morgens noch nicht einmal aufstehen können. Selbst jene abgebrühten Zeitgenossen, die nur Zynismus statt Hoffnung verbreiten, müssen sich bei näherer Selbstbetrachtung in der Regel eingestehen, dass auch sie – bei aller postmodernen Abgeklärtheit – von irgendeiner Art von Zuversicht angetrieben werden, von einem, wenn auch leisen, Lebenswillen, der sich nicht immer rational erklären lässt. (Wäre es anders, hätten sie logischerweise längst Selbstmord begangen.)

Suchte man bei Stephen Hawking nach jenen Antriebskräften, die ihn trotz seiner tödlichen Diagnose am Leben gehalten haben, wurde man nur schwer fündig. Wenn man ihn interviewte, sprach er stets lieber über Kosmologie als über sein eigenes Befinden.[10] Selbst in seinen Memoiren nimmt die Beschäftigung mit physikalischen Themen den größten Raum ein. Nabelschau lag Stephen Hawking erkennbar nicht.

Aber vermutlich ist das schon ein Teil der Antwort: Es gab etwas, das ihn mehr interessierte als das permanente Kreisen um sich selbst und das eigene Wohl und Weh. Gerade die Begeisterung für die großen Fragen der Kosmologie hat Stephen Hawking einen Grund zum Weiterleben gegeben, als er eigentlich in Depression hätte versinken können. Er lieferte somit den praktischen Beleg für einen berühmten Satz des Philosophen Friedrich Nietzsche: »Hat man sein Warum des Lebens, so verträgt man sich fast mit jedem Wie.«[11] Und Hawking hatte ganz offensichtlich sein »Warum« des Lebens gefunden.

Damit soll nicht gesagt sein, dass in jeder persönlichen Krise die Beschäftigung mit der Astrophysik anzuraten ist. Das »Warum des Lebens« nimmt schließlich für jeden Menschen eine eigene, individuelle Form an. Für die einen ist es das Wohlergehen der eigenen Kinder, für andere der Wunsch nach beruflicher Anerkennung, wieder andere gehen im Sport, in der Musik oder in der Beschäftigung mit altbyzantinischer Kirchenmalerei auf – vermutlich gibt es ebenso viele Warums, wie es Menschen gibt. Und nicht immer ist es leicht, seinen persönlichen Antrieb zu identifizieren, der sich zudem von Lebensabschnitt zu Lebensabschnitt verändern kann. Aber es lohnt sich, danach Ausschau zu halten, denn das ist es, was einem in Krisensituationen hilft, den Kopf über Wasser zu halten.

Außerdem war Hawking mit einem beneidenswerten Humor gesegnet. Er liebte die lakonische Pointe sowohl in seinen physikalischen Erklärungen wie auch in der persönlichen Betrachtung. Als er etwa 1979 in Cambridge auf den legendären Lucasischen Lehrstuhl für Mathematik berufen wird, den einst Isaac Newton innehatte, kommentiert der Rollstuhlfahrer Hawking ironisch: »Ich sitze hier auf Newtons Lehrstuhl. Aber dieser Stuhl hat sich offensichtlich stark verändert – er wird jetzt elektrisch betrieben.« Oder er erklärte in gespieltem Ernst, seine Behinderung sei in mancher Hinsicht durchaus von Vorteil: So müsse er keine Vorlesungen halten, keine Studienanfänger unterrichten und vor allem nicht an zeitraubenden Sitzungen teilnehmen. Solche selbstironischen Betrachtungen brachten nicht nur sein Umfeld zum Lachen; sie waren auch ein hervorragendes Mittel gegen die Verführung des Selbstmitleids und die allzu starke Identifizierung mit dem eigenen Leid.

Und noch eine dritte Kraft war es, die es Hawking ermöglichte, sein Schicksal zu meistern: die Liebe. Was ihn am Leben gehalten habe, so erklärte er einmal, sei die Liebe der Frauen gewesen, die ihn umsorgten. Tatsächlich wurde Hawking stets von (meist mehreren) Frauen betreut: seiner jeweiligen Ehefrau, seinen diversen Krankenschwestern (die zum Teil später zur Ehefrau avancierten), und seiner persönlichen Sekretärin. Zusätzlich hatte er in seinem Büro an der Universität Cambridge ein riesiges Foto von Marilyn Monroe an der Wand hängen. Man konnte das für einen Spleen halten. Aber letztlich war auch das Marilyn-Poster eine Hommage an die lebenserhaltende weibliche Kraft in seinem Leben.

Der Rest – seine zunehmende Popularität, der Erfolg als Physiker und Autor, die Verewigung als Filmfigur in *Raumschiff Enterprise* und in der Zeichentrickserie *The Simpons*, sein schließlich ikonenhafter Status als eine Art Weltweiser – war dann am Ende nur eine Folge dieser Lebensquellen, eine Zugabe des Schicksals, mit der niemand rechnen konnte. Der Ursprung des traumhaft anmutenden Hawking-Märchens lag in jenen Antriebskräften – Begeisterung, Humor, Liebe –, die ihm trotz seiner schweren Krankheit die Zuversicht vermittelten, dass sich das Leben dennoch lohne.

I. Von der Angst zur Gestaltungskraft

Kleine Zeitdiagnose: Warum die Zuversicht heute einen so schweren Stand hat – gerade in wohlhabenden Ländern. Wie man seine Weltsicht verändert und welche drei Prinzipien des guten Lebens dabei helfen

Wer versucht, ein aktuelles Stimmungsbild der Deutschen zu zeichnen, stößt schnell auf ein Paradox: Von außen betrachtet, geht es Deutschland – im Vergleich zu anderen Ländern – erstaunlich gut. Die Menschen leben seit Jahrzehnten in Frieden, die Wirtschaft brummt, ihr Land ist sicherer, demokratischer und wirtschaftlich stärker als die meisten anderen Staaten. Sie genießen eine hohe Lebenserwartung und können sich über einen Wohlstand freuen, von dem viele andere Menschen auf diesem Planeten nur träumen. Von »Cool Germany« schwärmt selbst der sonst so kritische *Economist.* Deutschland sei »facettenreich, offen, informell und hip«, schreibt die einflussreiche britische Wirtschaftszeitung und sieht darin gar ein »Modell« für die anderen westlichen Länder.[12]

Betrachtet man Deutschland jedoch von innen, scheint die kollektive Gemütslage schlechter denn je. Ein Großteil der Bürger blickt voller Angst und Sorge in die Zukunft. Und wer nicht nur Wirtschaftszeitungen liest, sondern auch andere Stimmen zur Kenntnis nimmt, dem tritt ein ganz anderes Deutschland entgegen. »Das Land ist von einer Unruhe befallen, die bereits Züge von Paranoia und Panik trägt«, kann man etwa im Feuilleton der *ZEIT* lesen.[13] »Der Zukunftsoptimismus ist steil zurückgegangen«, diagnostiziert das Allensbach Institut, das den Deutschen regelmäßig den Stimmungspuls fühlt.[14] »Das soziale Klima in Deutschland ist geprägt von Gefühlen der Ohnmacht und Orientierungslosigkeit, von Überforderung und Überreizung«, schließt das Frankfurter Zukunftsinstitut aus seinen Studien,[15] und der Soziologe Heinz Bude, der hauptberuflich Stimmungslagen erforscht, erklärt: »Vor allem ein Gefühl bestimmt derzeit die Stimmung in Deutschland, aber auch in allen anderen westlichen Nationen: die Angst.«[16]

Wie kann das sein? Wie ist es zu erklären, dass die »gefühlte« Lage so gar nicht zu den guten Wirtschaftsdaten passen will und in Zeiten großen Wohlstands vor allem Angst und Sorge die kollektive Psyche dominieren? Warum haben populistische Parteien in nahezu allen reichen Industrieländern großen Zulauf, und wie ist der Erfolg des »Trumpismus« in den USA zu erklären, jene aggressive Form des politischen Zynismus, die sich vor allem aus der Wut auf das Bestehende und der Angst vor dem Abstieg speist?

Auf diese großen Fragen, die derzeit die Politstrategen vieler Parteien umtreiben, gibt es natürlich mehr als eine Antwort. Schließlich wird die kollektive Stimmung einer Nation von vielen Faktoren beeinflusst, und die Gründe für Trumps Erfolg in den USA sind nicht einfach dieselben, die in Deutschland den Aufstieg der AfD oder in Großbritannien den Erfolg der Brexit-Bewegung erklären. Ein paar Grundmuster allerdings lassen sich herausarbeiten, und diese haben vor allem mit den Eigenheiten unseres emotionalen Erlebens zu tun. Denn dieses hängt nicht an der Größe wirtschaftlicher Kennziffern, sondern an der subjektiven Wahrnehmung der Menschen. Und die folgt ganz anderen Gesetzen als die Statistik.

Die Angst vor dem Verlust

So hat beispielsweise die Angst vor Terroranschlägen in den vergangenen Jahren massiv zugenommen; spätestens seit dem Anschlag auf den Berliner Weihnachtsmarkt 2016 fragen sich viele bang, ob sie noch gefahrlos Weihnachtsmärkte besuchen können oder sich damit in Lebensgefahr bringen. Und der vermehrte Zuzug von Flüchtlingen und Migranten (und die ausführliche Berichterstattung darüber) hat bei vielen Menschen zu dem Gefühl geführt, Deutschland werde von Fremden geradezu überrannt und es drohe eine »Islamisierung des Abendlandes«. Dabei lässt der Blick auf die nüchternen Zahlen die eine wie die andere Angst irrational erscheinen: Insgesamt leben in Deutschland gerade einmal fünf Prozent Muslime, von einer flächendeckenden »Islamisierung« kann nicht die Rede sein; und die Terrorgefahr erscheint marginal, wenn man sie mit dem normalen Risiko des Straßenverkehrs vergleicht: Während 2016 insgesamt 27 Terrortote zu beklagen waren,[17] starben im selben Jahr auf deutschen Straßen 3 214 Menschen bei Verkehrsunfällen.

Um recht verstanden zu werden: Das soll weder den Terror verharmlosen noch die Schwierigkeiten unterschlagen, die bei der Zuwanderung von Menschen (vor allem jungen Männern) aus fremden Kulturkreisen mit zum Teil völlig anderen Wertvorstellungen entstehen. Natürlich bringt die Integration Probleme mit sich, und natürlich ist jedes Terroropfer eines zu viel. Allerdings ist auch jedes Verkehrsopfer eines zu viel. Doch an die Risiken des Autoverkehrs, dem jedes Jahr mehrere Tausend Menschen in Deutschland zum Opfer fallen, haben wir uns schlicht und einfach gewöhnt. Deshalb wird darüber weder groß berichtet, noch nehmen wir diese Gefahr emotional besonders wahr. Ganz anders ist es mit der Bedrohung von Terroranschlägen oder dem Zuzug von Flüchtlingen; beides sind historisch relativ neue Phänomene und erhalten deshalb viel mehr emotionale Aufmerksamkeit.

Denn ein Grundzug unseres Gefühlslebens ist die Tatsache, dass es immer *komparativ* ist. Das heißt: Gefühle orientieren sich nicht an absoluten Fakten, sondern stets am Vergleich zu anderen

Situationen oder anderen Menschen. Deshalb schätzen wir neue, unbekannte Gefahren als sehr viel höher ein als bekannte Risiken – selbst wenn das Vertraute mehr Opfer fordert und de facto viel gefährlicher ist. Doch solche objektiven Tatsachen sind unserem Emotionshaushalt schnuppe. Ihm geht es vor allem um den Vergleich: Als wichtig wahrgenommen wird das, was sich verändert.[18]

Illustrieren lässt sich dieser Mechanismus an einem simplen Beispiel: Wird Sie der Umzug in eine 100-Quadratmeter-Wohnung glücklich machen? Kommt darauf an. Wenn Sie zuvor auf 50 Quadratmeter lebten, werden Sie sich wie ein König fühlen; residierten Sie dagegen vorher auf 200 Quadratmetern, werden Sie die neue Wohnung als enges Loch empfinden. Die emotionale Bewertung des Wohnraums hängt eben nicht von der *absoluten* Quadratmeterzahl ab, sondern vom *relativen* Vergleich zur bisherigen Situation.

Oder freuen Sie sich über eine Gehaltserhöhung von 500 Euro? Vermutlich schon. Wenn Sie allerdings hören, dass Ihr nebenan sitzender Kollege 1000 Euro mehr erhält, ist es schlagartig aus mit der Freude. Obwohl sich Ihre Summe nicht verändert hat, erscheint sie Ihnen nun wie eine Demütigung und ein berechtigter Grund zum Ärger.

Für die Stimmungslage einer Nation sind daher nicht so sehr die absoluten (Wirtschafts-)Zahlen ausschlaggebend, sondern vielmehr die dabei empfundenen relativen Veränderungen. Da mögen Außenstehende noch so sehr auf die guten Lebensbedingungen in Deutschland verweisen; für das emotionale Erleben der Einwohner zählt nicht der Istzustand, sondern der Wandel. Und Wohlstand erleben sie vor allem dann als positiv, wenn damit ein Zuwachs einhergeht.

Deshalb waren die Deutschen am zuversichtlichsten zwischen 1958 und 1964, der Zeit des Wirtschaftswunders. »Sie merkten:

Es geht aufwärts, es kann nur besser werden«, erklärt der Soziologe Heinz Bude. »Diese kollektive Interpretation erzeugte eine enorme Aufbruchstimmung.«

Bei den nach 1960 Geborenen, die in Frieden und wachsendem Wohlstand groß wurden, setzte sich dagegen allmählich die Überzeugung durch, das Schlimmste liege nicht hinter ihnen, sondern stehe noch bevor. »Die Zukunft droht, sie verspricht nichts mehr«, sagt Bude.[19] Gerade weil die heutige Generation das Leben bislang als vergleichsweise gut, sicher und komfortabel erlebte, nagt nun an ihr die zermürbende Sorge, dass es nicht immer so gut sein wird wie gewohnt.

So erlebt ein ganzes Volk das Phänomen der Verlustaversion, dessen Erforschung wir vor allem Daniel Kahneman verdanken. Der israelisch-amerikanische Psychologe, der für seine »Erwartungstheorie« zusammen mit Amos Tversky 2002 den Wirtschafts-Nobelpreis erhielt, hat mit Experimenten gezeigt, dass unser Gehirn den Schmerz über einen Verlust stets stärker gewichtet als die Freude über einen vergleichbaren Gewinn.[20] Praktisch übersetzt heißt das: Über den Verlust von 100 Euro (oder den Diebstahl eines Fahrrads, den Verlust unseres Autos oder des gewohnten Ferienhäuschens) ärgern wir uns mehr, als wir uns über den Gewinn von 100 Euro (den Erwerb eines neuen Rads, Autos oder Ferienhauses) freuen.

Warum? Vermutlich ist das ein Überbleibsel aus unserer Evolutionsgeschichte. Über Jahrtausende hinweg war es für Menschen in der Regel wichtiger, das Augenmerk auf mögliche Bedrohungen zu legen als auf erfreuliche Dinge. Denn schon ein einmaliger Verlust – etwa von einem sicheren Heim oder Verbündeten – konnte lebensbedrohlich sein und musste unter allen Umständen vermieden werden. Ein einmaliger Gewinn hingegen war keine dauerhafte Garantie fürs Überleben. Bedenkenträger hatten schlicht höhere Überlebenschancen.

Dieser Mechanismus wirkt bis heute fort, obwohl wir nicht mehr in Höhlen leben und die meisten Verluste kaum lebensbedrohlich sind. So sorgt die Verlustaversion dafür, dass mit zunehmendem Wohlstand nicht die Freude über das Erreichte zunimmt, sondern vor allem die Angst, das Erworbene wieder zu verlieren. Ein eindrückliches Beispiel dafür lieferte einmal der BMW-Erbe und Multimillionär Stefan Quandt, der in einem Interview gefragt wurde, was er mit der Dividende von 365 Millionen Euro mache, die er und seine Familie gerade von BMW kassiert hatten. Quandts Antwort: »Wir verwenden das Geld, um das Vermögen zu stabilisieren.«[21] Dass 365 Millionen nur zur »Stabilisierung« verwendet werden, lässt nicht nur Rückschlüsse auf die tatsächliche Höhe von Quandts Vermögen zu, sondern auch auf die Millionen-Euro-Angst, die mit dieser Summe verbunden ist.

Warum früher alles besser war

Dass in Deutschland bis heute ein hoher Lebensstandard herrscht, wird dagegen von den meisten nicht mehr als Glück, sondern als Selbstverständlichkeit angesehen. Denn auch das lehrt die psychologische Forschung: Egal, wie sehr wir etwas erstreben – sobald wir es erreicht haben, gewöhnen wir uns daran und fassen andere Ziele ins Auge.

Schon in den 1970er-Jahren wies eine berühmte Studie nach, dass Lottogewinner ein Jahr nach ihrem Gewinn ähnlich zufrieden (oder unzufrieden) mit ihrem Leben sind wie zuvor.[22] Kurzzeitig verschaffte ihnen der Millionensegen zwar ein enormes Glücksgefühl; doch bald setzte die Gewöhnung ein, und sie begannen, sich wieder wie zuvor über dieses und jenes zu ärgern. Auf ähnliche Weise hat seither eine ganze Reihe weiterer Studien gezeigt, dass mit steigendem Einkommen zwar die Lebenszufriedenheit im Allgemeinen wächst – dass dies jedoch nur bis zu einem bestimmten Einkommensniveau gilt und eine weitere Steigerung nicht mehr zu größerem Wohlbefinden führt.*

Das heißt: Das Klischee »arm, aber glücklich« ist ebenso falsch wie das Bild vom stets glücklichen Reichen. Zwar leben wohlhabendere Menschen im Schnitt zehn Jahre länger als jene, die in der Armutsfalle sitzen.[23] Auch genießen sie durchaus ihren Status und Erfolg.[24] Allerdings hat das Reichsein seinen Preis: Menschen mit einem hochbezahlten Job sind in der Regel nervlich angespannter und erleben häufiger Augenblicke von Ärger und (Verlust-)Angst.[25]

Die grundlegende kapitalistische Formel »Mehr Wohlstand = mehr Glück« erscheint im Lichte der Emotionspsychologie also mindestens fragwürdig. Nicht auf den *absoluten* Wohlstand kommt es an, sondern auf den *relativen*. Diese Tatsache hat der amerikanische Psychologe Barry Schwartz einmal griffig so formuliert: »Warum war früher alles besser? Weil früher alles schlechter war!«

Bei schlechten Ausgangsbedingungen gibt es schließlich noch großes Verbesserungspotenzial. Das sorgt nicht nur für Glücksgefühle, wenn die Verbesserung tatsächlich eintritt, sondern vor allem schon für Vorfreude auf dem Weg dahin (und da sind sich Forschung und Volksmund einig: Die Vorfreude ist tatsächlich die schönste Freude).

Je besser aber die faktische Lage wird, umso schwieriger wird es, einen deutlichen Verbesserungseffekt zu erzielen. Wer etwa 10 Euro pro Stunde verdient und am Ende eines Arbeitstages einen unerwarteten Bonus von 50 Euro bekommt, wird sein Glück kaum fassen können. Wer hingegen am Tag bereits 1 000 Euro verdient, wird denselben Bonus lächerlich finden. Anders formuliert:

---

* Dieses Plateau des »optimalen Einkommensniveaus« liegt – je nach Studie – etwa zwischen 60 000 und 90 000 Euro.

Die wahrgenommene Veränderung hängt entscheidend vom Anfangswert ab. Und je mehr jemand hat, umso stärker muss er sein Vermögen vergrößern, um überhaupt einen emotional relevanten Unterschied zu bemerken.[26]

Mitten im Epochenbruch

Mit Blick auf die Weltlage wird klar: Mit solch spürbaren materiellen Zuwächsen ist in Zukunft kaum mehr zu rechnen. Zumindest für die wohlhabenden Industrieländer ist die Zeit des ungebremsten Wachstums vorbei. Denn neue Konkurrenten wie China oder Indien haben das internationale Spielfeld betreten; die globalisierte Wirtschaft hat nicht nur Menschen weltweit in Kontakt gebracht, sondern auch einen globalen Wettbewerb entfesselt. Von einem »Epochenbruch« spricht in diesem Zusammenhang der Politikjournalist Bernd Ulrich, der diagnostiziert: »500 Jahre europäische beziehungsweise 100 Jahre westlich-amerikanische Dominanz gehen zu Ende – und schlagen zurück.«[27] Nun erleben wir, wie die vom Westen betriebene Globalisierung zunehmend ihre Nebenwirkungen entfalte und unkontrolliert heimkehre »in Gestalt von: Flüchtlingen, Terrorismus und ernst zu nehmender ökonomischer Konkurrenz«.

Das bedeutet etwa für einen Fabrikarbeiter in Eisenach ganz konkret, dass er heute nicht nur mit seinen Kollegen vor Ort konkurriert, sondern auch mit jenen in Spanien, Kolumbien oder Südkorea; dass er sich vor drohenden Produktionsverlagerungen fürchten muss – oder davor, dass sein Unternehmen gleich von einem ausländischen Konkurrenten geschluckt wird. Und all das wird noch angetrieben und beschleunigt von der Digitalisierung, die nicht nur viele Prozesse schneller macht, sondern auch bisherige Landesgrenzen obsolet erscheinen lässt. Kein Wunder also, dass selbst in einem wohlhabenden Land wie Deutschland die Angst vor dem Abstieg grassiert.

Hinzu kommen noch all die anderen Nebenwirkungen und Konflikte des Epochenumbruchs sowie zahlreiche Umweltprobleme. Neben der Gefahr kriegerischer Konfrontationen, die während der Arbeit an diesem Buch nahezu täglich zuzunehmen scheint, bereitet auch der Zustand des Planeten nachhaltig Sorgen. Ein Jahr mit Wetterrekorden folgt auf das nächste, der Mensch verbraucht die natürlichen Ressourcen in schwindelerregendem Tempo, und jeden Tag verschwinden auf der Erde, Schätzungen zufolge, Dutzende von Tierarten. Längst sprechen Zoologen vom »sechsten Massensterben« der Erdgeschichte.[28] Derweil wächst die Weltbevölkerung und damit auch die Zahl der Reibungspunkte: Terrorismus, weltweite Migrationsbewegungen und der Aufstieg antidemokratischer Parteien sind Folgen dieses Stresses und zugleich Ursache für neue Konflikte.

All das trägt zu der Wahrnehmung bei, dass etwas Fundamentales ins Rutschen geraten ist und viele bisher als sicher geglaubte Werte nicht mehr stabil und verlässlich sind. Lange Zeit gültige Weltbilder wirken entleert und überholt, althergebrachte Traditionen verblassen und damit auch das, was viele Menschen heute schmerzlich vermissen: ein vertrautes Heimatgefühl. Nehmen wir nur den Sonntag, der lange eine besondere Atmosphäre hatte, auch wenn immer weniger Menschen in die Kirche gingen. »Heute wird am Sonntag die Terrasse repariert«, stellt die *Frankfurter Allgemeine Zeitung* in aller Nüchternheit fest.[29] Soll heißen: Der Sonntag ist ein Tag wie jeder andere, statt der Ruhe lockt die Werkstatt oder das verkaufsoffene Einkaufszentrum.

Und das Bewusstsein für all diese Veränderungen ist inzwischen in den Tiefen der Gesellschaft angekommen, sozusagen im kollektiven Bauchgefühl. »Es ist, als wären die Bestände des Vertrauten allmählich aufgezehrt«, diagnostiziert die *FAZ*, »als wären jetzt größere Kollektive an dem Punkt, an dem Einzelne schon vor mehr als hundert Jahren standen: sich in einer komplexen, unübersichtlichen Realität wiederzufinden, in der das Überlieferte keinen Halt mehr gibt«.

Dass da bei manchen die Versuchung wächst, alte Begriffe wie Heimat, Nation oder gar »das Abendland« wieder zu beschwören, ist psychologisch zwar nachvollziehbar – jedoch ein völlig untauglicher Versuch der Realitätsbewältigung. Denn das Rad der Zeit lässt sich nun einmal beim besten Willen nicht zurückdrehen, die »Retrotopien« funktionieren nur als Illusion, nicht als dauerhafte Zukunftslösung. Nur ein einfaches Beispiel: Wer seine altvertraute, eng umgrenzte Heimatidylle wiederhaben wollte, müsste als Erstes das Internet und den grenzüberschreitenden Online-Handel verbieten – und das ginge vermutlich selbst glühenden Nostalgikern und rückwärts gewandten Nationalisten zu weit.

Und wo wäre die »gute alte Zeit« überhaupt zu verorten? In den 1930er- oder 40er-Jahren mit Krieg und Nazi-Terror? In den vermufften 50ern, in denen die Trümmer weggeräumt wurden und es im Winter in jedem Hausflur nach verkochtem Kohl roch? In den 60ern, als der Kalte Krieg tobte und man Angst haben musste, dass irgendwo eine Atombombe abgeworfen wird? In den 70ern, als der Ölpreisschock und der RFA-Terror die Menschen verängstigte? Oder in den 80ern, als die AIDS-Epidemie um sich griff? Wirklich »gut« war auch die Vergangenheit selten; sie erscheint uns nur so in der verklärten Erinnerung, weshalb Peter Ustinov völlig recht hat: »Jetzt sind die guten alten Zeiten, nach denen wir uns in zehn Jahren zurücksehnen werden.«

Selbstwertsteigerung durch Abwärtsvergleich

So blickt das moderne Subjekt verunsichert in die Zukunft, weiß nicht, an welche Institutionen oder Werte es sich halten kann, und sucht häufig sein Heil in der gnadenlosen Selbstoptimierung. Denn das Konkurrenzprinzip, das dem Kapitalismus zugrunde liegt, treibt den Einzelnen in einen steten Wettbewerb mit allen anderen. Dabei konkurriert man nicht nur um die besten Arbeitsplätze, sondern auch um die schönsten Wohnungen, die attraktiveren Partner, das lässigste Outfit, das stählernste Sixpack, die meisten *Likes* auf Facebook ... Anstelle des sozialen Zusammenhalts und des Wir-Gefühls tritt der eifersüchtige Vergleich mit anderen und die stete Sorge, ob das eigene Ich diesem Vergleich standhält.

Leider kennt die Sozialpsychologie eine sehr unschöne Methode, um in solchen Situationen das eigene Selbstwertgefühl zu stabilisieren: Den »abwärtsgerichteten sozialen Vergleich«. Wer auf andere herabblicken kann, fühlt sich selbst gleich ein bisschen besser. Auf diesem Prinzip beruhe letztlich der ganze Kapitalismus, erklärt der Kognitionspsychologe Christian Stöcker, »weil der abwärtsgerichtete soziale Vergleich – mein Erfolg, dein Misserfolg – ein so effektiver Motivator ist«. Auch ganze Staatsgebilde und politische Systeme basierten auf diesem Mechanismus, bis hin zum Faschismus, der gleich das eigene Volk für wertvoller erklärt und andere zu minderwertigen »Untermenschen« abstempelt.

Unglücklicherweise braucht man fürs Abwärtsvergleichen gar keine realen Begründungen. Es kann schon reichen, jemand anderen einfach nur um des eigenen Wohlbefindens willen abzuwerten. »Am Ende, so paradox das klingt, hassen Menschen andere Menschen – Juden, Schwarze, Ausländer, wen auch immer – um sich selbst besser zu fühlen«, schreibt Stöcker; so werde die Verachtung zur »Methode der Selbstwertsteigerung«.[30]

Das erklärt auch das merkwürdige Faktum, dass die Angst vor der »Islamisierung« ausgerechnet in jenen Gegenden stark ist, in denen kaum (oder nur wenige) Muslime leben. Ebenso zeigen die Erfahrungen der Vergangenheit, dass der Antisemitismus meist dort besonders stark war, wo es wenige oder gar keine Juden gab. So belegen die Ergebnisse der sogenannten Vorurteilsforschung, »dass die Ursachen von Vorurteilen gar nicht bei den religiösen oder ethnischen Minderheiten liegen, gegen die sie sich richten, sondern vor allem in der sozialen und psychischen Befindlichkeit der Menschen, die die Vorurteile hegen«, analysiert die Politologin Gesine Schwan. Denn solche Ressentiments machten sich stets an Gruppen fest, die bedrohlich wirkten, »zugleich aber de facto schwach genug sind, um sie gefahrlos angreifen zu können«. Was darin zum Ausdruck komme, seien vor allem die Sorgen der »von Abstiegsängsten Bedrohten und von Arbeitslosigkeit Gedemütigten«; und diese Ängste reichten bis weit in die Mitte der Gesellschaft.[31]

Der Frust des Aufwärtsvergleichens

Das andere Extrem des Vergleichens, das ebenso häufig praktiziert wird, ist kaum weniger problematisch: die Rede ist vom »Aufwärtsvergleichen«, also vom Abgleich mit anderen Menschen, die erfolgreicher, besser oder irgendwie höherstehend erscheinen. Auch diese Art der Orientierung kann als starker Motivator dienen, fördert aber naturgemäß zugleich den Frust, wie der Sozialpsychologe Leon Festinger schon in den 1950er-Jahren feststellte.[32] Schließlich gibt es immer Leute, die erfolgreicher und beneidenswerter als man selbst sind – eine Tatsache, die der Dichter Robert Gernhardt in seinem ironischen Gedicht *Immer* wunderbar auf den Punkt gebracht hat.

Bei Gernhardt beginnt das Aufwärtsvergleichen schon im Säuglingsalter *(»Du kriechst, Er geht/Du gehst, Er läuft ...«)*, setzt sich fort in Schule und Studium *(»Du liest, Er lernt/Du lernst, Er forscht/Du forschst, Er findet«)* und geht das ganze Leben lang so weiter *(»Du wirst gelobt, Er wird geliebt/Du wirst geehrt, Er wird verehrt/Dir liegt man zu Füßen, Ihn trägt man auf Händen«)*, bis zum bitteren Ende *(»Du kränkelst, Er liegt darnieder/Du stirbst, Er verscheidet/Du bist gerichtet, Er ist gerettet: Einer immer noch besser. Immer. Immer. Immer.«)*[33]

Zwar leben heute selbst die einfachen Bürger, an nüchternen Wohlstandsfaktoren gemessen, komfortabler als früher viele Könige: Die Lebenserwartung ist höher, die Ernährungslage und medizinische Versorgung um ein Vielfaches besser, die politische Lage stabiler und dank einer Heerschar technischer Diener – von der Waschmaschine bis zum Automobil – das Dasein insgesamt gemütlicher und viel weniger anstrengend. Doch wer vergleicht sein Leben schon mit, sagen wir, dem eines Fürsten aus dem 14. Jahrhundert? Heute orientiert man sich an modernen Fürsten, etwa den Topmanagern und Wirtschaftsführern, die sich Millionenboni genehmigen, auch wenn ihre Firmen Verluste machen. Und man liest mit Staunen, dass eine Handvoll Superreicher so viel besitzt wie die ärmere Hälfte der Erdbevölkerung. Denn in den Händen einiger weniger ballt sich ungeheurer Reichtum, und das Gefälle zwischen den globalen Habenichtsen und den Fastalleshabenden ist geradezu obszön.[34]

Diese wahrgenommene Ungerechtigkeit und Ungleichheit werden noch verstärkt durch die Mechanismen der modernen Mediengesellschaft, in der sich öffentlich stets alle glücklicher, schöner und erfolgreicher darstellen, als sie tatsächlich sind. Das fängt an bei den per Photoshop aufgehübschten Bildern von Stars und Sternchen und hört bei geschönten Unternehmensbilanzen und Politikerauftritten noch lange nicht auf. Denn die unausgesprochene Grundregel der medialen Öffentlichkeit lautet: Wer im Rampenlicht steht, sollte tunlichst keine Schwäche zeigen, sondern sich möglichst gut gelaunt und supererfolgreich präsentieren. Selbst schwierige oder unschöne Situationen – das Scheitern eines Geschäftsmodells oder einer Ehe, der Flop einer Show oder eines politischen Programms – werden noch schöngeredet und zur Chance erklärt, zur Herausforderung, die man selbstverständlich mit größter Freude annehme.

Dass es hinter den Kulissen oft ganz anders aussieht, bekommen normale Fernsehzuschauer oder Zeitungsleser in der Regel kaum mit. So verhält es sich mit dem öffentlich dargestellten Glück ähnlich wie mit dem Scheinriesen Herrn Tur Tur aus den Abenteuern von Jim Knopf und Lukas dem Lokomotivführer: Aus der Ferne wirkt der Scheinriese gewaltig und Ehrfurcht einflößend – doch je näher man ihm kommt, umso mehr schrumpft er, bis er sich am Ende als ängstlicher alter Mann entpuppt.

Auf diese Weise tragen die Medien, aus denen wir heute zum Großteil unser Weltbild beziehen, zwangsläufig zu dem verbreiteten Gefühl vieler Menschen bei, gegenüber allen anderen im Nachteil zu sein. Und das wiederum schürt Ärger und Wut.

Dass gerade dieses Empfinden, im Vergleich zu anderen zu kurz zu kommen, die Menschen unzufrieden macht, zeigen unter anderem die Interviews der amerikanischen Politikwissenschaftlerin Kathy Cramer mit der Wählerschaft von Donald Trump. Bei ihren Studien im ländlich geprägten Mittleren Westen (wo Trump besonders viele Stimmen holte), stieß sie auf ein jahrelang aufgestautes Gefühl vieler Menschen, ungerecht und respektlos behandelt zu werden und nicht das zu bekommen, was ihnen eigentlich zustehe.[35] Genau dieses Gefühl hat Trump instinktiv aufgegriffen und die unterschwellige Wut zum Programm gemacht – mit überwältigendem Erfolg.

Diese Art des beleidigten Enttäuschtseins findet sich aber längst nicht nur in den abgehängten Regionen des Mittleren Westens, sondern auch in anderen Industriestaaten, bis weit ins etablierte Bürgertum hinein. Selbst jene, die materiell eigentlich gut (oder sogar sehr gut) gestellt sind, haben oft das Gefühl, nicht ihren »gerechten« Anteil zu bekommen und nicht ausreichend gewürdigt zu werden. »Sie haben alles, aber irgendetwas, das Eigentliche, scheint ihnen vorenthalten zu sein.« So beschreibt der ehemalige *ZEIT*-Feuilletonchef Jens Jessen den typischen Gemütszustand, »den jeder von den Bessergestellten seines Bekanntenkreises kennt«.[36] Dieser lasse sich am besten mit der alten Redewendung beschreiben, die Betreffenden fühlten sich »vom Leben enttäuscht«.

Dieses latente Gefühl der Enttäuschung selbst in höheren Kreisen zeigt, dass es bei vielen gar nicht um materielle Fragen geht, sondern dass die moderne Krise der Zuversicht eher seelisch-emotionale Gründe hat und dass wir unsere Unzufriedenheit auf die falschen Ursachen projizieren. Dass dieses Dilemma kaum öffentlich thematisiert wird, verschärft die Krise noch. Dadurch haben die Menschen erst recht den Eindruck, nicht gesehen und nicht verstanden zu werden, und es verstärkt sich das fatale Gefühl, man zähle nicht in dieser Gesellschaft, und auf einen selbst komme es letztlich gar nicht an.

Die drei Prinzipien des guten Lebens

Was kann man diesem Ohnmachtsgefühl entgegensetzen? Wie lassen sich Resignation und Frustration in eine positivere Form von Energie verwandeln, die nicht beim larmoyanten Beklagen des Istzustandes stehen bleibt, sondern die konstruktiv wirksam wird und Lebensfreude und Zuversicht freisetzt?

Auf solche Fragen gibt es zwar keine Patentlösung. Denn eine Krise, die mehrere Ursachen hat, erfordert in der Regel ein ganzes Maßnahmenpaket zu ihrer Bewältigung – manche liegen in der Hand des Einzelnen, andere stellen eher eine gesamtgesellschaftliche Aufgabe dar, die auch politischer Initiative bedarf. Doch ein paar hilfreiche Hinweise lassen sich relativ einfach formulieren:

Als Erstes wäre da die Empfehlung, sich in der Kunst des *richtigen* Vergleichens zu üben. Soll heißen: Vergleichen Sie sich lieber mit sich selbst. (Was kann ich besser, wo bin ich klüger als vor 1, 5 oder 10 Jahren.) Statt der Versuchung nachzugeben, auf andere herabzublicken oder sich mit jenen zu messen, denen es vermeintlich besser geht. Solche Vergleiche lenken nur von der konstruktiven Beschäftigung mit der eigenen Situation ab. Das betrifft insbesondere die Abziehbilder des Glücks, die uns aus Illustrierten und der Werbung entgegenspringen. Die Kunst des richtigen Vergleichens empfiehlt sich aber auch in allen anderen Lebenslagen, ob in Bezug auf das (vermeintliche) Eheglück der anderen oder im Umgang mit schweren Krankheiten.

Für den britischen Journalisten George Monbiot ist das richtige Vergleichen sogar eines der »drei Prinzipien, die den Kern des guten Lebens ausmachen«. Zu dieser Erkenntnis gelangt er ausgerechnet durch eine Prostatakrebs-Diagnose, über die er im britischen *Guardian* ungewöhnlich offen und schonungslos berichtet.[37]

Dabei ist vieles an Monbiots Krankengeschichte typisch. Wie er zunächst mit kleinen Beschwerden zum Arzt geht und sich nichts dabei denkt; wie ihn dann die plötzliche Krebsdiagnose erwischt, »wie ein Gewehrschuss auf einer stillen Straße: schockierend und verstörend«; wie er mit seinem Arzt die verschiedenen Therapieoptionen durchgeht und am Ende schweren Herzens in eine radikale Operation einwilligt, die Entfernung seiner Prostata, eine Prozedur, »die an die Wurzeln meiner Männlichkeit geht«.

Untypisch aber ist die Fortsetzung von Monbiots Geschichte. »Es wäre leicht gewesen, mein Schicksal zu verfluchen und zu fragen: Warum ich?«, schreibt der Journalist. Schließlich habe er nie geraucht und trinke selten Alkohol; er ernähre sich »lächerlich gesund« und absolviere ein strenges Fitnessprogramm; außerdem sei er zwanzig oder dreißig Jahre jünger als die meisten anderen Patienten im Wartezimmer. »Mit anderen Worten: Ein noch geringeres Risiko für Prostatakrebs hätte ich nur als Frau haben können.« Er hatte also viele Gründe, frustriert und wütend zu sein. »Und doch«, schreibt Monbiot, »ich bin glücklich. Ich fühle mich sogar glücklicher als vor meiner Diagnose.«

Wie das?

Weil er, so die Erklärung des *Guardian*-Kolumnisten, eben die »drei Prinzipien des guten Lebens« angewandt habe, die er im Laufe seiner Krankengeschichte entdeckte. Und das erste und wichtigste dieser Prinzipien laute:

Denke mehr daran, wie viel schlechter es dir gehen könnte, als daran, wie viel besser es sein könnte.

Diesen Vorsatz setzt Monbiot ebenso gründlich wie kreativ um. Denn bei der Einschätzung seines Falles orientiert er sich nicht nur an dem medizinischen Standardmaß für die Aggressivität von Prostatakrebs (dem sogenannten *Gleason-Score*), auf dem er deprimierende 7 von 10 Punkten erreicht. »Aber das sagt mir noch nicht, wie es um mich ganz generell bestellt ist«, denkt sich der Journalist. Um die wahre Härte seines Schicksals abzuschätzen, erfindet er deshalb kurzerhand selbst einen Index, seine persönliche »Shitstorm Skala«. Darin fließt nicht nur die medizinische Diagnose ein, sondern auch der Vergleich mit »anderen Leuten, die sich mit schweren Krankheiten oder Familientragödien herumschlagen«, ebenso die Betrachtung, wie es um ihn bestellt wäre, wenn der Krebs erst in einem viel späteren Stadium entdeckt worden wäre;

sowie der Vergleich »mit all den unzähligen anderen Katastrophen, die über mich hätten hereinbrechen können«.

Nachdem er all dies berücksichtigt hat, stellt Monbiot erstaunt fest, dass ihm sein vermeintliches Unglück eher vor Augen führt, wie gut es ihm gehe. »Ich werde von meiner Familie und meinen Freunden geliebt; ich werde von meinen Arbeitskollegen unterstützt; ich habe den NHS (den nationalen britischen Gesundheitsdienst) ...« Kurz und gut, auf seiner persönlichen Shitstorm Skala erreicht er allenfalls 2 von 10 Punkten. So landet der Journalist bei dem »nützlichsten aller britischen Sprichwörter: *Cheer up, it could be worse* – Freu dich, es könnte schlimmer kommen«.

Zugleich wird ihm klar, welch enorme Kräfte uns dazu verleiten, »uns ständig vorzustellen, wie viel besser es uns gehen könnte«. Werbung und Marketing, der Starkult und die beliebten Erfolgs-Rankings (»Die 100 mächtigsten Politiker«, »Die 500 reichsten Deutschen«) würden ein Klima des Vergleichens erzeugen, »das sicherstellt, dass wir uns ständig gegenüber anderen als minderwertig fühlen«. Diese »Formel für Trübsal« ist für Monbiot die echte »Tragödie unserer Zeit«.

Die Kunst der Gelassenheit

Auch die weiteren »Prinzipien des guten Lebens« von Monbiot sind bedenkenswert. So lautet das zweite: *Verändere das, was du verändern kannst, und akzeptiere das, was nicht zu ändern ist.*

Das sei keine Aufforderung zur Passivität, versichert Monbiot. Normalerweise bemühe er sich immer, Dinge zu verbessern, die andere für unverrückbar hielten, sagt der frühere Umweltaktivist und verweist in dem Zusammenhang auch auf sein neuestes Buch, in dem er einen dramatischen Mangel an positiver Vorstellungs- und Gestaltungskraft in der Politik beklagt.[38] Doch trotz allen Veränderungswillens müsse man eben auch akzeptieren, dass manche Probleme nicht lösbar seien. Ein gewisses Maß an Fatalismus hält Monbiot unter solchen Umständen für durchaus »heilsam«.

Natürlich ist dieses zweite »Lebensprinzip« keine ausschließliche Erfindung von Monbiot. Einer größeren Öffentlichkeit ist es in Form des sogenannten »Gelassenheitsgebets« bekannt, das der amerikanische Theologe Reinhold Niebuhr während des Zweiten Weltkriegs verfasste und das sich seither ungebrochener Beliebtheit erfreut: »Gott, gib mir die Gelassenheit, Dinge hinzunehmen, die ich nicht ändern kann, den Mut, Dinge zu ändern, die ich ändern kann, und die Weisheit, das eine vom anderen zu unterscheiden.«

Wie wichtig diese Maxime gerade für sehr gestaltungsfreudige Menschen ist, bewies nicht zuletzt der Staatsmann Helmut Schmidt, der zeit seines Lebens als »Macher« galt. Stets war der Politiker (Spitzname »Schmidt Schnauze«) für sein forsches Auftreten und seine entschiedene Haltung bekannt. Sowohl als Bundeskanzler wie auch später als *ZEIT*-Leitartikler schien er immer sehr genau zu wissen, wo es langgeht, und belehrte gern alle anderen. Dass auch Schmidt zuweilen zweifelte und sich mit der Unterscheidung zwischen Machbarem und Hinnehmbarem quälte, schien schwer vorstellbar. Doch posthum gestattete er einen kleinen Einblick in seine Seelenlage, indem er vor seinem Tod verfügte, dass bei dem Staatsakt im Hamburger Michel anlässlich seiner Beerdigung auch das Gelassenheitsgebet verlesen werden sollte. Offenbar hatte der Politiker Schmidt zu Lebzeiten immer wieder mit der Unterscheidung von »hinzunehmenden« und »veränderbaren« Dingen gerungen und dabei Zuflucht in dem Aufruf zur Gelassenheit gefunden.

Es tut also gut, sich vor Augen zu führen, dass wir alle immer wieder mit unabänderlichen Schwierigkeiten konfrontiert werden, die wir nicht lösen können; und dass der Versuch der ultimativen Lebensperfektionierung notgedrungen scheitern muss – selbst im reichen Westen mit all seiner Fortschrittlichkeit und materiellen Sicherheit. Den einen ereilt eine plötzliche Krebsdiagnose, die Zweite muss mit dem Scheitern einer langjährigen Beziehung zurechtkommen, beim Dritten bekommt die erfolgreiche Karriere unerwartet einen Knick, und die Vierte muss eventuell gar den Tod des eigenen Kindes verkraften. Da helfen auch alle Rundumversicherungen und Sorglospakete nichts: Gegen die Wechselfälle des Lebens ist niemand gefeit.

Das mag wie eine Banalität klingen, wird erstaunlicherweise aber im öffentlichen Diskurs hartnäckig verdrängt. Im Gegenteil: Politik und Gesellschaft fordern die Minimierung aller Lebensrisiken, und von dieser Propaganda leben viele Berufsgruppen – vom Sicherheitspolitiker über den Versicherungsvertreter bis zum Brandschutzbeauftragten. Nach jedem Unglück und jeder Katastrophe entbrennt in unserer Hochsicherheitsgesellschaft prompt die Diskussion, wie sich solche Fälle in Zukunft technisch und organisatorisch verhindern ließen. Nun ist es selbstverständlich sinnvoll, aus Fehlern zu lernen. Aber ebenso hilfreich ist es zu begreifen, dass das Leben uns auch in Zukunft immer wieder mit unerwarteten Krisen überraschen wird. Doch wer in solchen Situationen darauf verweist, dass Risiken, Fehlschläge und Unglücke nun einmal zum Leben gehören, gilt schnell als Defätist. Dabei kann gerade aus der Einsicht, dass Rückschläge unvermeidlich sind, eine Haltung der Gelassenheit erwachsen.

Die Angst vor dem Unbekannten

Deshalb empfiehlt Monbiot auch als drittes Lebensprinzip: *Lass die Angst nicht dein Leben bestimmen.*

Denn die Angst verneble den Blick, störe das klare Denken und verhindere so, dass wir dem Beängstigenden auf kluge Weise entgegentreten. Als ihm etwa sein Arzt sagte, dass seine Prostataoperation eine Erfolgschance von 80 Prozent habe, da hätte Monbiot sich vor allem über die 20-prozentige Möglichkeit des Scheiterns sorgen können. Doch er dachte daran, dass er damit etwa dieselbe Überlebenswahrscheinlichkeit »wie bei einem meiner Kajaktrips« hätte und dass seine Erfolgsaussichten deutlich höher lägen als bei seinen früheren Recherchen in Papua-Neuginea oder im Regenwald des Amazonas.

Solche statistischen Betrachtungen sind tatsächlich ein guter Schutz gegen die Gefahr, von der Angst (und der ebenso schlimmen Angst vor der Angst) überwältigt zu werden. Das gilt nicht nur im Hinblick auf schwere Operationen, sondern letztlich für den Umgang mit allen Lebensrisiken, denen wir uns heute ausgesetzt sehen. Denn längst nicht alles, was in den Medien groß ausgewalzt wird, bedroht tatsächlich unser Leib und Leben; was uns mehr Sorgen machen sollte, sind oft gerade die alltäglich-banalen Dinge.

Das gilt nicht nur (wie zuvor dargestellt) für die unterschiedlichen Risiken von Terroranschlägen und Verkehrsunfällen, sondern zum Beispiel auch im Hinblick auf die Gefahren, die in unserem Essen lauern. Fragt man Menschen, wovor sie sich fürchten, hört man häufig von der Angst vor gentechnisch veränderten Lebensmitteln, vor chemischen Konservierungsmitteln oder Hormonen im Fleisch. »Auf all diese Dinge sind aber nur etwa 15 tödliche Krebserkrankungen im Jahr zurückzuführen«, rechnet der Risikoforscher Ortwin Renn vor. Dagegen würden mehr als 70 000 Menschen an tödlichen Krebserkrankungen sterben, die durch ungesunde Ernährungsgewohnheiten veranlasst sind; »das heißt durch zu viel Essen, zu viel Fleisch, zu viel Fett, zu viel Zucker«. Die wahrgenommenen und tatsächlichen Gesundheitsrisiken lägen auf diesem Gebiet (wie auf vielen anderen) »weit auseinander«.[39]

Denn ebenso wie die Gefahren des Autoverkehrs sind uns auch jene von Zucker und Fett wohlvertraut; Hormone und gentechnische Lebensmittel dagegen stellen neuartige Risiken dar und erscheinen uns daher automatisch gefährlicher. Ein zweiter Faktor kommt hinzu: Entscheidend für unsere Risikowahrnehmung ist auch die Frage, ob wir eine Situation selbst unter Kontrolle haben oder uns ohnmächtig fühlen. Wenn wir selbst am Steuer sitzen, erscheinen uns die Risiken des Straßenverkehrs beherrschbar; einem unbekannten Attentäter gegenüber fühlen wir uns schutzlos ausgeliefert. Über den Zuckerkonsum entscheiden wir selbst, gegenüber unsichtbaren Hormonen oder gentechnisch veränderten Lebensmitteln fühlen wir uns wehrlos. Der Risikoforschung zufolge gehen wir freiwillig sogar bis zu tausendfach höhere Risiken ein, als wenn wir uns unter Zwang fühlen.[40] Umgekehrt vergrößert kaum etwas unsere Angst so sehr wie das Gefühl der Ohnmacht und Hilflosigkeit.

Dieses gefühlsmäßige Bewerten von Gefahren führt gerade im Hinblick auf die Zukunft zu einer fatalen Konsequenz: Denn die künftige Entwicklung ist per se unbekannt und erzeugt schon allein dadurch Angst; zudem liegt sie nicht in unserer Hand, was das unterschwellige Gefühl der Unsicherheit und Bedrohung noch verstärkt. Globalisierung, Digitalisierung und die zunehmende Komplexität der modernen Welt vermitteln uns das Gefühl, die Dinge nicht mehr selbst steuern zu können, sondern unkontrollierbaren Kräften ausgesetzt zu sein. Und diese Angst ist so diffus, so wenig zu fassen und zu bekämpfen, dass sie übermächtig werden kann.

Das geht so weit, dass wir nur noch schwarzsehen und selbst jene Entwicklungen ignorieren, die eigentlich positiv sind. »Menschen haben einfach grundlegend falsche Vorstellungen von der Welt, sie folgen einer instinktiven Neigung zum Dramatisieren«, sagt der schwedische Forscher Ola Rosling, der zusammen mit seinem (mittlerweile verstorbenen) Vater Hans Rosling das Buch *Factfulness* verfasste.[41] Darin belegen die Roslings anhand einer

Vielzahl von Daten, dass es der Welt besser geht, als viele denken. Die Kindersterblichkeit nimmt ebenso ab wie die Zahl der Menschen, die in extremer Armut leben oder unterernährt sind; weltweit steigt das Bildungsniveau, die Zahl der Geburten pro Frau fiel in vierzig Jahren von weltweit 4,48 auf 2,51; auch die Zahl der Todesopfer von Naturkatastrophen hat sich in den vergangenen hundert Jahren halbiert, während die meisten Menschen davon überzeugt sind, sie steige dramatisch an. Doch solche guten Nachrichten würden nicht zur Kenntnis genommen, beklagt Rosling: »Leider sind wir, wenn es um unser Weltbild geht, noch heute fixiert aufs Negative.«[42]

So stehen wir nicht nur vor der Aufgabe, konkrete technische Probleme und reale Gefahren zu meistern, sondern auch vor der Herausforderung, die verbreitete Stimmung von Angst, Resignation und Mutlosigkeit zu bewältigen. Man könnte sagen: Unsere Gesellschaft erlebt nicht nur eine Energiekrise in Bezug auf fossile Brennstoffe, sondern auch eine Energiekrise psychologischer Natur. Was uns hinsichtlich der Zukunft vielleicht am meisten fehlt, ist die Antriebsenergie der Zuversicht und damit der grundlegende Treibstoff des Lebens. Deshalb definiert der US-amerikanische Psychologe Rollo May die Depression auch als »Unfähigkeit, eine Zukunft zu konstruieren«.[43]

Eine neue Art von Zukunftshoffnung

Doch woraus lässt sich die Antriebsenergie der Zukunftsgestaltung gewinnen? Offensichtlich trägt die alte Hoffnung auf materiellen Fortschritt nur noch bedingt. Zumindest gilt das für die reichen Industrieländer, die bereits ein hohes Wohlstandsniveau erreicht haben. Zwar bleiben auch auf höchstem materiellen Niveau noch immer Wünsche offen – kaum ist das neue iPhone gekauft, kommt prompt ein noch besseres Nachfolgemodell auf den Markt; kaum ist stolz der neue Gasgrill eingeweiht, führt der Nachbar den Premium-Grill mit zwei getrennten Brennern vor – doch die mit der Erfüllung solcher Wünsche verbundenen Glücksgefühle sind, wie beschrieben, nur marginal und von kurzer Dauer.

Was also tun? Den Wohlstand aufgeben und irgendwo in der Ferne auf die Suche nach dem angeblich einfachen, aber glücklichen Leben gehen? Mutwillig das Erreichte zerstören und noch einmal ganz von vorn beginnen (was durch einen großen Krieg durchaus geschehen könnte)? Oder eine neue Art von Zukunftshoffnung entwickeln, die sich weniger an einem stetig zunehmenden materiellen Wohlstand orientiert, sondern an anderen Werten wie etwa Zeitwohlstand, seelischem Reichtum, einer intakten Umwelt und Sinnhaftigkeit?

In diesen Dimensionen, auch das zeigen viele Umfragen, ist hierzulande noch viel Luft nach oben. Und in Teilen ist eine solche Umorientierung bereits im Gange. Selbst Manager erkennen heute, dass es nicht allein auf äußeren Erfolg, sondern auf innere Zufriedenheit ankommt – ein Aspekt, der in Kapitel zwei vertieft wird. Auch in der psychologischen Forschung setzt sich die Erkenntnis durch, dass Glück und Lebensfreude vor allem dann erlebt werden, wenn Menschen sich mit anderen verbunden fühlen und ihr Dasein als sinnvoll erleben (siehe Kapitel sechs).

Eine Orientierung auf solche als sinnhaft empfundenen Werte kann jedenfalls enorme Kräfte mobilisieren, sowohl beim Einzelnen als auch gesellschaftlich. Dass eine solche Veränderung auch auf den Widerstand gewaltiger Gegenkräfte trifft – nun, das gehört zum Wesen eines jeden Umbruchs dazu. Aber der Einsatz dafür vermag eben jene Zuversichtsenergie freizusetzen, die vielen heute schmerzlich fehlt.

Wer das nicht glaubt, möge sich ein Beispiel an Vaclav Havel nehmen, dem tschechischen Dramatiker und Menschenrechtler.

Einer seiner berühmtesten Sätze lautet: »Hoffnung ist nicht die Überzeugung, dass etwas gut ausgeht, sondern die Gewissheit, dass etwas Sinn hat, egal wie es ausgeht.«

Und das lebte Havel konsequent vor. Während der Herrschaft der Kommunistischen Partei war er einer der führenden Regimekritiker der Tschechoslowakei, der für seine Überzeugungen immer wieder ins Gefängnis musste. Doch er ließ sich nicht beirren, blieb seinen Überzeugungen treu und war in den 1970er-Jahren einer der Initiatoren der Bürgerrechtsbewegung Charta 77, die schließlich zur »samtenen Revolution« 1989 führte – und zur Wahl Havels als Staatspräsident.

Führt unbeirrte Hoffnung also zwangsläufig zum Happy End? Ja und nein. Denn der Umsturz in der Tschechoslowakei hatte eben auch die Trennung von Tschechien und der Slowakei zur Folge, die Vaclav Havel unbedingt hatte verhindern wollen. Auch in seinem Leben konnte keine Rede davon sein, dass alles »gut ausgeht«, doch die Gewissheit, dass sein Tun einen Sinn hat – diese Überzeugung hat er bis zuletzt nicht verloren.[44]

Dass solche Überzeugungen nicht nur Regime stürzen, sondern selbst ganze Landstriche verändern können, das zeigt die folgende Geschichte aus Frankreich und Burkina Faso. Auch darin geht nicht alles gut aus. Aber gerade deshalb ist sie ein wunderbares Beispiel für die Kraft der Zuversicht, die auf der Gewissheit beruht, dass unser Leben und unser Tun einen Sinn haben.

YACOUBA SAWADOGO – DER MANN, DER EINEN WALD PFLANZTE

Sie ist ein Paradebeispiel für die Kraft der Zuversicht und längst ein Klassiker: Die Geschichte von dem *Mann, der Bäume pflanzte*. Von dem Romanautor Jean Giono erstmals 1954 veröffentlicht, hat sie bis heute zahllose Leser gefunden und all jene begeistert, denen die Natur am Herzen liegt.[45] Dass sie leider nicht der Wahrheit entspricht, wissen die wenigsten. Aber das Schöne ist: Obwohl sie nur erfunden ist, hat sie eine Fortsetzung in der Realität gefunden, die fast noch wundersamer ist.

Doch ganz von vorn: Gionos Geschichte beginnt mit einer Wanderung des jungen Ich-Erzählers Anfang des 20. Jahrhunderts durch das karge Bergland der Provence, »eine nackte und monotone Landschaft auf 1 200 bis 1 300 Metern Höhe, nur von wildem Lavendel bewachsen«. Inmitten der Einöde trifft er auf einen schweigsamen Mann, von dem eine seltsame Ruhe und Gelassenheit ausgehen: Es ist der Schafhirte Elzéard Bouffier, der sich für ein Leben in der Einsamkeit entschieden hat, nachdem er seine Frau und seinen Sohn verloren hat. Fernab vom Weltgetriebe, hütet dieser Hirte aber nicht nur seine Tiere, sondern verfolgt auch eine besondere Mission: Bouffier will die karge Landschaft wieder bewalden und pflanzt daher auf eigene Faust neue Eichen. Tag um Tag bohrt er mit einem Eisenstab Löcher in den trockenen Boden und versenkt darin sorgfältig sortierte Eicheln, unbeeindruckt von der schieren Aussichtslosigkeit dieses Unterfangens und ohne sich darum zu kümmern, wem das Land gehörte oder was andere darüber denken mochten. In der folgenden Zeit wird der Erzähler in den Strudel des Ersten Weltkriegs gerissen und kehrt erst fünf Jahre später in diese Gegend zurück. Zu seinem Erstaunen trifft er erneut auf den Hirten, der – unbehelligt vom Krieg – stetig weitergepflanzt und mittlerweile einen kleinen Wald geschaffen hat. Im Laufe der Jahre besucht der Erzähler seinen Helden immer wieder und wird Zeuge eines kleinen Wunders: Die von Bouffier gepflanzten Eichen-, Buchen- und Birkenhaine dehnen sich aus, und die gesamte Landschaft beginnt sich zu verändern. Es fließt wieder Wasser in den Bachbetten, das Klima wird erträglicher, und die ehemals verlassenen Dörfer werden neu besiedelt. Am Ende, nach über vier Jahrzehnten, hat sich die zuvor karge, verlassene Gegend in ein wahres Idyll verwandelt. »Zählt man die Eingewanderten zu der alten, kaum wiederzuerkennenden Bevölkerung dazu, verdanken mehr als zehntausend Personen ihr Glück Elzéard Bouffier«, berichtet der Erzähler und schildert bewundernd die »dauerhafte Seelengröße und selbstlose Großzügigkeit« dieses Schafhirten, der sich allein »auf seine physischen und moralischen Kräfte verlassend« aus einer Wüste ein »Gelobtes Land« geschaffen habe.

Fürwahr, eine ergreifende Geschichte. Viele Leser waren jedenfalls überzeugt, Elzéard Bouffier sei eine historische Figur, und so manche wollten – um das Wunder mit eigenen Augen zu sehen – das Dörfchen Vergons im Departement Alpes-de-Haute-Provence besuchen, in dem Giono seine Geschichte spielen lässt. Der Autor selbst hüllte die wahren Verhältnisse gerne ein wenig ins Dunkel und vermied es in der Regel, seinem Publikum reinen Wein einzuschenken. So schrieb er 1970 einem allzu wissbegierigen Leser: *Lieber Herr, es wird mir nicht möglich sein, Sie nächstens zu empfangen: (...) Zudem werden Sie, selbst wenn Sie nach Vergons oder Banon oder Le Largne gehen, nichts sehen: Seit jener Zeit ist alles verändert und über den Haufen geworfen worden, um Silos für Atombomben, Schießplätze und mehrere Komplexe von Ölreservoirs anzulegen. Unversehrt blieben nur einige Tannen, wenige*

Wäldchen von Buchen und Erlen. Sie werden nicht einmal eine Spur des Andenkens an Elzéard Bouffier finden. Seien Sie zufrieden mit dem Text und dem Geist der Sache. Er hat sein Genügen in sich. Herzlich, Jean Giono[46]

In einem anderen Brief an den Forstverantwortlichen der Stadt Digne hingegen wurde Giono deutlicher: *Ich bin traurig, Sie zu enttäuschen, aber Elzéard Bouffier ist eine erfundene Persönlichkeit. Das Ziel bestand darin, die Liebe zum Baum zu fördern, oder genauer, die Liebe zum Pflanzen von Bäumen zu entfachen (was von jeher eine meiner teuersten Ideen ist).*[47]

Tatsächlich ging es Giono mit der Geschichte vor allem um das Element der Hoffnung, das darin zum Ausdruck kommt, und um »den Geist der Sache«, wie er sich ausdrückte. Mit seiner Erzählung wollte er zeigen, dass eine solche Tat zumindest *im Prinzip* möglich sei und dass der einzelne Mensch über innere Kräfte und Reserven verfüge, die im Laufe der Zeit Großes bewirken können – selbst wenn die Mittel noch so bescheiden sein mögen.

Hier könnte man jetzt Schluss machen – wenn sich das Leben nicht eine erstaunliche Fortsetzung ausgedacht hätte. Denn Gionos Held lebt, allerdings nicht in Frankreich, sondern in Afrika; und er heißt auch nicht Elzéard Bouffier, sondern Yacouba Sawadogo. Dessen Lebensgeschichte klingt, als habe jemand Jean Gionos Erzählung Wort für Wort in die Realität übertragen.

Denn Yacouba Sawadogo pflanzte tatsächlich einen Wald, ganz allein, in der Wüste. Genauer: im Norden von Burkina Faso, in der westafrikanischen Sahelzone, dort wo die rote Erde rissig ist und die Dürre nur allzu oft die Hirse vertrocknen lässt. Im Bewusstsein vieler Europäer ist die Sahelzone ein Synonym für Krise und Hungersnot, denn dieser Landstrich wurde in der Vergangenheit immer wieder von gewaltigen Dürrekatastrophen heimgesucht. In

den 1960er- und 70er-Jahren wollten deshalb westliche Entwicklungshelfer die Dürre mit modernen Maschinen, Dünger und Pestiziden besiegen. Doch der Versuch schlug dramatisch fehl: Statt den Anbau zu fördern, laugten die gutgemeinten Maßnahmen den trockenen Boden nur noch mehr aus.
So kommt es Anfang der Achtzigerjahre zu einer erneuten Hungersnot, die viele Todesopfer fordert und unzählige Flüchtlinge in die Städte treibt. In dieser dunklen Zeit schlägt Sawadogos Stunde: Der damalige Haushaltswarenhändler fasst den Plan, der Verzweiflung und dem Elend etwas entgegenzusetzen und die Wüste fruchtbar zu machen. Er verkauft seine Habe und kehrt zurück in sein Dorf, dem Flüchtlingsstrom entgegen. Dort nimmt er den Kampf gegen die Wüste auf, mit nichts anderem als einer Hacke, Samen und einer unbeirrbaren Überzeugung, die manche als Gottvertrauen, andere als pure Verrücktheit bezeichnen.

Yacouba Sawadogo

Denn Yacouba Sawadogo war schon immer etwas anders als die anderen. Als Kind armer Bauern wurde er in den Fünfzigerjahren auf eine Koranschule in Mali geschickt, wo er der kleinste und schwächste aller Schüler war. Lesen und Schreiben lernte er trotz aller Mühe nicht, und so wurde er nach zehn Jahren vergeblichen Bemühens wieder nach Hause entlassen. Nur mit Pflanzen kannte er sich aus und wusste, welche Medizin sich aus der Rinde und den Blättern von Bäumen machen lässt. Und an seinem letzten Schultag sagte der Leiter der Koranschule voraus, Yacouba würde einst ein »Weiser« werden, den einmal viele Menschen um Rat bitten würden. Aber daran denkt er in den Achtzigerjahren nicht, als er mit seiner Spitzhacke den Kampf gegen den Hunger und die Verzweiflung aufnimmt. Er weiß nur, dass die modernen, westlichen Ansätze versagt haben. Deshalb kehrt Sawadogo zur uralten, traditionellen Ackerbaumethode zurück, die man in der Sahelzone *zaï* nennt: In den trockenen Boden gräbt er Löcher, die rund 20 Zentimeter tief sind. In diese legt er einzeln die Samenkörner hinein und bedeckt sie mit Erde. Ein extrem mühevolles Geschäft: 60 Tage lang muss ein Mann fünf Stunden täglich die Erde aufhacken, will er einen Hektar Land zur Saat vorbereiten.

Doch Yacouba wandelt die Methode ab, beginnt zu experimentieren. Ihm ist klar, dass in langen Dürrezeiten die Samenkörner in der Erde vertrocknen würden. Deshalb vergrößert er die Zaï-Löcher und umhüllt die Samen mit Blättern, Viehdung und Asche. Zusätzlich packt er eine dicke Schicht weicher Erde darauf und legt Reihen von Steinen auf den Boden, um damit den wertvollen Regen aufzuhalten. Er hegt und pflegt seine Samen und tut alles, um ihnen die Kraft zum Wachsen zu geben.

Was dann passiert, klingt, als hätte sich Jean Giono die *story* ausgedacht: Schon Sawadogos erste Ernte fällt gut aus, und die Nachricht von seinem wundersam gefüllten Hirsespeicher verbreitet sich. In den folgenden Jahrzehnten macht Sawadogo unbeirrt weiter, kultiviert ein Stück Land nach dem anderen, lässt die Wüste ergrünen und Bäume wachsen. Weil diese wiederum Feuchtigkeit speichern, hebt sich der Grundwasserspiegel, immer mehr Menschen kehren in das Dorf zurück, und im Laufe der Jahrzehnte verwandeln sich Hunderte Hektar Wüste in Ackerland.

Allmählich dringt Yacoubas Ruf über die Landesgrenzen, staunende Experten aus aller Welt besuchen ihn und sorgen dafür, dass die neue Anbaumethode Nachahmer findet. Sogar ein Dokumentarfilm entsteht, Sawadogo ist darin *Der Mann, der die Wüste aufhielt.* Und in der *ZEIT* erscheint eine große Reportage,[48] in der Sawadogo mit jenem sagenhaften Elzéard Bouffier verglichen wird, über den Jean Giono einst schrieb: »Dieser Mensch verbreitete Frieden um sich [...], er erweckte den Eindruck, dass ihn nichts zu stören vermöge.«

Dabei lässt es sich die Reporterin Andrea Jeska nicht nehmen, ihrem afrikanischen Helden Gionos Erzählung über den *Mann, der Bäume pflanzte* vorzulesen – eine Geschichte, an der Yacouba großes Vergnügen hat. »Bei der Charakterbeschreibung des Schäfers brummt er ein zustimmendes ›Hmmm, hmmm‹«, berichtet Jeska. Und bei dem Satz: »Ich habe ihn nie gebeugt und verzweifelt gesehen. Und dennoch, wer weiß, ob nicht Gott selber ihn dazu gedrängt hat«, nickt Yacouba bestätigend und sagt: »Natürlich Gott. Kein Mensch kann so viel Kraft aus sich selber heraus finden.« Im Übrigen zeigt sich der Afrikaner nicht im Mindesten erstaunt über die Parallelen. Er habe schon auf so etwas gewartet, erzählt er der deutschen Journalistin, auf die Erzählung eines Freundes im Geiste irgendwo auf der Welt. Denn in seiner Heimat gebe es ein Sprichwort, verrät Sawadogo: »Von jedem von uns gibt es einen Zweiten.«

Damit sind die Parallelen allerdings nicht beendet. Denn auch die Fortsetzung von Sawadogos Geschichte entspricht ganz jener ernüchternden Entwicklung, die sich Jean Giono für seinen Schaf-

hirten ausgedacht hatte. Während Bouffiers Werk angeblich durch »Silos für Atombomben, Schießplätze und mehrere Komplexe von Ölreservoirs« zunichtegemacht wurde, fällt Sawadogos Wald dem Staat zum Opfer. Denn das einst fruchtlose Land, das früher niemanden interessierte, ist mittlerweile attraktiv geworden. Die Regierung gibt es zur Ansiedelung frei, ein Großteil der mühsam hochgezogenen Bäume wird gefällt, damit dort Häuser entstehen können. Als Sawadogo zur Provinzregierung geht, um zu protestieren, wird ihm mitgeteilt, er könne das Land ja kaufen, für umgerechnet 50 000 Euro – was für ihn eine utopische Summe ist.
Darüber könnte man nun verzweifeln. Die ganze jahrelange Mühe, all die Leidenschaft, Ausdauer und Anstrengung umsonst! Die Frucht jahrelangen Schaffens von ignoranten Bürokraten mit Füßen getreten, ein ganzes Lebenswerk zerstört! Wer wollte es diesem Mann verdenken, wenn er vor lauter Zorn eine Verzweiflungstat beginge oder in eine Depression versänke?
Sawadogo tut nichts von alldem. Er klagt nicht. Er rechnet nicht auf. Er tut das, was er immer getan hat, wenn sich Widrigkeiten seinen Absichten entgegenstellen, berichtet Jeska: Er fängt wieder von vorne an. »Wanderte mit seiner Hacke ein Stück weiter: dorthin, wo niemand war und wo niemand sein wollte, hackte neue Löcher. Kleine für die Hirse, große für die Bäume, ganz große für die einhundert Affenbrotbäume.« Und zu seinen Söhnen sagt er: »Wenn sie kommen und meinen Wald fällen, setzen wir einen neuen Wald.«

Ist das nun stur oder weise, stoisch oder unbeugsam? Jedenfalls kommt in dieser Haltung eine Überzeugung zum Ausdruck, die vielleicht Sawadogos stärkste Kraft ist: die Überzeugung, dass das eigene Handeln nicht vom Ergebnis abhängt, sondern allein von dem, was man als richtig erkannt hat. Und vermutlich ist Sawadogos größtes Verdienst auch gar nicht die Aufforstung dieses oder jenes Landstriches, sondern das Beispiel von Zuversicht, das er all jenen vorlebt, die mit ihm zu tun haben. Denn selbst wenn jemand alle Bäume abholzte, die Yacouba jemals gepflanzt hätte, bliebe diese innere Haltung unangetastet. So entfaltet Sawadogos Lebensführung eine Kraft, die weit über seine rein praktischen Ergebnisse hinausgeht und vielen Menschen Mut macht, die sich in ähnlich aussichtslosen Situationen wähnen. Konsequenterweise wurde er im Jahr 2018 mit dem Alternativen Nobelpreis, dem Right Livelihood Award, ausgezeichnet.

Auf diese Weise löst Yacouba Sawadogo das ein, was Jean Giono einst mit seiner Erzählung von dem fiktiven Schafhirten intendierte: ein Beispiel dafür zu geben, was ein Einzelner gegen alle äußeren Widerstände zu leisten vermag, wenn er sich die Kraft der inneren Freiheit bewahrt. Und vielleicht hat Sawadogo ja ganz recht, wenn er sagt, von jedem von uns gäbe es einen Zweiten im Geiste – auch wenn Elzéard Bouffier nicht existierte. Nun liegt es eben an uns, diese Prophezeiung wahr zu machen.

II. Die innere Freiheit

Warum es mehr auf die Einstellung als auf die äußeren Umstände ankommt. Wie man widrige Situationen als »Trainingseinheit« nutzt und was man vom kleinen Hobbit lernen kann

Astrid Lindgren war bekanntlich nicht nur eine großartige Kinderbuchautorin, sondern auch eine lebenskluge Frau. Deshalb lässt sie ihre kleinen Helden auf schlichte Weise immer wieder große Weisheiten formulieren. Nehmen wir zum Beispiel folgende Szene aus ihrem Klassiker *Die Kinder aus Bullerbü:* Im Sommer auf einer staubigen Landstraße werden die Kinder von einem Pferdefuhrwerk überholt, das viel Staub aufwirbelt und sie in eine enorme Staubwolke einhüllt. Alle husten und prusten und schimpfen, bis plötzlich eines der Mädchen sagt: »Wer hat eigentlich gesagt, dass es schrecklich ist, wenn es staubt, und dass wir es schön finden müssen, wenn die Sonne scheint?« Ja, fällt auch den anderen auf: »Wer hat das eigentlich bestimmt?«

Und weil sich die Kinder nunmal ungern von irgend jemandem irgendetwas vorschreiben lassen, beschließen sie kurzerhand, »in Zukunft alles schön zu finden, was *WIR* wollen«. Begeistert erproben sie, Staub wunderbar und Sonnenschein schrecklich zu finden, und haben an diesem Spiel großen Spaß – während die Erwachsenen über ihre Albernheiten verständnislos den Kopf schütteln.

Dabei haben die Kinder fast nebenbei eines der wichtigsten Prinzipien des Glücklichseins entdeckt: Unser Wohl- oder Unlustgefühl hängt weniger an den äußeren Umständen als an der inneren Bewertung, die wir mit diesen Umständen verknüpfen. Der Staub ist deshalb ein Ärgernis, weil wir ihn als solches wahrnehmen; und das Sonnenlicht ist, nüchtern betrachtet, vor allem elektromagnetische Strahlung. Was diese zur Wohltat macht, sind erst die wohligen Gefühle, die sie in uns auszulösen vermag – es sei denn, wir leiden an einer Sonnenallergie. Dann ist schnell Schluss mit der Freude, und die Sonne gilt uns als lästiges Übel.

Natürlich haben nicht erst die Kinder aus Bullerbü die Relativität unserer Wahrnehmung entdeckt. Dieselbe Erkenntnis formulierte schon vor fast zweitausend Jahren der griechische Philosoph Epiktet: »Es sind nicht die Dinge selbst, die uns beunruhigen, sondern die Vorstellungen und Meinungen von den Dingen.«

Passenderweise sitze ich, während ich dies schreibe, in einem Zug, der sein Ziel voraussichtlich mit großer Verspätung erreichen wird. Diese unabänderliche Tatsache gehört somit zu den »Dingen selbst«. Doch der Ärger, der dabei in mir hochsteigt, und die Angst, meinen nächsten Termin zu verpassen, sind laut Epiktet meine persönliche »Vorstellung und Meinung«. Ich könnte, wenn ich sehr gelassen und unvoreingenommen wäre, so wie die Bullerbü-Kinder, die Situation auch ganz anders betrachten; könnte mich zum Beispiel darüber freuen, mehr Zeit zum Schreiben zu haben, oder für einen kleinen Snack in den Speisewagen gehen oder endlich mal in Ruhe das Buch zu Ende lesen, das ich schon so lange mit mir herumtrage. Denn meine Vorstellungen kann ich beeinflussen, im Unterschied zur Verspätung, an der ich leider nichts ändern kann.

Als Philosoph spricht Epiktet natürlich nicht von so läppischen Dingen wie Verspätungen, sondern wählt gleich das radikalste mögliche Beispiel: den Tod. Selbst der sei »an und für sich nichts Schreckliches«; vielmehr sei »die vorgefasste Meinung von ihm, dass er etwas Schreckliches sei, das Schreckhafte.« Deshalb empfiehlt Epiktet, sich nicht im vergeblichen Kampf gegen das Unabänderliche zu verausgaben, sondern eher an der eigenen Haltung zu arbeiten. »Bemühe dich daher, jedem unangenehmen Gedanken damit zu begegnen, dass du sagst: Du bist nicht das, was du zu sein scheinst (etwas Reelles), sondern bloß ein Gedankending (eine Einbildung).«[49]

Dass das für den griechischen Philosophen alles andere als graue Theorie war, zeigt der Blick auf seine Lebensgeschichte: Denn der um das Jahr 50 n. Chr. geborene Epiktet musste zunächst als Sklave schuften. In Rom diente er einem wohlhabenden Bürger, der ihm auch den Namen Epiktet (griech. für: »der neu Erworbene«) verpasste. Außerdem hinkte er, was manche Quellen auf einen Wutausbruch seines Herrn zurückführen, der dem Sklaven das Bein zertrümmerte. Ob die Geschichte stimmt, lässt sich aus heutiger Sicht schwer entscheiden, aber klar ist: Epiktet war nicht vom Schicksal begünstigt.

Umso erstaunlicher, dass er nach seiner Freilassung als Philosoph die individuelle Bewertungsfreiheit ins Zentrum seines Denkens stellte und etwa erklärte: Krankheit sei »ein Hindernis des Körpers, nicht des Willens«; und auch das Hinken sei nur »ein Hindernis des Beines, nicht des Willens«. Deshalb solle man sich vor allem darum bemühen, die Dinge zu kontrollieren, die »in unserer Macht« stünden, wie etwa »Bestrebung, Begier und Abneigung«, und sich nicht so sehr um die äußeren Umstände kümmern, die »nicht in unserer Macht sind« und eben mal so und mal so ausfielen. »Denn begehrst du etwas, was nicht in unserer Macht ist, so musst du notwendig das Glück vermissen.«

Die Macht der inneren Einstellung

Heute würde Epiktet sicher mit großem Interesse die modernen Studien aus Hirnforschung und Psychologie zur Kenntnis nehmen, die zeigen: Er hatte in vielem recht. Tatsächlich ist es vor allem unsere eigene Bewertung, die darüber bestimmt, wie wir eine Sache wahrnehmen, und das Empfinden von Glück hängt weniger an den äußeren Umständen als an unserer inneren Haltung dazu.

Nehmen wir etwa das Allerweltssymptom Stress. Wer sich chronisch gestresst fühlt, das liest man heute in jedem Apothekenblatt, ist anfälliger für Krankheiten aller Art und irgendwann vom Burn-out bedroht. Die entscheidende Betonung liegt dabei allerdings auf dem Wort »fühlen«. Denn was wir als »Stress« empfinden, ist höchst subjektiv. Der eine stürzt sich freiwillig beim Bungee-jumping mit Lust in die Tiefe, dem anderen bricht bereits beim Besteigen des Fahrstuhls der kalte Schweiß aus. Die eine eilt am Wochenende von Party zu Party, die andere empfindet jede Verabredung zum Kaffee als Stress.

Wie sehr die Wirkung von vermeintlich stressigen Situationen von der individuellen Bewertung abhängt, belegt unter anderem eine Studie der University of Wisconsin: Dabei wurden 29 000 Erwachsene gefragt, wie viel Stress sie ausgesetzt seien und wie sie damit umgingen. Zugleich wollten die Interviewer wissen: »Glauben Sie, dass Stress gesundheitsschädlich ist?« Acht Jahre später durchforsteten die Wissenschaftler die Sterberegister, um zu ermitteln, wer von den Befragten gestorben war. Ergebnis: Jene, die angegeben hatten, Stress gefährde ihre Gesundheit, und viel Stress erlebt hatten, wiesen das höchste Sterberisiko auf. Jene Untersuchten hingegen, die ebenfalls großem Stress ausgesetzt waren, ihn aber für unbedenklich hielten, wiesen das niedrigste Sterberisiko auf – niedriger noch als diejenigen, die in ihrem Leben wenig oder gar keinen Stress hatten.[50]

Die Studie zeigt: Auch Stress hängt von unserer Betrachtung ab. Wer ihm positiv gestimmt begegnet, leider darunter weit weniger als jene, die ihn nur als Übel betrachten. Auch wenn die Umstände dieselben sein mögen, so spielt es doch eine große Rolle, mit welchen »Vorstellungen und Meinungen« wir auf sie reagieren. Diese Einstellung hat nicht nur einen großen Einfluss auf unsere jeweilige Stimmung, sondern auch auf konkrete biologische Vorgänge in unserem Körper, wie mittlerweile viele psychologische Studien zeigen.

Einige der verblüffendsten Experimente dazu hat die Harvard-Psychologin Ellen Langer angestellt. 1979 beispielsweise lud sie acht Herren um die achtzig in ein ehemaliges Kloster ein, in dem alles so eingerichtet war wie zu jener Zeit, als die Probanden zwanzig Jahre jünger waren: Alte Bücher und Magazine lagen herum, im Fernsehen lief *Rauchende Colts,* und abends sollten die Männer über (damals aktuelle) Themen wie die kubanische Revolution diskutieren, so als würde das soeben passieren. Auch wurden sie nicht altersgerecht betreut und gepflegt, sondern mussten sich um vieles selbst kümmern, inklusive Kochen und Abwaschen. Ergebnis: Schon nach einer Woche dieser Zeitreise wirkten die Testpersonen deutlich verjüngt, sie zeigten sich beweglicher und schnitten in Hör-, Seh- und Intelligenztests besser ab als eine Kontrollgruppe – ganz so, als sei das Altern nur eine Frage der inneren Einstellung.[51]

In einem anderen Versuch demonstrierte Langer mit Zimmermädchen in Boston die verblüffende Macht der Gedanken. Dabei wurden die Hotelangestellten in zwei Gruppen geteilt: Der ersten wurde in einem mitreißenden Motivationsvortrag erklärt, dass ihre tägliche Arbeit ein wahres Fitnessprogramm sei – sie müssten sich dessen nur bewusst sein. Täglich 15 Hotelzimmer zu putzen in jeweils 20 bis 30 Minuten, das würde den Kreislauf in Schwung bringen und hätte gesundheitsfördernde Effekte. Dabei wurde ihnen detailliert vorgerechnet, dass 15 Minuten Staubsaugen 50 Kalorien verbrauche, Bettenbeziehen 40 und das Schrubben eines Bades 60 Kalorien. Die zweite Gruppe dagegen bekam in derselben Zeit einen neutralen Vortrag über arbeitsrechtliche Bestimmungen zu hören. Danach gingen alle Zimmermädchen wie gewohnt an ihre Arbeit.

Nach vier Wochen zeigte sich, dass allein die aufmunternden Worte ein kleines Wunder bewirkt hatten: Bei den Zimmermädchen der ersten Gruppe führte ihre veränderte Einstellung dazu, dass sie im Schnitt zwei Pfund Gewicht verloren, ihr Body-Mass-Index um einen drittel Punkt und der systolische Blutdruck um 10 Prozent sanken. Bei der Kontrollgruppe hingegen, die ebenso viel gearbeitet hatte, war keine Veränderung zu verzeichnen.[52]

Auch wenn dieses Versuche wissenschaftlich nicht unumstritten sind (weil ihre Ergebnisse zum Teil auf nur wenigen Probanden basieren und nicht von vielen Forschern repliziert sind), so belegen sie doch exemplarisch, wie einflussreich unsere Vorstellungen und Meinungen sein können – und das sogar in einem viel umfassenderen Sinne, als es sich Epiktet vermutlich je vorgestellt hat.[53] Welche biologischen Vorgänge da genau im Körper ablaufen und weshalb die Psyche so einen großen Einfluss auf unsere Physis hat, diese Frage wird im dritten Kapitel beantwortet. In diesem geht es zunächst eher um die Frage, wie man sich diese Zusammenhänge zunutze machen kann – gerade dann, wenn die »äußeren Dinge« schwierig und herausfordernd sind.

Das innere Spiel

Tatsächlich entdecken nicht nur Philosophen und Psychologen die Thesen Epiktets wieder, sondern auch Managementberater, die neuerdings den Wert der inneren Haltung preisen. Denn in der modernen globalisierten Welt ist äußerer Erfolg immer weniger plan- und herstellbar. Die heute erfolgreiche Geschäftsidee wird schon morgen von der Konkurrenz überholt, gefeierte Wirtschaftsführer – wie etwa Ex-VW-Chef Martin Winterkorn oder Josef Ackermann, der frühere Vorstand der Deutschen Bank – können schon wenig später als Gescheiterte geschmäht werden und müssen unter Umständen sogar mit Klagen ihrer ehemaligen Firmen rechnen. Solche Beispiele zeigen, wie schnell sich Positionen ändern und Erfolge in Misserfolge verkehren können.

Denn wir leben in einer Zeit, die durch hohe Dynamik, Ungewissheit, Komplexität und Mehrdeutigkeit gekennzeichnet ist. Dadurch wirkt die Realität häufig verwirrend und unverständlich. Missdeutungen und Fehlinterpretationen nehmen zu, immer wieder sieht man sich mit unerwarteten, überraschenden Entwicklungen konfrontiert, die jede Berechenbarkeit zunichtemachen, und es fällt zunehmend schwer, Wissen in Handeln zu übersetzen. Diese Charakteristik fassen Zeitdiagnostiker gerne in dem Kürzel VUCA zusammen, das für die (englischen) Begriffe *Volatility* (Volatilität), *Uncertainty* (Ungewissheit), *Complexity* (Komplexität) und *Ambiguity* (Mehrdeutigkeit) steht.

Und in dieser »VUCA-Welt« ist es selbst für Unternehmenslenker oder Regierungspolitiker kaum möglich, langfristige Pläne zu machen und Erfolge auf Dauer zu stellen. Die »Dinge selbst« sind kaum beherrschbar, oder im modernen Psychologen-Slang ausgedrückt: Das »äußere Spiel« ist immer schwerer gewinnbar, führt immer häufiger zu Rückschlägen und damit zur Unzufriedenheit. Deshalb empfehlen Managementberater ihren Klienten heute vor allem die Konzentration auf das »innere Spiel«, das an den bereits zitierten Satz von Vaclav Havel erinnert, es komme weniger darauf an, ob etwas gut ausgehe, als vielmehr auf die Gewissheit, dass etwas Sinn habe, egal wie es ausgehe.

Auch beim inneren Spiel geht es nicht um äußere Errungenschaften, sondern um inneren Erfolg und darum, seinen echten Überzeugungen zu folgen. Das sei »eine hervorragende Methode, auch in einer sich schnell wandelnden Welt, in der vieles unvorhersehbar ist, zu innerer Stabilität und Zufriedenheit zu kommen«, empfiehlt der Coach und Verhaltenstherapeut Jens Corssen, der zahlreiche Topmanager berät.[54]

Und wie geht das innere Spiel? »Man nimmt sich jeden Morgen vor, sein Bestes zu geben, all seine Fähigkeiten und Talente einzusetzen, sich anzustrengen und bereit zu sein, aus den eigenen Fehlern zu lernen«, erklärt Corssen. Wenn man das tue und sich wirklich nach Kräften bemühe, dann sei man innerlich mit sich im Reinen. »Und egal, ob man äußerlich Erfolg hatte oder scheiterte, kann man sich abends beim Nachhausekommen sagen: Ich habe heute gewonnen. Ich habe mein Bestes gegeben. Denn mehr war heute einfach nicht drin.«

Der Vorteil dieser Strategie: Man wird unabhängig vom Urteil anderer, schaltet gewissermaßen von der Außensteuerung auf die Innensteuerung. Und selbst wenn man Fehler macht oder wenn sich andere über einen aufregen, muss einen das nicht übermäßig bekümmern. Denn wer nach bestem Wissen und Gewissen handelt, hat sich letztlich nichts vorzuwerfen. So ermöglicht die Fokussierung auf das »innere Spiel« selbst dann innere Zufriedenheit, wenn die äußeren Umstände chaotisch oder ungünstig erscheinen.

Die Strategie der »glorreichen Fünf«

Was auf den ersten Blick wie eine Form des inneren Selbstbetrugs erscheinen könnte, ist in Wahrheit eine clevere Methode des Umgangs mit Widrigkeiten: Denn die Konzentration auf das innere Spiel ist letztlich auch die beste Art und Weise, Fehler schnell zu überwinden und trotz Widerständen leistungsfähig zu bleiben. Wer sich hingegen am »äußeren Spiel« orientiert, wird leicht unzufrieden und frustriert, wenn er das vorgenommene Ziel nicht erreicht. Die Folge: Man ärgert sich und wird verstimmt – was dazu führt, dass die Leistungsfähigkeit noch mehr leidet und die eigenen positiven Fähigkeiten noch weniger zum Tragen kommen.

Nun ist das alles natürlich leichter gesagt als getan. Wenn wieder einmal widrige Umstände zuschlagen und alle Pläne über den Haufen werfen, fällt es in der Regel schwer, sich ans innere Spiel zu erinnern und die Situation als »Trainingseinheit« zu betrachten, an der man innerlich wachsen kann. Als Hilfestellung empfiehlt der Coach Jens Corssen daher eine Strategie, die er »Die glorreichen Fünf« nennt und die helfen soll, auch dann die innere Kontrolle zu bewahren, wenn äußerlich alles zusammenzubrechen scheint.[55]

Wie funktionieren »Die glorreichen Fünf«?

Stellen Sie sich vor, Sie starten zum Familienausflug, fahren auf der Autobahn, und plötzlich, bei Tempo 120, setzt mit einem Schlag die Zündung aus. Sie können gerade noch nach rechts steuern, kommen auf dem Standstreifen zum Halten und stehen nun mit totem Motor da. Die Kinder jammern, der Partner meckert, und Sie selbst wissen nicht, ob Sie vor Wut platzen oder vor Selbstmitleid zergehen sollen: Warum muss das mir passieren? Warum gerade heute? Jedenfalls fällt das Stimmungsbarometer binnen Sekunden auf einen rekordverdächtigen Tiefstand. Wie soll man da einigermaßen gelassen bleiben und innerlich die Kontrolle bewahren?

Versuchen Sie es einmal mit den folgenden fünf Schritten:

Schritt eins: Gefühle rauslassen.

Emotionen haben eine enorme Energie. Wer wütend oder ärgerlich ist, sollte diese Gefühle nicht herunterschlucken, sondern darf (und soll) ihre Energie ruhig nutzen. Die Kunst besteht allerdings darin, die Wut oder den Ärger nicht bei anderen abzuladen – etwa den Kindern oder dem armen Partner, was die schlechte Stimmung noch verstärkt –, sondern den Gefühlen freien Abzug zu gewähren, ohne dass sie Schaden anrichten können. Also: Schimpfen Sie. »Das stinkt mir.« Oder: »So habe ich mir das nicht vorgestellt!« Beißen Sie vor Wut meinetwegen ins Lenkrad. Oder steigen Sie aus, und treten Sie gegen einen Reifen. Körperliche Betätigung hilft, die Emotionen zu verarbeiten. So vermeiden Sie, vor unterdrückter Wut zu platzen. Aber Sie werden auch merken: Wenn Sie Ihren Gefühlen Ausdruck verschaffen, nehmen diese ab. Schon nach wenigen Minuten beginnt die Wut zu verrauchen. Dann wird es Zeit für

Schritt zwei: Das gehört dazu.

Sagen Sie ruhig laut: »Das gehört dazu!« Natürlich ist eine Autopanne ärgerlich. So etwas findet niemand toll. Aber: Das Unvorhergesehene ist nun einmal Teil des Lebens, und auch zur modernen Technik gehört es, dass sie ab und zu versagt. Der Witz ist: In dem Moment, in dem Sie das anerkennen und »Das gehört dazu« sagen können, kommen Sie schon ein Stück weit aus der Opferrolle und dem lähmenden Ohnmachtsgefühl heraus. Das ist die Voraussetzung für

Schritt drei: Die Situation ist mein Coach.

Im inneren Spiel geht es nicht darum, dass äußerlich alles glattläuft, im Gegenteil: Dieses Spiel beinhaltet ja gerade die Erkenntnis, dass unangenehme Situationen und Widrigkeiten unvermeidbar sind und dass es eher um die Art und Weise geht, wie man damit umgeht. Sie können also die Autopanne gewissermaßen als Trainingseinheit betrachten, die Sie auf Ihre mentale Stabilität prüft. Durch diese Betrachtung verändert sich bereits die innere Bewertung der Situation: Das Ärgernis verwandelt sich zur Möglichkeit, daran zu wachsen, ihm einen anderen Sinn zu geben. Nun sind Sie bereit für

Schritt vier: Lösungen suchen.

Überlegen Sie sich *acht* Möglichkeiten, mit der Situation umzugehen. Wichtig ist, dass man sich nicht nur ein oder zwei Optionen überlegt – die fallen einem meist recht schnell ein –, sondern dass Sie bewusst Ihr Repertoire an Möglichkeiten erweitern. Damit zwingen Sie sich selbst, kreativ zu werden und auch auf

Ideen zu kommen, die nicht so naheliegen. Bei Autopannen ist das vielleicht nicht so entscheidend, da reicht es, den Abschleppwagen anzurufen. Wenn Sie allerdings in einer komplexeren Situation stecken – etwa wenn zu Hause der Ehesegen schiefhängt oder in Ihrer Firma der Umsatz sinkt –; dann ist es sehr hilfreich, nicht nur an die erstbesten Möglichkeiten zu denken (»Ich lasse mich scheiden«, oder: »Wir entlassen Mitarbeiter«), sondern sich noch andere Optionen zu überlegen, die eventuell weiterführen. Nun folgt

Schritt fünf: Entscheiden Sie sich.

Führen Sie sich Ihre acht Optionen vor Augen, und wählen Sie bewusst eine aus. Es mag sein, dass die Situation keine optimale Lösungsmöglichkeit zulässt. Dennoch ist es besser, sich zu entscheiden, als keine Entscheidung zu treffen. Übernehmen Sie die Verantwortung, und wählen Sie jene Option, die Ihnen *unter den gegebenen Umständen* als die beste erscheint. Selbst wenn sich im Nachhinein eine andere Option als die bessere herausstellt, sollten Sie sich davon nicht beirren lassen. Denn in der komplexen Welt ist es niemals möglich, alle verfügbaren Informationen zu besitzen und sämtliche Eventualitäten zu bedenken. Dennoch müssen wir entscheiden. Solange man dies nach bestem Wissen und Gewissen aufgrund der aktuell verfügbaren Erkenntnisse tut, hat man sich nichts vorzuwerfen. Und sollte später tatsächlich eine andere Option besser erscheinen: Dann trifft man eben eine neue Entscheidung.

Was die Geschichte vom kleinen Hobbit lehrt

Möglich, dass dies dem ein oder der anderen zu sehr nach Managementseminar klingt (einem solchen ist diese Methode ja tatsächlich entlehnt). Aber schon allein der Satz »So habe ich mir das nicht vorgestellt« kann wirklich hilfreich sein; erinnert er uns doch in schwierigen Situationen daran, dass das Leben nicht berechenbar ist und wir alle immer wieder von unerfreulichen Situationen überrascht und überrumpelt werden. Sich auf diese Unberechenbarkeit einzustellen – statt sie mit aller Macht zu verhindern suchen – ist bereits der erste Schritt zum klugen Umgang damit.

Anhand der Methode der »glorreichen Fünf« wird aber noch etwas deutlich: Die Schwierigkeiten und Probleme, die nun einmal zum Leben dazugehören, zwingen uns zu Entwicklungsschritten, die wir sonst nie machen würden. Ähnlich wie ein Sportler nur dann seine Muskeln trainiert, wenn er sie mehr als üblich belastet, entwickelt sich auch unsere innere Widerstandskraft nur, wenn sie sich an Herausforderungen und Hindernissen erproben muss. Wer stets nur gemütlich zu Hause auf dem Sofa sitzt, entwickelt weder Muskeln noch seelische Stärke.

So gesehen muss man Schwierigkeiten eigentlich geradezu dankbar sein: helfen sie uns doch, unser inneres Potenzial auf eine Art und Weise zu entwickeln, die sonst gar nicht möglich wäre. Allerdings muss der Autor an dieser Stelle gleich gestehen, dass auch er trotz dieses Wissens sämtlichen Schwierigkeiten lieber aus dem Weg geht: Das innere Wachsen, das sie ermöglichen, ist nämlich oft mühsam und wenig angenehm. Wenn es nicht sein muss, vermeidet man das gerne, so gut es geht.

In dieser Hinsicht gleichen wir alle dem kleinen Hobbit aus dem gleichnamigen Bestseller von J. R. R. Tolkien: Als der Hobbit Bilbo Beutlin am Anfang des Buches von dem Zauberer Gandalf zu einem großen Abenteuer eingeladen wird – der Reise des Zwergenkönigs zu dem sagenumwobenen Berg Erebor, in dem ein gefährlicher Drache haust –, da wehrt Bilbo dieses Ansinnen zunächst entsetzt ab. Nein, sein gemütliches Auenland und seine lieben Gewohnheiten will er auf keinen Fall für ein Abenteuer verlassen: »da hat man nichts als Ärger und Scherereien – und man kommt zu spät zum Essen«. Da nützt es auch nichts, dass Gandalf ihm und den Zwergen prophezeit, der Hobbit werde auf dieser Reise über sich selbst hinauswachsen. »Es steckt eine Menge mehr in ihm, als ihr meint, und eine Menge mehr, als er es selbst ahnt.«[56]

Beim Schmökern unter der Bettdecke oder vom Kinosessel aus betrachtet, mag eine solche Szene ja unterhaltsam sein. Aber wenn wir im echten Leben plötzlich in die Rolle des Hobbits kommen, der über sich hinauswachsen soll, ist es mit dem Spaß vorbei. Da würden wir uns am liebsten in unserem persönlichen Auenland verkriechen und dem Unerwarteten, Gefährlichen die Tür vor der Nase zuschlagen. Denn auch wenn es keine Zwergenkönige mehr gibt, so sind die Monster doch nicht ausgestorben; die modernen Drachen tragen nur andere Namen wie etwa »Krebs«, »Terror«, »Umweltzerstörung« oder »Rassismus«, und der Kampf gegen sie ist nicht weniger schwer als der gegen den fürchterlichen Drachen Smaug.

Insofern kann man sich durchaus ein Beispiel an Bilbo Beutlin nehmen, der am Ende doch seine Angst überwindet und sich mit den Zwergen auf die Reise macht – wo er tatsächlich, wie prophezeit, großen Mut beweist. Die Geschichte vom kleinen Hobbit ist aber auch insofern inspirierend, als sie über die Bedingungen Auskunft gibt, die bei solchen Unternehmungen hilfreich sind: Entscheidend für das Gelingen der Expedition sind nämlich die Gemeinschaft und der Zusammenhalt der merkwürdigen Reisegruppe. Nur weil sie unterschiedliche Fähigkeiten besitzen und bedingungslos füreinander einstehen, schaffen es die Zwerge, der Hobbit und der Zauberer am Ende, auch Schwierigkeiten zu meistern, die für jeden Einzelnen von ihnen unüberwindlich wären.

Dieser Wert einer Gemeinschaft – und generell des Zugehörigkeitsgefühls zu einer größeren Sache – ist kaum hoch genug einzuschätzen. Sie ist das beste Mittel, uns aus unseren lieben Gewohnheiten und eingefahrenen Sichtweisen herauszureißen und zu Dingen anzuspornen, die wir uns alleine nie zugetraut hätten – eine Tatsache, von der im Verlauf dieses Buches noch ausführlicher die Rede ist. Selbst wer nicht von einer verschworenen Zwergenbande oder anderen Gleichgesinnten umgeben ist, muss auf diesen Effekt nicht ganz verzichten. Denn auch Bücher, Filme oder sonstige Erzählungen können zu Gefährten werden, indem sie uns von Menschen berichten, die vor ähnlichen Problemen standen wie wir oder die noch sehr viel größere Herausforderungen meisterten.

Deshalb werden in diesem Buch auch zwischen den Kapiteln immer wieder kleine Geschichten von beeindruckenden Menschen erzählt, die mit schwierigen Situationen auf sehr ungewöhnliche Weise zurechtgekommen sind. Sie zeigen, wozu Menschen alles in der Lage sind, und machen zugleich deutlich, dass es dazu keine überragenden Superkräfte braucht und keinen Zauberer an seiner Seite: im Gegenteil, die Kräfte, die da beschrieben werden, stecken prinzipiell in jeder und jedem von uns. Sie werden jedoch oft erst dann freigesetzt, wenn wir wirklich in eine existenzielle Notlage geraten und all unsere Fähigkeiten mobilisieren müssen.

Mit vorher nie gekanntem Mut

Wer mit Vertretern der älteren Generation redet, die noch den Zweiten Weltkrieg und die Nachkriegszeit erlebt haben, erfährt häufig von solchen Erlebnissen, die uns behüteten Wohlstandskindern ähnlich unglaublich vorkommen wie die Abenteuer des Bilbo Beutlin. Nur ein Beispiel von unzähligen ist die Geschichte von Ursula Schafft-von Loesch, die in der ersten Hälfte des vergangenen Jahrhunderts das typische Schicksal vieler Deutscher teilte: Geboren 1914, wuchs sie mitten im Ersten Weltkrieg und der turbulenten Zeit danach auf. Mit ihrem Mann bewirtschaftete sie in mühevoller Arbeit ein Gut in Schlesien – bis sie in die Wirren des Zweiten Weltkriegs gerissen wurden und ihr Mann noch in den letzten Kriegstagen fiel. Der Einmarsch russischer Truppen zwang sie mit sechs kleinen Kindern zur Flucht. Was die Erzählerin da in lapidaren Worten beschreibt, ist eine Geschichte, die damals fast alltäglich war und sich doch aus heutiger Sicht unglaublich liest. Immer wieder gerät Ursula Schafft-von Loesch in brenzlige Notlagen, aus denen sie sich oft nur durch Glück und enorme Tatkraft befreien kann; kurz bevor sich zum Beispiel auf dem Flüchtlingstreck die Wagen teilen und in unterschiedliche Richtungen weiterfahren, bemerkt sie, dass sie ein falsches Baby im Arm hält und ihr eigenes beinahe in die andere Richtung davongefahren wäre.

Doch irgendwie gelingt ihr das Unglaubliche, und sie meistert alle Fährnisse so, wie der Titel ihrer Lebenserinnerungen es ausdrückt: *Mit vorher nie gekanntem Mut.*[57] Denn je länger diese Reise dauert, umso mehr scheint die Erzählerin zu wachsen und mutiger zu werden; und als sie und ihre Kinder schließlich das sichere Nordhessen erreichen, baut sie aus dem schieren Nichts ein neues Leben auf, heiratet erneut – den in Hessen bekannten Pfarrer Herrmann Schafft –, bekommt mit ihm drei weitere Kinder, arbeitet als Lehrerin und führt ein höchst umtriebiges Leben. Mit vorher nie gekanntem Mut.

Auch heute findet man solche Lebensgeschichten – nur werden sie jetzt in Deutschland von anderen Flüchtlingen erzählt: nicht jenen aus Schlesien, sondern von Menschen aus Syrien, Afrika oder Asien, die zum Teil ebenso Dramatisches zu berichten wissen. So wie etwa Ali Mahlodji, der als Kind mit seinen Eltern aus Teheran flüchten musste und über viele Umwege mittlerweile zum europäischen Jugendbotschafter wurde (siehe Seite 113ff).

Solche Biografien zeigen, dass die Überwindung großer Schwierigkeiten und existenzieller Probleme zwar mühevoll und anstrengend ist, aber auch erstaunliche Energien freisetzen und zu innerem Wachstum führen kann. Es kommt ganz darauf an, wie wir uns innerlich dazu stellen – womit wir wieder bei Epiktets Erkenntnis wären, dass es nicht auf die Umstände ankommt, sondern auf unsere Vorstellungen und Meinungen dazu. Betrachten wir unvorhergesehene Schwierigkeiten nur als Ärgernis oder können wir sie auch als Gelegenheit wahrnehmen? Die Dinge selbst bleiben, wie sie sind, aber unsere Herangehensweise ändert sich fundamental.

Was die Widerstandskraft fördert

Wer nach wissenschaftlichen Befunden dazu sucht, landet zwangsläufig bei der sogenannten Resilienzforschung, die sich mit der Frage beschäftigt, was Menschen widerstandsfähig gegen Krisen macht. Der Begriff Resilienz (abgeleitet vom engl. *resilience* = Spannkraft, Belastbarkeit) bezeichnet eigentlich in der Materialkunde die Eigenschaft von Werkstoffen, nach starker Verformung wieder die ursprüngliche Gestalt anzunehmen. In der Psychologie werden heute Menschen als resilient bezeichnet, die Krisen gut verarbeiten und ohne Traumata überstehen.

Üblicherweise werden dabei eine ganze Reihe von Faktoren genannt, die diese seelische Widerstandskraft fördern: Wer etwa grundsätzlich optimistisch und kontaktfreudig ist, verarbeitet Krisensituationen leichter als depressive Eigenbrötler. Ebenso positiv ist es, eine Familie oder einen engen Freundeskreis um sich zu haben, in einem starken Glauben Halt finden zu können (sei er nun religiös, humanistisch oder politisch) oder in der Musik, Kunst oder Natur Trost zu erfahren, wenn alles andere finster erscheint.[58] Doch dann gibt es da noch einen Faktor, der eher selten erwähnt wird, aber von entscheidender Bedeutung ist: Widerstandsfähig sind vor allem jene, die bereits einige Krisen überstanden haben.

Denn, anders als häufig dargestellt, ist die Resilienz keine feste Charaktereigenschaft, sondern eher eine dynamische Kraft, die in der Herausforderung wächst. Anders gesagt: Niemand wird resilient geboren. Vielmehr bildet sich die Resilienz angesichts von Krisen aus. Mit der psychischen Widerstandskraft verhält es sich demnach ähnlich wie mit dem menschlichen Immunsystem: Um die nötigen Abwehrkräfte (Antikörper) zu entwickeln, muss man den entsprechenden Attacken (Krankheitserregern) erst einmal ausgesetzt sein.[59]

Das belegt unter anderem eine Studie des Psychologen Mark Seery von der University at Buffalo im Bundesstaat New York. Darin verglich Seery die psychische Gesundheit und das Wohlbefinden von über 2 000 Erwachsenen. Er befragte sie zu ihren Leiden und ihrer Lebenszufriedenheit, zu Belastbarkeit und Stress. Zusätzlich wollte er wissen, wie viele widrige Ereignisse ihnen im Leben bereits zugestoßen waren: schwere Krankheit oder Verlust einer geliebten Person, Gewalt, finanzielle Not oder Naturkatastrophen. Zur Auswahl bot er ihnen 37 Schicksalsschläge auf einer Liste an. Manche seiner Probanden waren echte Pechvögel, einer von ihnen hatte sage und schreibe 71 Schicksalsschläge erlebt, andere waren davon noch komplett verschont geblieben; die meisten jedoch gaben etwa sieben solcher Lebenskrisen an.

Und wem ging es wohl am besten? Denjenigen, die einige, jedoch nicht zu viele Krisen erlebt hatten. Sie fühlten sich nachvollziehbarerweise wohler als jene Teilnehmer, die ständig mit Schicksalsschlägen kämpften. Zugleich ging es ihnen aber auch besser als denjenigen, die noch nie mit größerem Leid fertigwerden mussten. Unterm Strich zeigten sich jene, die schon einige Krisen gemeistert hatten, am wenigsten gestresst, insgesamt am zufriedensten und gelassensten im Umgang mit aktuellen Problemen.[60]

Die Kunst besteht natürlich darin – ähnlich wie bei einer Impfung –, das richtige Maß zu finden. Wer noch nie mit Problemen zu kämpfen hatte, den kann die erste große Trennung oder der erste berufliche Misserfolg komplett aus der Bahn werfen. Wer hingegen sein »seelisches Immunsystem« schon trainiert hat, kann auch größere Krisen leichter bewältigen. Im Moment der Herausforderung tut es jedenfalls gut, sich daran zu erinnern, dass die größten Charaktere der Welt in der Regel solche Menschen sind, die mit allen Arten von Schwierigkeiten zu kämpfen hatten – man denke etwa an Nelson Mandela, der 27 Jahre seines Lebens hinter Gittern verbrachte und danach der erste schwarze Präsident Südafrikas wurde.

Dass auch sehr junge Menschen bisweilen überragende Stärke zeigen können, beweist die Pakistanerin Malala Yousafzai: Als Elfjährige führte sie ein Internettagebuch, in dem sie von ihrem Leben unter der Herrschaft der Taliban im Swat-Tal berichtete; dabei erzählte sie auch von den Repressalien, denen insbesondere Mädchen ausgesetzt waren, was schnell landesweites Aufsehen erregte. Daraufhin hielten 2012 einige Taliban ihren Schulbus an und schossen Yousafzai aus nächster Nähe in den Kopf. Doch die damals Fünfzehnjährige erholte sich von dem Anschlag, setzte unbeirrt ihren Kampf für schulische Bildung und die Rechte der Mädchen ihres Landes fort und wurde 2014 als jüngste Friedensnobelpreisträgerin der Geschichte ausgezeichnet.

»Dein Charakter entwickelt sich nicht, wenn du nicht durch schwere Zeiten gehst«, sagt auch die buddhistische Lehrerin Khandro Rinpoche, die es als Frau unter lauter Männern lange Zeit enorm schwer hatte und heute eine der wenigen weiblichen Leitfiguren des tibetischen Buddhismus ist. »Wenn alles einfach für dich ist, kannst du zu nichts aufsteigen.«

Doch klar ist auch: Diese Art des inneren Wachstums ist weder leicht noch vergnüglich. Natürlich hätte man Yousafzai das Attentat ebenso gerne erspart wie Nelson Mandela seine Gefängniszeit. Und selbst wenn jemand sich als resilient erweist, heißt das nicht, dass er keinen Kummer, keine Not und keine Verzweiflung kennt. Im Gegenteil, resiliente Menschen müssen sich mit Trauer, Angst oder Selbstzweifeln ebenso auseinandersetzen wie wir alle. Sie können mit solchen Emotionen in der Regel nur besser umgehen als andere, meint der Psychologe George Bonnano von der Columbia University in New York: »Sie können trotz ihrer Schmerzen ihren Alltag bewältigen, zur Arbeit gehen, sich der Familie und Freunden widmen.«

Wie unterschiedlich Menschen auf Schicksalsschläge reagieren, hat Bonnano am Beispiel von Überlebenden des 11. September 2001 in New York nachgewiesen. Über zwei Jahre hinweg untersuchte er Menschen, die das Drama der einstürzenden Zwillingstürme aus nächster Nähe erlebt hatten: Die einen waren davon so schockiert, dass sie dauerhaft psychisch krank wurden, Depressionen, Angstpsychosen oder sonstige chronische Störungen entwickelten. Andere reagierten zunächst scheinbar gefasst – entwickelten aber nach Monaten oder Jahren eine ausgewachsene Depression oder eine posttraumatische Belastungsstörung. Und dann gab es noch jene, die den Terroranschlag ohne erkennbare pathologische Folgen verarbeiteten. Zu dieser Gruppe der Resilienten gehörten immerhin 35 Prozent der Untersuchten – ein erstaunlich hoher Wert angesichts der Einzigartigkeit und Schwere dieses Traumas.[61] George Bonnano ist deshalb überzeugt, dass die Fähigkeit zur Krisenbewältigung weiter verbreitet sei, als man gemeinhin annehme. Er verweist darauf, dass sich in Studien zum Umgang mit »normalen« Lebenskrisen wie Krebserkrankung, Tod eines Angehörigen oder Jobverlust sogar bis zu 60 Prozent aller Menschen als resilient erweisen. Für George Bonnano ist Resilienz daher nicht die Ausnahme, sondern die Regel: »Der Mensch ist ein zähes Tier.«[62]

Wie zäh dieses Tier sein kann, zeigt auch die folgende Geschichte. Sie handelt nicht nur von einer schier unglaublichen Rettung, sondern demonstriert zugleich, welch erstaunliche Kräfte der menschliche Körper in Extremsituationen zu mobilisieren vermag. Statt von einem »Tier«, sollte man allerdings eher von einem geistig-seelischen Wunderwerk sprechen, denn gerade Juliane Koepckes Geschichte zeigt, dass es in Notsituationen nicht nur aufs physische Durchhalten ankommt, sondern ebenso auf unsere psychisch-geistige Verfassung. Und was der Zauberer Gandalf zu dem kleinen Hobbit sagt, gilt letztlich für uns alle: In uns steckt oft eine Menge mehr, als wir ahnen.

JULIANE KOEPCKE – DAS MÄDCHEN, DAS VOM HIMMEL FIEL

Wenn irgendwo ein Flugzeug abstürzt, dann weiß sie schon: Bald wird bei ihr das Telefon klingeln. Dann will man wieder von ihr wissen, wie das so ist, aus dem Flugzeug zu stürzen, wie groß die Überlebenschancen sind und wie es den Abgestürzten wohl geht. Denn Juliane Koepcke ist eine sehr besondere Expertin für solche Fragen: Sie ist selbst abgestürzt, aus 3000 Metern Höhe, mitten über dem Regenwald. Und so unglaublich es klingt: Als Einzige von 92 Passagieren hat sie die Katastrophe überlebt.

Bis heute gilt das Schicksal von Flug 508 der peruanischen Lineas Aéreas Nacionales (LANSA) als eines der schwersten Unglücke der südamerikanischen Luftfahrtgeschichte. Am Weihnachtstag des Jahres 1971 soll die Turboprob-Maschine von Perus Hauptstadt Lima nach Pucallpa fliegen; unterwegs gerät sie in ein schweres Unwetter und stürzt – aus nie ganz geklärten Gründen – über dem Urwald ab. Die damals 17-jährige Juliane Koepcke, die mit ihrer Mutter an Bord ist, wird während des Sturzfluges auf mysteriöse Weise mitsamt ihrer Sitzbank aus dem Flugzeug herausgeschleudert und fällt fast bewusstlos in die Tiefe. Erst auf dem Urwaldboden kommt sie am nächsten Morgen unter der Sitzbank zu sich, vollkommen durchweicht, voller Schlamm und Erde.

Wie sie den Sturz überlebt hat, weiß sie bis heute nicht genau. Vermutlich hat sie ihr Überleben einer unwahrscheinlich glücklichen Kombination mehrerer Faktoren zu verdanken: zum einen den heftigen Aufwinden, die mitunter in Gewitterwolken herrschen und einen im freien Fall befindlichen Menschen auffangen und sogar emporwirbeln können. Zum zweiten wurde ihr Sturz wohl von einem dichten Geflecht aus Lianen abgefedert, das die Baumkronen der Urwaldriesen miteinander verband. Und zum dritten war da noch die Sitzbank, an die sie festgeschnallt war. Die, so spekuliert Koepcke im Nachhinein, habe dafür gesorgt, dass sie »wie in einem Boot durch die Lianen und Baumäste hindurchfiel und relativ sanft auf dem Urwaldboden landete«.

Juliane Koepcke kehrt an den Absturzort zurück

»Das alles leuchtet ein«, schreibt Koepcke später in ihrem Buch *Als ich vom Himmel fiel*.[63] »Und dennoch bleibt da ein Rest. Etwas Unerklärliches. Ein großes Staunen. Viele Menschen fragten mich seither, wie es kam, dass ich nicht aus lauter Angst gestorben bin während meines freien Falls. Aber die Wahrheit ist, merkwürdigerweise empfand ich überhaupt keine Angst.« Und das ist vielleicht das Denkwürdigste an Juliane Koepckes erstaunlicher Geschichte: Was sie uns über die innere Verfasstheit eines Menschen erzählt, der in eine Katastrophe gerät; und darüber, welche Kräfte in einer solchen Situation frei werden können.

Das beginnt schon damit, dass die Psyche im ersten Erleben der Katastrophe blitzartig einen Schutzmechanismus aktiviert, der ausschließlich auf das Überleben gerichtet ist und alles andere ausblendet. All die emotionalen Zustände, die man sich beim Lesen dieser Geschichte ausmalt – Entsetzen, Panik, Schrecken, Trauer –, kommen bei Juliane Koepcke in diesem Moment gar nicht an. Ihre Psyche sei wie »auf Autopilot« gewesen, erzählt sie, innerlich sei sie eher teilnahmslos und gefühlsleer gewesen und habe gar kein Entsetzen gespürt. »Obwohl ich genau weiß, dass ich aus dem Flugzeug gestürzt bin, bewahren mich die schwere Gehirnerschütterung und wahrscheinlich auch ein tiefer Schock davor, einfach durchzudrehen.«
Stattdessen erinnert sie sich auf dem Waldboden daran, was ihre Eltern ihr von klein auf beigebracht haben: dass man mit Ruhe und gründlichem Nachdenken fast alle Situationen, in die man in der Natur gerät, meistern kann. Denn zum Glück für Juliane waren ihre Eltern beide Biologen. Nach dem Zweiten Weltkrieg waren Hans-Wilhelm und Maria Koepcke von Deutschland nach Peru ausgewandert, um im Regenwald des Amazonas die Artenvielfalt zu erforschen. Zunächst arbeiteten sie im Naturkundemuseum von Lima, später siedelten sie in die von ihnen gegründete For-

schungsstation Panguana im Regenwald über. So wurde die kleine Juliane schon als Kind von ihren Eltern zu Expeditionen in den Dschungel mitgenommen und mit dessen Besonderheiten vertraut gemacht.

All das fällt ihr jetzt wieder ein, und sie zweifelt nicht dran, »dass ich aus diesem Urwald irgendwie herauskommen werde«. Obwohl ihre Lage eigentlich hoffnungslos ist – allein irgendwo im Regenwald, nur mit einem dünnen Sommerkleidchen, ohne jegliche Ausrüstung und ohne zu wissen, wo genau sie sich befindet –, erlebt sie statt Resignation eher Zuversicht. Später wird sie konstatieren, dass wir wohl alle »eine Art eingebaute Sicherung in uns tragen, die uns in solch extremen Augenblicken davor bewahrt, vor Angst verrückt zu werden oder gar zu sterben«.

Als Erstes denkt sie an den Rat ihres Vaters, in der Wildnis immer einem Wasserlauf zu folgen. »Er wird dich zu Menschen bringen«, hatte der Vater gesagt. Und so läuft Juliane los, mit nur einer Sandale am Fuß (die andere ist verloren gegangen) und sucht einen Wasserlauf – den sie nach einiger Zeit tatsächlich findet. Sie folgt ihm, gelangt zu größeren Bächen und schließlich zu einem großen Fluss, in dem sie sich tagelang mit der Strömung treiben lässt in der Hoffnung, zu einer menschlichen Siedlung zu gelangen.

Dass sie zu diesem Zeitpunkt nicht ahnt, dass ihre einsame Expedition durch den Dschungel insgesamt elf Tage dauern wird, ist vermutlich ihr Glück. Ebenso hilfreich ist ihr Unwissen. »Es ist gut, dass ich nicht weiß, dass sie die Suche nach Überlebenden bald einstellen werden.« Denn natürlich hält sie sich an der Hoffnung fest, bald von einem Suchtrupp gefunden zu werden. Selbst der schwere Schock, unter dem sie steht, hat sein Gutes: Denn so erfasst sie die ganze Tragweite ihrer Lage nicht. Vielleicht hätte sie sonst zwischendurch doch aufgegeben, geschwächt vom Hunger und von den unzähligen Widrigkeiten, die der Dschungel für sie bereithält.

So aber kämpft sie sich ein um den anderen Tag vorwärts, ernährt sich anfangs von einer gefundenen Tüte Fruchtbonbons und später nur noch von schlammigem Wasser. Denn in der Regenzeit gibt es so gut wie keine Früchte im Wald, und da viele Pflanzen im Urwald giftig sind, lässt sie lieber die Finger davon. Dafür wird sie jeden Tag von Neuem vorangetrieben von der Hoffnung, demnächst von einem Rettungsflugzeug entdeckt zu werden oder auf eine menschliche Siedlung zu stoßen. In den Nächten hingegen erlebt sie oft Momente tiefer Verzweiflung – vor allem in den endlosen Stunden, in denen sie entweder von Moskitos gestochen wird oder von eiskaltem Regen bis auf die Knochen durchnässt wird. »Da steigt ein grenzenloses Gefühl der Verlassenheit in mir auf.« Ebenso erschreckend wie widerlich ist auch die Entdeckung, dass sich in einer schwer zugänglichen Wunde am hinteren rechten Oberarm weißliche Maden eingenistet haben, derer sie sich trotz allen Bemühens nicht entledigen kann. Hinzu kommt die Angst vor Schlangen und Kaimanen in dem Fluss, den sie sich tagsüber hinabtreiben lässt, um schneller voranzukommen.
Nach sieben, acht Tagen verfällt sie in eine große Apathie. »Ich bin müde. So entsetzlich müde.« In den Nächten fantasiert sie von leckerem Essen, und mit jedem Morgen fällt es ihr schwerer, sich von ihrem unbequemen Lager zu erheben und ins kalte Wasser des Flusses zu steigen. Immer wieder fragt sie sich, ob es überhaupt einen Sinn habe weiterzumachen. Doch immer wieder antwortet sie sich selbst: »Ja, sage ich mir unter Aufbietung aller Kräfte, du musst weiter. Weiter. Weiter. Hier gehst du zugrunde.«

Man muss sich bei dieser Schilderung immer wieder vor Augen halten, dass Juliane Koepcke damals erst 17 Jahre alt war und dass vor dieser Odyssee nichts auf außergewöhnliche Fähigkeiten bei ihr hindeutete. Sich selbst beschreibt sie als »ein junges Mädchen wie alle anderen auch«, das Tiere liebt, gern liest, ein gutes Zeugnis nach Hause bringt und ab und zu mit ihren Freundinnen ins Kino geht. Und doch tritt da plötzlich eine Zähigkeit zutage, die ihr niemand zugetraut hätte, wohl nicht einmal sie selbst. »Ich ahne, dass meine Chancen gegen null gehen«, schreibt sie einmal. Doch zugleich nimmt sie sich vor: »Ich gebe nicht auf.«

In den Nächten, in denen sie besonders niedergedrückt ist, fängt sie sogar an zu beten, obwohl sie eigentlich nicht besonders religiös ist. »Ich will leben, mit allen Fasern meines langsam schwächer werdenden Körpers will ich leben, und dann überlege ich, was ich anfangen werde mit diesem Leben, wenn dies hier endlich vorbei sein wird.« Was ihr in den Stunden der Verzweiflung Zuversicht vermittelt, ist dabei vor allem der Gedanke, dass sie ihr Leben etwas Großem widmen will, »etwas Wichtigem, etwas, von dem die Menschheit und die Natur profitieren werden«. Noch hat sie keine Ahnung, was das sein könnte. Aber ihr wird klar, »dass mein Weiterleben einen Sinn machen soll im Gefüge der Welt«.

Am zehnten Tag ist sie mit ihren Kräften nahezu am Ende. »Ich bin mir darüber im Klaren, dass ich langsam aber sicher verhungere, zu lange habe ich nichts mehr gegessen.« Sie spürt zwar keine Schmerzen, hat nicht einmal Hungergefühle, aber sie ist entsetzlich matt. Da ereignet sich ein kleines Wunder: Mitten im Fluss, auf einer Kiesbank, entdeckt sie ein Boot. Sie will es zunächst mitnehmen, entscheidet sich dann aber dagegen, weil ihr einfällt, dass es ja vermutlich jemand anders braucht. Aber nahe am Ufer sieht sie einen Unterstand, in dem sie die Nacht verbringt. Weil es am nächsten Tag regnet und sie so schwach und antriebslos ist, kann sie sich nicht dazu entschließen, ihren Weg fortzusetzen, und bleibt einfach liegen. Da kommt ihr wieder ein unglaublicher Zufall zu Hilfe: An diesem Abend, dem elften ihres Dschungelmarsches, treten plötzlich drei Männer aus dem Wald, die eigentlich Schutz vor dem Regen in dem Unterstand suchen. Nun stehen sie vor dem Mädchen mit den blutunterlaufenen Augen und betrachten sie wie einen Geist.

Von diesen Männern wird sie in dem Boot in die nächstgrößere Siedlung gebracht. Und erst da, als sie endlich unter Menschen ist und ins Krankenhaus kommt, taucht Juliane Koepcke wieder aus ihrem Schockzustand aus. Zwar fühlt sie sich immer noch seltsam teilnahmslos. »Doch mein Körper, der begreift sehr wohl, dass er in Sicherheit ist, und er lässt auf einmal los.« Von einer Stunde auf die andere bekommt sie sehr hohes Fieber, das einige Tage anhält und dann wieder verschwindet und die Ärzte ratlos zurücklässt. Ebenso plötzlich schwillt ihr Knie enorm an. Als die Gerettete später genauer untersucht wird, stellt man fest, dass sie einen Kreuzbandriss erlitten hat. »Damit wollen Sie noch elf Tage durch den Urwald gelaufen sein?«, fragt der Orthopäde konsterniert. »Medizinisch ist das eigentlich völlig unmöglich.«

Auch Juliane Koepcke wundert sich, wie ihr Körper die natürliche Reaktion auf diese Verletzung genau so lange unterdrücken konnte, bis sie gerettet war. »Weder hatte ich Schmerzen während meiner elftägigen Wanderung noch eine Schwellung.« Offenbar wurde da eine Art Notfallprogramm aktiv, sinniert sie: »So als ob der Körper gewusst hat: Hätte ich mich nicht vom Unfallort fortbewegen können, hätte ich nicht überlebt.«

Tatsächlich zeigt die moderne Schmerzforschung, dass wir alle in uns ein ausgeklügeltes Programm zur Regulierung von Schmerzen tragen: Das Erlebnis innerer Pein ist nämlich nicht einfach die unausweichliche Folge eines bestimmten Reizes –, etwa der Verletzung am Knie – sondern das Ergebnis eines komplexen Zusammenspiels von Körper und Geist. So werden im sogenannten Hinterhorn im Rückenmark, wo zwischen den Wirbeln die Nerven eintreten, alle einlaufenden Nervensignale verarbeitet und entweder gehemmt oder verstärkt. Dabei kann das Gehirn über einen Rückkanal die jeweilige Stärke und Empfindung des Schmerzes regulieren und so die Weiterleitung modifizieren. Mit anderen Worten: Unser Körper verfügt über eine Art eingebaute Schmerzbremse, die von (meist unbewussten) mentalen Signalen gesteuert wird.[64] Und offensichtlich ist dieser Mechanismus bei Juliane Koepcke in erstaunlicher Weise aktiv geworden.

Sie selbst vergleicht ihre Erfahrung mit der berühmten Ballade des Reiters über den Bodensee, der im Winter, ohne es zu ahnen, über den zugeschneiten See reitet. Erst am sicheren Ufer erkennt er, über welch dünnes Eis er sein Pferd gejagt hat – worauf ihn der Schrecken einholt und er tot zu Boden sinkt. So ähnlich fühlt sich auch Juliane Koepcke: »Wenn man mittendrin ist in einem furchtbaren Geschehen – und je ungeheuerlicher es ist, desto mehr –, dann lässt man einfach los. Der Schrecken kommt hinterher.«

Doch nicht nur der nachträgliche Schrecken macht ihr zu schaffen, sondern auch der plötzliche Ruhm. Journalisten reißen sich um ihre Geschichte, schmücken sie mit selbst erfundenen Details aus, sodass die Berichte zum Teil »mit den tatsächlichen Begebenheiten wenig zu tun hatten«, wie Koepcke feststellt. Manche Reporter beschreiben sie als gefühlskalt und ungerührt, als habe ihr das ganze Drama nichts ausgemacht; dabei hält sich Koepcke innerlich nur das ganze Entsetzen, die Trauer und die Selbstvorwürfe – warum hat ausgerechnet sie überlebt, ihre Mutter aber nicht? – vom Leib. Mit ihrem Vater, der den Tod seiner Frau nicht überwinden kann, kommt es gar fast zum Zerwürfnis: Er wirft seiner Tochter vor, scheinbar ungerührt im Badeanzug vor Kameras zu posieren – dabei ist sie nur im Schwimmbad von einem Fernsehteam überrascht worden.

Während die Beziehung zum Vater zunehmend schwierig wird, bekommt sie bergeweise Briefe von Unbekannten. »Viele wollen mir mitteilen, wie sehr sie es bewundern, auf welche Weise ich mir meinen Weg durch den Urwald suchte, und finden mich enorm tapfer, besonnen und unerschrocken«, stellt Koepcke erstaunt fest. Sie freut sich zwar darüber, findet die Bewunderung zugleich aber ein wenig seltsam. Denn »eigentlich, denke ich, blieb mir doch einfach keine andere Wahl«.

So ranken sich allmählich immer mehr Legenden und Halbwahrheiten um Koepckes Zeit im Dschungel. Auch der Film, den ein italienischer Regisseur über die Ereignisse dreht (und der in Deutschland unter dem reißerischen Titel *Ein Mädchen kämpft sich durch die grüne Hölle* erscheint), ist voller kitschiger Szenen, die frei erfunden sind. Kein Wunder, dass Juliane Koepcke auf Journalisten und Medienschaffende im Allgemeinen nicht gut zu sprechen ist. Nur einer bildet eine Ausnahme: Werner Herzog, der mit ihr 1998 in den Regenwald zurückkehrt und an den Originalschauplätzen von damals den Dokumentarfilm *Wings of Hope* dreht.[65]

Herzog hat einen ganz speziellen Bezug zu der Geschichte: Um ein Haar wäre auch er 1971 unter den Absturzopfern gewesen. Im Rahmen der Arbeiten an seinem Film *Aguirre, der Zorn Gottes* war Herzog damals mit seinem Drehteam schon auf dem Lansa-Flug 508 gebucht, hatte dann aber keinen Platz mehr in der Maschine bekommen – was ihm das Leben rettete. Nun, 27 Jahre später, bringt er Koepcke dazu, sich ihrer eigenen Geschichte nach langer Zeit wieder zu stellen. »Sein einfühlsames Fragen und seine Fähigkeit, wirklich zuzuhören, sowie die Möglichkeit, mit ihm an den Ort des Schreckens zurückzukehren«, erlebt sie als »die beste Therapie«.

Heute arbeitet sie, die jetzt mit Nachnamen Diller heißt, als stellvertretende Direktorin der Zoologischen Staatssammlung München und leitet im peruanischen Regenwald die Forschungsstation Panguana, die 1968 von ihren Eltern gegründet wurde. Mit dem Vater, der im Jahr 2000 gestorben ist, hat sie sich längst wieder ausgesöhnt. Und nach Jahren des Bemühens ist es ihr gelungen, dessen alten Traum wahr zu machen und die Station offiziell als Naturschutzgebiet anerkennen zu lassen. Die Fläche von Panguana konnte sie im Laufe der Zeit durch großzügige Spenden und den Ankauf von angrenzendem Land immer weiter ausdehnen, von ursprünglich 187 auf mittlerweile 1 300 Hektar, die vor Rodung, Jagd und Besiedelung dauerhaft geschützt sind.[66] So ermöglicht dieses

Gebiet heute »eine Verbindung von Forschung, Naturschutz und sozialen Projekten, die in Peru – und möglicherweise in ganz Südamerika – einmalig ist«, wie Diller stolz erzählt.[67]

Auf diese Weise hat sie auch das Versprechen umgesetzt, das sich die 17-jährige Juliane einst nachts im Regenwald gab: dass sie ihr Leben etwas Großem widmen will, von dem Mensch und Natur profitieren sollen. Diese Einbettung ihres Lebens in einen größeren Zusammenhang, ins »Gefüge der Welt«, wie sie sagt, gibt ihr den Mut, sich unermüdlich für die Natur einzusetzen. Und so redet sie bei ihren Vorträgen nicht nur über ihre Absturzgeschichte – die bis heute Menschen in aller Welt berührt und zu der sie immer noch Post erhält –, sondern auch darüber, dass man mit einer Spende von 500 Euro bereits 10 000 Quadratmeter Regenwald schützen kann.[68]

Auch mit ihrem eigenen Schicksal hat sie mittlerweile Frieden geschlossen. Zwar vergehe kein Tag, erzählt Juliane Diller, »an dem ich nicht mit den damaligen Erlebnissen im Regenwald zu tun habe«; sei es, dass sie Anfragen dazu erhalte oder ganz unwillkürlich durch bestimmte Stimmungen, Farben oder Gerüche daran erinnert werde. Früher habe sie das stets zu verdrängen versucht, doch durch das Schreiben ihres Buches und den Film mit Werner Herzog habe sie allmählich gelernt, ihre Geschichte anzunehmen und »zu akzeptieren, dass sie immer da ist«. Auch in den Regenwald fährt sie nach wie vor gerne, und jedes Jahr ist sie länger in Peru, das sie als ihre Heimat empfindet.

Wenn sie allerdings wieder einmal als Expertin für Flugzeugabstürze herhalten soll und gefragt wird, was man im Urwald tun muss, um zu überleben, reagiert sie eher vorsichtig. »Das kann man leider nicht pauschal sagen.« Urwälder hätten nun einmal die Eigenart, ganz unterschiedlich zu sein und je nach Gegend andere Gesetze aufzuweisen. Auch will sie keine Anlaufstelle für Absturzüberlebende sein. Sie fühle sich nicht berufen, sagt Juliane Diller, »wildfremden Personen zu sagen, wie sie nun ihr Leben gestalten sollten, nur weil wir beide einen Flugzeugabsturz überlebten.« Diese Art von Fragen stört sie eher. »Ich finde, es steht einem Menschen nicht zu, einem anderen kluge Ratschläge zu erteilen.« Außerdem wisse sie »viel zu gut aus meiner eigenen Erfahrung, dass jede Situation neue Entscheidungen verlangt.«

So kann Juliane Koepckes/Dillers Geschichte zwar nicht als Blaupause für alle Arten von Flugzeugkatastrophen dienen, wohl aber als Vorbild: Zeigt sie doch, wozu ein Mensch in der Lage ist, wenn er sich nicht aufgibt, und welche Reserven, von denen wir im Normalfall kaum etwas ahnen, Körper und Psyche bereithalten.

Wie genau dieses Zusammenspiel von Psyche und Körper funktioniert, warum das nicht nur bei Katastrophen, sondern auch bei ganz alltäglichen Krankheiten eine wichtige Rolle spielt und wie eine zuversichtliche Haltung zu einer selbsterfüllenden Prophezeiung werden kann – von all diesen Dingen ist im nächsten Kapitel die Rede.

III. Das richtige Maß der Hoffnung

Wie sich Körper und Psyche beeinflussen, wie selbsterfüllende Prophezeiungen entstehen und warum allzu positives Denken kontraproduktiv ist

Eines der großen Missverständnisse des modernen Medizinbetriebs ist der Glaube, der menschliche Körper funktioniere wie eine große biologische Maschine, die sich – ähnlich wie ein Auto – rein chemisch-physikalisch verstehen und genauso reparieren lasse. Als Patient fühlt man sich in manchen Krankenhäusern daher wie in einer Autowerkstatt, in der die eingelieferte Ware nüchtern durchgecheckt wird, um zu prüfen, welche Einzelteile kaputt sind, was geflickt und was ausgetauscht werden muss. Was beim Auto der Motor, ist beim Menschen die »Pumpe« namens Herz, was dort die verklemmten Bremsschläuche, sind hier die verkalkten Arterien.

Dabei ist uns eigentlich allen klar, dass Körper, Geist und Psyche zusammengehören und der Mensch nur als Einheit verstanden werden kann; und dass, anders als ein Auto, das Gesamtsystem Mensch erst durch das Zusammenspiel von Körper und Bewusstsein funktionsfähig wird. Für die Medizin müsste das bedeuten, Krankheiten nicht allein auf rein körperlicher Ebene zu behandeln, sondern stets auch die seelische Verfassung, die Erwartung und innere Einstellung der Patienten zu berücksichtigen. Doch diese Einsicht geht im täglichen Betrieb vieler Krankenhäuser oft unter, sei es aus Zeitmangel, ökonomischem Druck oder schlicht aus Ignoranz.

Dabei gibt es mittlerweile genügend Belege für den großen Einfluss, den unsere Psyche auf unser körperliches Befinden hat.

Selbst grobe Verletzungen, wie etwa der Kreuzbandriss von Juliane Koepcke, müssen nicht unbedingt zu großen Schmerzen führen; umgekehrt gibt es Patienten mit großen Schmerzen, bei denen sich gar kein körperlicher Defekt finden lässt. Denn Einstellung und Verhalten von Patienten können massiv das biologische Geschehen ihres Körpers beeinflussen. Wenig erstaunlich daher, dass auch die Frage der Zuversicht bei Heilungsprozessen eine wichtige Rolle spielt. In vielen Fällen hängt ein Krankheitsverlauf nicht zuletzt von der Art und Weise ab, wie Patienten ihre Krankheit annehmen und wie hoffnungsvoll (oder pessimistisch) sie in die Zukunft blicken.

Beispielhaft dazu ist eine Studie des Psychologen Winfried Rief von der Universität Marburg. Er hat Herzpatienten untersucht, denen eine Bypassoperation bevorstand, und ermittelt, welchen Einfluss deren jeweilige innere Einstellung auf ihre Genesung hatte.[69] Dazu ließ er einem Teil der Patienten ein spezielles Coaching angedeihen: Schon vor dem Eingriff wurden sie von einem Psychologen besucht und über längere Zeit begleitet. In persönlichen Gesprächen erörterten die Experten mit den Probanden ihre voraussichtliche Situation nach der Operation und regten sie an, konkrete Pläne für die Zeit danach zu schmieden: Was wollten sie nach drei Wochen, was nach drei Monaten wieder schaffen, was wollten sie nach einem halben Jahr erreicht haben? »Die Patienten haben sich konkrete Ziele vorgestellt, die natürlich realistisch sein mussten«, erklärt Rief. »Sie haben mit den Psychologen überlegt, wie sie diese Ziele erreichen wollen, welche Probleme auf dem Weg auftauchen könnten und wie sie damit umgehen.«[70]

Eine Patientin stellte sich etwa vor, wie sie ihre Balkonkästen bepflanzte, ein anderer sah sich seinen Lieblingsweg entlangspazieren, eine dritte malte sich in glühenden Farben eine Italienreise aus. Die Patienten in der Kontrollgruppe hingegen machten keine hoffnungsvollen Pläne.

Sechs Wochen später maßen Rief und seine Mitarbeiter die Folgen der positiven Imagination: Die Pläneschmieder hatten deutlich geringere Entzündungsmarker und Stresshormone im Blut, fühlten sich weniger beeinträchtigt im Familienleben und bei der Arbeit. Es ging ihnen nachweislich besser als den Patienten aus einer Kontrollgruppe, die keine entsprechenden Gespräche geführt haben. »Wenn man so will«, sagt Rief, »haben wir da die Kraft der Hoffnung gemessen.«

Die Heilkraft der Erwartung

Solche Ergebnisse scheinen wunderbar den Wert des positiven Denkens zu bestätigen, das heute von zahlreichen Psychologen und Ratgebern empfohlen wird. Dessen Prämisse lautet: Deine Gedanken erschaffen genau jene Situation in deinem Leben, die eintreten soll.[71] In der Extremform wird in diesem Zusammenhang auch gern auf ein spirituelles »Gesetz der Anziehung« verwiesen, demzufolge alle Gedanken, Gefühle und Wünsche entsprechende »Schwingungen« auf die Außenwelt übertragen und dort die gewünschten Wirkungen hervorrufen. Gerne ist auch von »Wunschbestellungen« an das Universum die Rede, die bei entsprechend starker Gedankenkraft unweigerlich einträten.

Doch so verblüffend Ergebnisse wie jenes von Rief auch sind – mit der Wirkung esoterischer Schwingungen haben sie nicht das Geringste zu tun. Vielmehr zeigt sich darin etwas anderes: Sie belegen, wie untrennbar eng Körper und Psyche miteinander verbunden sind und wie tief greifend unser Verhalten von unseren – meist unbewussten – Gedanken und Vorstellungen beeinflusst wird.

Das drastischste Beispiel dafür ist wohl der Placeboeffekt: Selbst wirkstofflose Pillen oder Therapien können eine heilende Wirkung ausüben, wenn nur der Patient von der Heilkraft des

Scheinpräparats genügend überzeugt ist. Dieses Phänomen ist mittlerweile in zahllosen Untersuchungen und Varianten[72] nachgewiesen – bei depressiven Episoden oder Übelkeit, Magenverstimmung oder Rückenschmerzen. In vielen Fällen reicht es, dass dem Kranken eine Zuckerpille oder ein angeblich »gut verträgliches« (aber harmloses) pflanzliches Mittel als wirkungsmächtiges Medikament verabreicht wird – schon werden die Schmerzen und Krankheitssymptome weniger. Wie der italienische Neurologe Fabrizio Benedetti gezeigt hat, lassen sich mit Scheinpräparaten auf diese Weise sogar bis zu 30 Prozent der normalerweise verabreichten Medikamente einsparen.

Dass das selbst für Scheinoperationen gilt, hat unter anderem der Orthopäde Bruce Moseley in einem trickreichen Verfahren nachgewiesen. Bei Patienten mit Kniebeschwerden simulierte er die – häufig empfohlene – Gelenkoperation nur: Er ritzte die Haut dort ein, wo normalerweise das Endoskop eingeführt wird, und ließ über ein Tonband entsprechende Operationsgeräusche ablaufen, das Kniegelenk selbst jedoch blieb unangetastet. Später zeigte sich, dass es den scheinbehandelten Patienten ebenso gut ging wie anderen Patienten, bei denen tatsächlich eine Arthroskopie durchgeführt wurde.[73]

Und auch das Gegenteil, den Noceboeffekt, kennt die Medizin mittlerweile: Oft reicht schon das Lesen eines Beipackzettels, damit ein Patient jene Nebenwirkungen entwickelt, die in dem Zettel beschrieben werden – selbst wenn die Betreffenden gar nicht das angeblich riskante Medikament geschluckt haben, sondern nur eine harmlose Zuckerpille. Solche Effekte belegen, dass Menschen die erstaunliche Fähigkeit haben, Wirkungen und Nebenwirkungen sozusagen aus dem Nichts heraus zu erzeugen, allein durch ihren Glauben.[74]

Das Prinzip der selbsterfüllenden Prophezeiung

Wie ist diese erstaunliche Wirkung von Placebopillen oder -operationen naturwissenschaftlich zu erklären? Der Schlüssel dazu liegt im Kopf der Patienten, genauer: in ihrer Vorstellungskraft und Erwartungshaltung. Wer etwa mit Knie- oder Rückenschmerzen hoffnungsvoll zu einem Arzt geht, kommt bereits aus seiner passiven Leidenshaltung heraus und nimmt eine aktive Rolle ein. War man schon öfter bei diesem Arzt und hat die Erfahrung gemacht, dass dieser einem helfen kann, führt das zusätzlich zu einer gewissen Entspannung. Und diese positive Erwartungshaltung verändert die Hirnchemie: Der präfrontale Kortex, der unsere Situation registriert und bewertet, stellt sich auf die bald zu erwartende Linderung ein. Als Reaktion darauf werden, gewissermaßen vorsorglich, Opiatrezeptoren aktiviert und Endorphine ausgeschüttet. Diese biochemischen Veränderungen wiederum werden über das Nervensystem an den Körper weitergeleitet – und setzen dort genau jene heilsamen körperlichen Wirkungen in Gang, die man antizipiert hat.

So wird beim Placeboeffekt eine selbsterfüllende neurobiologische Prophezeiung wirksam: Ohne dass wir es merken, konditioniert sich das Hirn auf Heilung – und setzt damit jene Prozesse in Gang, die eine Heilung herbeiführen können. (Beim Noceboeffekt passiert das entsprechende Gegenteil: Die Angst vor einer Nebenwirkung führt zu biochemischen Veränderungen, die tatsächlich die gefürchtete Wirkung hervorrufen.)

Wie groß dieser Einfluss werden kann, zeigt sich insbesondere bei Schmerzerkrankungen: In einer Studie amerikanischer Mediziner mit Migränepatienten erzielte das Placebomittel sogar bis zu 60 Prozent der Stärke des echten Medikaments![75] Deshalb empfiehlt mittlerweile selbst die Bundesärztekammer den Einsatz von Placebos.[76] Damit ließen sich »erwünschte Arzneimittelwirkungen maximieren, unerwünschte Wirkungen von Medikamenten verringern und Kosten im Gesundheitswesen sparen«, sagen die Experten. Ihr Einsatz sei »von enormer Bedeutung für die ärztliche Praxis«.[77]

Das Prinzip der »selbsterfüllenden Prophezeiung« wirkt allerdings nicht nur im Kopf, sondern auch auf der Ebene des Verhaltens. Und das wiederum liefert die Erklärung zu der eingangs erwähnten Studie von Winfried Rief: Denn jene unter seinen Bypasspatienten, die zuversichtliche Pläne geschmiedet hatten, stellten sich nicht nur mental auf ihre Genesung ein, sondern bewegten sich auch nachweislich mehr. Und weil körperliche Aktivität erwiesenermaßen Schmerzen lindert und den Druck in den Gefäßen senkt, schufen die Hoffnungsfrohen so ganz praktisch die Grundlage für ihre Heilung. Die Teilnehmer aus der Kontrollgruppe, die keine besonderen Zukunftserwartungen hegten, verhielten sich hingegen passiver. Ihnen fehlte ein konkretes Ziel und damit auch der Antrieb, sich dafür anzustrengen.

Zu einem ganz ähnlichen Ergebnis kam auch der Psychologe Christopher Peterson von der University of Michigan. In den 1990er-Jahren untersuchte er Patienten, die einen Herzinfarkt erlitten hatten und ein Programm zur Rehabilitation absolvierten; zugleich befragte er sie nach ihren Zukunftsvorstellungen. Ergebnis: Jene, die eher zuversichtlich waren und an eine baldige Heilung glaubten, verhielten sich dadurch automatisch gesünder. Sie trieben eher Sport, mieden fettige Speisen und stressige Situationen und taten alles, um wieder auf die Beine zu kommen. Die pessimistisch eingestellten Patienten hingegen, die sich schon mit einem Bein im Grab wähnten, waren entsprechend weniger motiviert, sich gesundheitsfördernd zu verhalten – was dazu führte, dass sie tatsächlich im Schnitt früher starben als die Hoffnungsfrohen.[78]

Der Erfolg der Optimisten

Man kann also folgern: Wer zuversichtlich in die Zukunft blickt, bewegt sich mehr, isst gesünder und schafft dadurch jene Bedingungen, die das Eintreten seiner Vorstellungen wahrscheinlich machen. Das gilt nicht nur bei Herzoperationen, sondern generell: Wer ein positives Weltbild hat, macht sich allgemein weniger Sorgen, leidet seltener unter Ängsten und Stress, was wiederum Herz und Nerven schont und somit tatsächlich zu einer besseren Gesundheit führt. Zudem sind Menschen, die optimistisch in die Zukunft blicken, »beliebter und werden als deutlich attraktiver wahrgenommen als Pessimisten«, erklärt die Psychologin Astrid Schütz von der Universität Bamberg. »Viele wünschen sich als Freund, Partner oder Kollegen eher jemanden, der Zuversicht ausstrahlt, als einen notorischen Schwarzseher.«[79] Auf diese Weise erhöhen Optimisten ihre Chancen auf Eheglück oder beruflichen Erfolg, während sich umgekehrt die Pessimisten durch ihre negative Einstellung selbst im Weg stehen.

Die Wirtschaftswissenschaftler Manju Puri und David Robinson von der Duke University in North Carolina haben dieses Phänomen der selbsterfüllenden Prophezeiung statistisch unterlegt. Dazu werteten sie die Daten des *Survey of Consumer Finances* aus, bei dem US-Bürger regelmäßig zahlreiche Fragen beantworten, zu Einkommen, Spar- und Konsumgewohnheiten, Gesundheitsverhalten oder ihren Vorstellungen von der eigenen Lebenserwartung. Die Auswertung zeigte: Wer auf sein eigenes Leben eher zuversichtlich blickt, hat eine höhere Wahrscheinlichkeit auf beruflichen Erfolg, Eheglück, langes Leben und die Bewältigung schwieriger Lebensphasen.[80] Denn optimistische Menschen arbeiten in der Regel länger, sparen mehr und längerfristig und erwarten, später in Rente zu gehen. Außerdem rauchen sie insgesamt weniger, achten mehr auf ihre Gesundheit und trauen sich nach einer Scheidung eher wieder zu heiraten – ganz nach dem Bonmot des britischen Schriftstellers Samuel Johnson, wonach eine zweite Ehe »der Triumph der Hoffnung über die Erfahrung« ist.

So führt eine optimistische Grundhaltung immer wieder dazu, dass man automatisch Dinge tut, die sich positiv auf die eigene Lebenszufriedenheit auswirken und somit den anfänglichen Optimismus aufs Schönste bestätigen – während die pessimistische Einstellung »Das bringt doch ohnehin alles nichts« zielsicher die Basis für negative Erlebnisse schafft und auf diese Weise den ursprünglichen Pessimismus verstärkt. So tritt die kuriose Situation ein, dass sich am Ende alle durch die jeweilige Entwicklung in ihrer Weltsicht bestätigt fühlen, die Positivdenker wie die Schwarzmaler.

Warum Realisten oft falschliegen

Diese Zusammenhänge machen aber auch klar, dass »Zukunft« nichts Feststehendes ist und dass keine Entwicklung unausweichlich ist (auch wenn der Begriff »alternativlos« während der Regierungszeit Merkel traurige Berühmtheit erlangte). Was sich als unsere Zukunft manifestiert, hängt vielmehr davon ab, was wir von ihr erwarten, worauf wir uns einstellen und wie wir uns verhalten.

Das wiederum wirft die interessante Frage auf, was in Bezug auf die Zukunft eigentlich eine »realistische« Haltung ist. Der sogenannte Realismus ist ja heutzutage das Maß, an dem sich in der modernen Wissenschaftsgesellschaft alles messen lassen muss. Was als »nicht realistisch« abgestempelt wird, ist in der Regel gleich vom Tisch, kommt automatisch in die Schublade des Lächerlichen oder Esoterischen, jedenfalls des nicht Ernstzunehmenden.

Doch mit dem viel gepriesenen »gesunden Realismus«, der sich auf bewiesene Tatsachen und empirische Daten gründet, ist das so eine Sache: Denn alles Bewiesene, Empirische kann sich nur auf vergangene Entwicklungen beziehen, niemals auf zukünftige Trends (die ja nur Möglichkeiten und keine Tatsachen sind). Außerdem kann der Realist nur jene Fakten in sein Kalkül einbeziehen, die ihm bewusst sind, die man eindeutig formulieren und benennen kann. Was unberücksichtigt bleibt, sind die uneindeutigen Zwischentöne des Lebens, die scheinbar nebensächlichen Details und vagen Stimmungen, die sich aber überraschenderweise als prägende Kräfte der Zukunft herausstellen können.

Deshalb liegen selbst die größten Realisten oft so fürchterlich falsch bei der Beurteilung des Neuen, Unbekannten. »Ich denke, dass es einen Weltmarkt für vielleicht fünf Computer gibt«, prophezeite 1943 der Chef von IBM, Thomas Watson. »Das Fernsehen wird nach den ersten sechs Monaten am Markt scheitern. Die Menschen werden es bald satthaben, abends in eine Sperrholzkiste zu starren«, glaubte Darryl F. Zanuck, der Chef der Filmgesellschaft 20th Century-Fox. Und Steve Chen, Mitbegründer von YouTube, meinte noch 2005, das Internetvideoportal werde wohl »ein Reinfall«. Kaum anderthalb Jahre später kaufte Google die Videoplattform für sage und schreibe 1,65 Milliarden Dollar.[81]

»Die Geschichte der Prognosen ist eine Geschichte der Überraschungen und der Überrumpelungseffekte«, schlussfolgert der Historiker Joachim Radkau, der in seiner *Geschichte der Zukunft* eine ganze Reihe der größten Irrtümer gesammelt hat.[82] Denn wohin man blickt: Fehlprognosen. Die Nazidiktatur sahen Politiker ebenso wenig voraus wie später, nach dem Krieg, das Wirtschaftswunder. Von der Ölkrise wurden Ökonomen ebenso überrascht wie von den 68er-Protesten und der Umweltbewegung. Dafür rechnete man in den Sechzigern damit, dass Menschen bald Bergwerke auf dem Mond betrieben. Und dass es 1989 zur Wiedervereinigung kommen würde – das hielten noch wenige Monate zuvor die Experten für ebenso unwahrscheinlich wie 2015 die Möglichkeit, dass Donald Trump jemals echte Chancen auf das höchste Staatsamt in den USA haben könnte.

So übersehen oft gerade die »Realisten«, dass die Fakten, auf die sie ihr Weltbild gründen, immer nur eine Auswahl darstellen und dass es daneben eine Unzahl anderer Möglichkeiten gibt, die oft wider jede Erwartung wahr werden.[83] So gesehen hieße Realismus eigentlich: stets mit dem Unerwarteten rechnen. Doch dazu muss man die Faktenhuberei und die Sicherheit der Empirie erst einmal hinter sich lassen und Zutrauen in die Unabsehbarkeit der Zukunft entwickeln. Anders gesagt: Es braucht die Lebensenergie der Zuversicht, die der noch unfertigen Zukunft ein gewisses Vertrauen entgegenbringt.

Die optimistische Verzerrung

Deshalb sieht der indische Psychoanalytiker Sudhir Kakar auch eine enge Verbindung zwischen dem modernen Beharren auf »Realitätstüchtigkeit« und der großen Verbreitung von Depressionen. »Die Realität ist kein Anlass für Heiterkeit«, sagt Kakar. »Auch Sigmund Freud war depressiv. Aber um handeln zu können, darf man nicht allzu realistisch sein. Ohne Hoffnung kann man nicht handeln.«[84]

Für den in Indien aufgewachsenen Kakar, der in Deutschland studierte und heute als Autor und gefragter Coach zwischen Ost und West pendelt, hat diese Art von handlungsfähiger Hoffnung »vital mit Jugend zu tun«. Anders als in Deutschland seien in Indien zwei Drittel der Gesellschaft jünger als 25 Jahre. »Eine solche Gesellschaft kann nicht depressiv sein«, meint Kakar.

Tatsächlich gilt vor allem in jungen Jahren, dass man ohne Hoffnung nicht handeln kann. Denn immer wieder muss man neue Situationen bewältigen, für die man noch kein Skript und keine empirische Erfahrung hat. Deshalb brauchen Jugendliche und junge Erwachsene naturgemäß einen Überschuss an Zukunftsvertrauen; sie gleichen Raketen, die ins All starten und zur Überwindung der Erdanziehungskraft anfangs besonders viel Schub benötigen. Im Laufe der Jahre, wenn sich die hochfliegenden Pläne in eine – meist bescheidenere – Wirklichkeit verwandeln und man die ein oder andere Enttäuschung hinnehmen muss, schrumpft das Übermaß an Zuversicht allmählich. Und doch verlieren wir den rosigen Blick der Jugend niemals so ganz – zumindest nicht in Bezug auf uns selbst.

Denn während viele Menschen, wie in Kapitel 1 beschrieben, der Zukunft *im Allgemeinen* eher mit Sorge entgegensehen, neigen sie bezüglich ihrer *individuellen* Zukunft gern zum anderen Extrem: Ihre persönlichen Entwicklungschancen beurteilen die meisten erheblich positiver, als es der Statistik entspricht. Wir *über*schätzen fast alle unsere beruflichen Karriereaussichten und unsere Lebenserwartung (zum Teil um bis zu 20 Jahre), erwarten in der Tendenz für die Zukunft mehr erfreuliche als ärgerliche Erlebnisse, schätzen die Chancen auf eine schöne sexuelle Begegnung in nächster Zeit höher und die Wahrscheinlichkeit, im Stau zu stehen, geringer ein, als sie tatsächlich sind, und glauben, dass wir von Arbeitslosigkeit, Ehescheidung oder schweren Krankheiten eher verschont bleiben als die anderen. (Nur als kleiner Test: Wie hoch, glauben Sie, ist die Wahrscheinlichkeit, dass Sie in Ihrem Leben irgendwann einmal Krebs diagnostiziert bekommen? Notieren Sie einfach am Rand, was Ihnen spontan durch den Kopf schießt. Die Auflösung finden Sie am Ende dieses Kapitels).

Dieses Phänomen der »optimistischen Verzerrung«, das die aus Israel stammende Neurowissenschaftlerin Tali Sharot ausführlich erforscht und beschrieben hat, ist in der Psychologie heute unter dem Stichwort *optimism bias* bekannt.[85] Eng verwandt damit ist die Überlegenheitsillusion, in der Fachsprache *superiority bias:*

Wir sehen unsere eigene Zukunft nicht nur übertrieben optimistisch, sondern halten uns in der Regel auch noch für besser als die Mehrheit. 93 Prozent aller Autofahrer denken allen Ernstes, sie führen besser als der Durchschnitt,[86] mehr als 90 Prozent aller Professoren halten sich für überdurchschnittlich gute Pädagogen, und 85 Prozent sind überzeugt, sie kämen besonders gut mit anderen Menschen aus.[87] Auch hält sich die Mehrzahl der Männer für außergewöhnlich begabte Liebhaber, und nahezu alle Menschen – Männer wie Frauen – identifizieren sich eher mit einem drastisch geschönten Porträt ihrer selbst als mit einem realistischen Foto.[88]

Zwar ist es logisch eher unwahrscheinlich, dass die Mehrheit besser als die Mehrheit ist. Doch dieses statistische Detail ignorieren wir in der Regel souverän. Wer sieht sich schon gern selbst als Durchschnitt? So könnte man sagen: Das Kennzeichen des Mittelmaßes ist es, sich für klüger, besser und schöner als das Mittelmaß zu halten – und das noch nicht einmal zu bemerken.

Die schädliche Seite des Optimismus

Nun hat diese optimistische Verzerrung des eigenen Selbstbilds, wie auf den vorangegangenen Seiten dargestellt, durchaus ihre Vorteile und ihre Berechtigung: Wer die eigene Zukunft und die eigenen Möglichkeiten besonders zuversichtlich beurteilt, schafft damit die Voraussetzungen für eine selbsterfüllende Prophezeiung, die eben jene Erwartungen Wirklichkeit werden lässt. Viele Männer überschätzen etwa systematisch das Interesse, das ihnen fremde Frauen entgegenbringen; da diese Selbsttäuschung sie aber zu häufigeren Annäherungsversuchen motiviert, erhöht sich die Chance, am Ende tatsächlich eine interessierte Partnerin zu finden. Ähnliches gilt für den forsch auftretenden Politiker, der seine eigenen Fähigkeiten für überragend hält und damit eben jenes

Selbstvertrauen ausstrahlt, das viele Wähler überzeugt; oder für die mäßig begabte, aber von sich selbst überzeugte Schauspielerin, die dadurch erst jenes Durchhaltevermögen in unzähligen Castings entwickelt, das man braucht, um irgendwann wirklich vor der Kamera zu stehen.

Der Punkt ist allerdings: Nicht immer ist der *optimism bias* wirklich hilfreich. Wird die optimistische Verzerrung gar zu groß, kippt sie ins Gegenteil und verhindert gerade das, was man sich eigentlich erhofft. Der allzu selbstverliebte Macho wirkt nicht anziehend, sondern lächerlich; der zu jeder Selbstkritik unfähige Manager oder Politiker stürzt leicht über seine Überheblichkeit – so wie Karl-Theodor zu Guttenberg, der mit seinem Doktortitel 2011 auch sein Amt verlor.

Die Frage ist: Was ist das rechte Maß der Selbstüberschätzung? Wie viel Optimismus in Bezug auf die eigene Person ist hilfreich, wie viel schädlich? Auch dazu gibt die Forschung inzwischen Anhaltspunkte, insbesondere die erwähnte Untersuchung der Ökonomen Puri und Robinson. Als diese ihre Daten analysierten, stellten sie nämlich fest, dass man die Menschen bezüglich des *optimism bias* in drei große Gruppen einteilen kann: extreme Optimisten, moderate Optimisten und Pessimisten. Als Maß dafür werteten sie die Antworten auf die Frage: »Was glauben Sie, wie lange Sie leben werden?« Diese Schätzungen verglichen sie mit den Daten von Versicherungen, die relativ gesicherte statistische Aussagen über das Lebensalter abhängig von Alter, Geschlecht, Herkunft, Bildung oder Nikotingenuss machen. Auf diese Weise ergab sich ein guter Indikator für die jeweilige Neigung der Befragten zur Über- oder Unterschätzung.*

---

* Dass solche Fehleinschätzungen der eigenen Lebenserwartung tatsächlich ein gutes Maß für Optimismus sind, zeigt auch die Korrelation mit psychologischen Tests zum Optimismus.

Wer seine eigene Lebenserwartung um zwanzig Jahre zu hoch einschätzte, wurde von Puri und Robinson als »extremer Optimist« eingestuft; zu dieser Gruppe gehörten rund fünf Prozent der Befragten. Am anderen Ende der Skala standen die »Pessimisten«, die überzeugt waren, sie hätten weniger Jahre zu leben, als es der Statistik entsprach. Die große Mehrheit hingegen erwies sich als »moderate Optimisten«, die ihre statistische Lebenserwartung nur um wenige Jahre überschätzten.

Und nur diese Gruppe der moderaten Optimisten profitiert von ihrer Einstellung, indem sie zum Beispiel härter arbeitet, weniger raucht und mehr spart. Die extremen Optimisten sind dagegen fauler und nachlässiger: Sie arbeiten weniger, zeigen sich anfälliger fürs Rauchen und legen ihr Geld nur kurzfristig an oder geben es lieber gleich aus. Mit anderen Worten: Sie leben in den Tag hinein in dem überoptimistischen Glauben, ihnen könne nichts passieren – ähnlich wie in dem Witz von jenem Mann, der vom hundertsten Stock des Empire State Building springt und beim fünfzigsten Stockwerk ruft: »Alles bestens so weit!«

Man kann es mit dem positiven Denken also auch übertreiben: In zu hohen Dosen ist der Optimismus nicht hilfreich, sondern schädlich. Und schlimmer als *gar keine* Hoffnung zu haben, ist oft ein *Zuviel* an Hoffnung. Wäre etwa Juliane Koepcke in dem optimistischen Glauben, bald von einem Rettungstrupp gefunden zu werden, einfach an der Absturzstelle sitzen geblieben, hätte das ihren sicheren Tod bedeutet. Wer sich für unerschütterlich gesund hält und denkt, er sei per se immun gegen Krebs, wird nie zur Vorsorgeuntersuchung gehen – und damit seine Wahrscheinlichkeit erhöhen, eines Tages einen fortgeschrittenen Krebs diagnostiziert zu bekommen. Und wer unbeirrt daran glaubt, dass die Wirtschaft beständig wachse und Aktienkurse immer nur steigen können, wird besonders hart erwischt, wenn die Kurse doch einbrechen. »Mit Optimismus ist es wie mit Rotwein«, schreiben Puri und

Robinson: »Ein Glas am Tag ist gesund, aber eine Flasche am Tag kann fatal sein.«

Vor allem in der Gruppe können sich die positiven Zukunftserwartungen des Einzelnen »auf ein gefährliches Maß aufaddieren«, warnt Tali Sharot. Der gesunde Hang zum Optimismus habe sich entwickelt, als der Mensch sich in überschaubaren Kollektiven bewegte. In der vernetzten Welt von heute mit ihren globalen Finanz- und Handelsströmen schlage er schnell in Übermut und Übertreibung um. So ist etwa die weltweite Finanzkrise 2008 nach Meinung von Ökonomen letztlich auf ein Übermaß an kollektivem Optimismus zurückzuführen:[89] In den USA glaubten zu viele Hausbesitzer, ihre auf Kredit gekauften Immobilien würden unzweifelhaft an Wert zulegen; die Hypothekenbanken, die diese Kredite gewährten, agierten in der Hoffnung auf stetig steigende Immobilienpreise, und selbst Ratingagenturen, Finanzanalysten und Politiker waren so sehr von einer positiven Entwicklung überzeugt, dass sie keine Vorkehrungen für den Fall des Gegenteils trafen – bis die ganze Blase platzte, die Immobilienpreise in den Keller schossen und diverse Banken von ihren faulen Krediten in die Tiefe gerissen wurden.

Träum das Problem!

Anders als beim Rotwein ist die richtige Dosierung in Sachen Optimismus allerdings gar nicht so leicht: Woran erkennt man, dass man jetzt das berühmte Gläschen zu viel intus hat? Und was hilft beim Ausnüchtern?

Einen guten Anhaltspunkt dazu geben die Arbeiten der Psychologin Gabriele Oettingen, die heute sowohl an der New York University als auch an der Uni Hamburg lehrt und gewissermaßen einen ganz persönlichen Ausnüchterungsprozess hinter sich hat.

Denn Ende der Achtzigerjahre gehörte sie noch zum Team des Psychologen Martin Seligman, der als Pionier und Wegbereiter des positiven Denkens gilt. Doch dann kamen ihr allmählich Zweifel an der unbedingten Gültigkeit von dessen Prämissen, und sie fing an, ihre eigenen Forschungen zu verfolgen.

Besonders irritierte sie, dass für Seligman Hoffnung, Optimismus und Zuversicht ein und dasselbe waren. Dabei, so dachte sich Oettingen, macht es doch einen großen Unterschied, ob man einfach optimistisch von einer schönen Zukunft träumt, weil die Dinge gerade gut laufen – oder ob man trotz widriger Aussichten die Hoffnung nicht verliert. So kam sie auf die Idee, den Einfluss von Wunschträumen und positiven Fantasien empirisch zu untersuchen.

Gemäß der Prämisse des Positiven Denkens ging sie davon aus, dass positive Vorstellungen dabei helfen, diese Wünsche zu erfüllen. Doch bereits in ihrer ersten Studie 1991, in der sie die Wirkung eines Gewichtsreduktionsprogrammes auf übergewichtige Frauen maß, trat genau das Gegenteil zutage: Jene Teilnehmerinnen, die sich ihre Zukunft nach dem Programm sehr positiv ausgemalt hatten, nahmen weniger ab als die Skeptikerinnen. »Ich dachte zuerst, ich hätte falsch codiert oder gemessen«, erzählt Oettingen, »aber in der nächsten Studie erhärtete sich das Ergebnis: Studierende, die sich in ihrem letzten Studienjahr intensiv das schöne Leben nach dem Abschluss ausmalten, verdienten zwei Jahre später *weniger* als diejenigen, die auch negative Gedanken zuließen.«[90]

Wie ist das zu erklären? Für Oettingen haben allzu positive Träume eher eine blockierende Wirkung: »Wer den Erfolg im Geiste schon vorweggenommen hat, hat das Gefühl, er brauche sich nicht mehr zu bemühen. Die Freude hatte er ja schon.« In weiteren Studien fand Oettingen heraus, dass diejenigen Testpersonen am erfolgreichsten waren, die sich *sowohl* die Erfüllung ihrer

Wünsche ausmalten *als auch* die Hindernisse auf dem Weg dahin. »Mentales Kontrastieren« nennt Oettingen das: nicht nur das Ziel im Blick haben, sondern sich im zweiten Schritt all die Probleme – auch die inneren Hindernisse – auf dem Weg dahin klarmachen. So könne man einen Weg finden, diese Schwierigkeiten zu überwinden. Die britische Devise *hope for the best, prepare for the worst* fasst diesen Ansatz gut zusammen: Hoffe auf das Beste und bereite dich auf das Schlimmste vor.

Aber wie das bei einer in den USA sozialisierten Forscherin so ist, belässt es Oettingen nicht nur bei der Theorie. Sie hat dazu auch gleich eine Selbsthilfemethode mit einem einprägsamen Kürzel entwickelt, die man sich inzwischen als App aufs Handy laden kann: »Woop« nennt sie diese, als Abkürzung für *wish, outcome, obstacle, plan,* also für Wunsch, Ergebnis, Hindernis, Plan. Die Idee des Programms ist es, sich sowohl das Ziel als auch das Hindernis innerlich so anschaulich vor Augen zu führen, als erlebe man beides tatsächlich – mitsamt den damit verbundenen Gefühlen. Das soll helfen, den passenden Plan zu entwickeln, das Hindernis zu überwinden.[91]

Von der Hoffnung im Scheitern

Fasst man also die Forschungsergebnisse zum Optimismus und zum positiven Denken bis hierher zusammen, dann ergibt sich: Eine zuversichtliche Haltung wird häufig zur selbsterfüllenden Prophezeiung; denn ein positives Herangehen an die Zukunft setzt automatisch Verhaltensweisen in Gang, die das Erreichen des Erwünschten wahrscheinlicher machen. Jedoch ist nicht jede Art von Optimismus hilfreich: In extremer und allzu übersteigerter Form schlägt das positive Denken ins Gegenteil um und wird kontraproduktiv. Deshalb ist Optimismus, wie Rotwein, nur in mäßigen Dosen gesund. Und Ziele erreicht man damit nur, wenn man auch die Schwierigkeiten und Hindernisse nicht aus dem Blick verliert. Die richtige Mischung, die uns aus dieser Forschung entgegentritt, entspricht ziemlich genau jener Definition von Zuversicht, von der schon in der Einleitung die Rede war: eine moderat optimistische Einstellung, die zugleich »schmerzliche Kenntnis von der großen Zahl ihrer Widersacher« hat.

Allerdings beinhalten die Begriffe Hoffnung und Zuversicht noch eine weitere Komponente, die dem positiven Denken meist abgeht. Denn selbst in Oettingens Methode, die man »Positives Denken plus« nennen könnte, geht es, wie in vielen anderen Ratgebern, vor allem um eines: Ziele erreichen. Hindernisse überwinden. Erfolg haben. Doch was, wenn die Probleme so unüberwindbar groß sind, dass alles innere Veranschaulichen nichts hilft? Was, wenn man feststellen muss, dass das angestrebte Ziel gar nicht erreichbar ist oder dass man sich mit etwas abfinden muss, das man partout vermeiden wollte?

Von solchen Situationen war in diesem Buch schon öfter die Rede: Etwa von Yacouba Sawadogo, der zusehen musste, wie sein Lebenswerk zum Teil aus Ignoranz zerstört wurde; oder von Stephen Hawking, der sich mit der Diagnose einer unheilbaren Muskelkrankheit abfinden musste. In diesen Fällen ging es weniger um die Hoffnung auf eine Zielerreichung, sondern um eine viel grundsätzlichere Hoffnung, die sich vom vordergründigen Scheitern nicht beeindrucken ließ; gefragt war eher eine positive Haltung dem Leben gegenüber, die es ermöglicht, sich mit Unabwendbarem abzufinden und den Fokus zu verändern, falls notwendig auch auf andere als die ursprünglich angestrebten Ziele.

Mit dieser Art von grundsätzlicher Zuversicht beschäftigen sich allerdings sehr viel weniger Forscher als mit dem positiven Denken. Zugegeben, die Möglichkeit des Scheiterns mit einzubeziehen, ist weniger glamourös als das Versprechen, mit der richtigen Methode jedes Ziel erreichen zu können. Insbesondere auf Businessveranstaltungen will man in der Regel nur von Erfolgen hören und nichts von der Kontingenz des Lebens wissen, also von der prinzipiellen Offenheit und Ungewissheit menschlicher Lebenserfahrungen, die oft alle schönen Pläne zunichtemacht. Doch solche Widrigkeiten begegnen uns im Alltag viel häufiger als jene Momente des Triumphes, die uns Ratgeber, Sportsendungen und Illustrierte gerne in Endlosschleife vorführen. Daher ist die grundlegende Zuversicht am Ende auch erheblich tragfähiger als das eher oberflächliche positive Denken.

Ganz anders als Gabriele Oettingen geht deshalb Giovanni Maio an das Thema Hoffnung heran. Der gebürtige Italiener ist heute Professor für Bioethik und Medizinethik an der Universität Freiburg und plädiert, wie in einem seiner Buchtitel, für *Die Kunst des Hoffens*.[92] Für ihn geht es dabei vor allem um ein Umdenken »vom Diktat des Machbaren zu einer Ethik der Besonnenheit«. Er sieht nämlich in der modernen Medizin häufig eine falsche Art von Hoffnung am Werk, die Hoffnung, jede Krankheit kurieren und jedes Leiden abschaffen zu können. »Wir haben eine hocheffektive, perfektionierte, auf Handlung ausgerichtete Medizin. Probleme werden vor allem mit Aktionismus angegangen. Auf Patienten wirkt das dann so, als gebe es für alles eine wirksame Behandlung.«[93]

So kommen die meisten Patienten heute mit der Hoffnung in die Krankenhäuser, dass dort ihre Symptome im Handumdrehen zum Verschwinden gebracht werden und sie selbstverständlich völlig gesund die Klinik wieder verlassen. Wenn sich dies aber als nicht machbar herausstellt – sei es, weil die Behandlung sehr viel länger dauert als gedacht oder weil sich das Leiden möglicherweise gar nicht (oder nicht vollständig) therapieren lässt –, dann bricht diese naive Hoffnung zusammen und macht häufig einer umso tieferen Verzweiflung Platz. Deshalb findet Maio das »verbissene

Schielen auf Heilung« fatal. Die Patienten müssten eher »von den Ärzten dazu angeleitet werden, auch dort, wo die Heilung nicht eintritt, die Gestaltbarkeit der Zukunft zu erkennen und sich gerade nicht ausgeliefert zu fühlen«.

Ein gutes Beispiel ist der sogenannte Kampf gegen den Krebs. Dieser steht ganz oben auf der Liste der medizinischen Herausforderungen und wird immer wieder vollmundig propagiert. Bereits 1971 erklärte US-Präsident Richard Nixon offiziell den »Krieg gegen den Krebs«. Seither flossen alleine in den Vereinigten Staaten schätzungsweise 200 Milliarden Dollar in die Forschung und die Entwicklung möglicher Therapien. Dennoch breitet sich Krebs auch vier Jahrzehnte nach Nixons *War on Cancer*-Initiative ungehindert aus. Weltweit rechnen Statistiker mit rund 15 Millionen neu entdeckten Fällen pro Jahr, mehr als acht Millionen Menschen sterben jährlich an einem Tumorleiden.[94]

Speziell für Deutschland gilt aktuell: Nahezu jeder Zweite wird im Laufe seines Lebens mit einer Krebsdiagnose konfrontiert. Das beantwortet auch die zuvor gestellte Frage: Die Wahrscheinlichkeit, einmal im Laufe des Lebens eine Krebsdiagnose zu bekommen, liegt für jede/n von uns bei etwa fünfzig Prozent. Hätten Sie das gedacht? Zum Trost: Die meisten trifft es erst im höheren Alter. Das mittlere Erkrankungsalter liegt bei Frauen bei 69 Jahren und bei Männern bei 70. Auch haben sich die Überlebensaussichten für Krebspatienten, dem Robert Koch Institut zufolge, »in den letzten 30 Jahren erheblich erhöht.«[95]

Was am Lebensende zählt

Die Hoffnung aber, den Kampf gegen Krebs jemals gewinnen zu können, halten viele Fachleute für weit überzogen. Zwar werde der Öffentlichkeit seit Jahren weisgemacht, »der Durchbruch wäre um die nächste Ecke«, schreibt etwa der Mediziner Jarle Breivik. Doch selbst wenn man noch so viel Geld in die Forschung stecke, werde es niemals ein ultimatives Wundermittel geben. Man müsse einfach zugeben: »Wir werden Krebs nicht kurieren« – auch wenn die Krebsindustrie »mit allen möglichen rhetorischen Tricks« arbeite, »um den klaren Blick auf das Thema zu verschleiern«.[96]

Aber die Hilflosigkeit dem Krebs gegenüber einzugestehen, das passt nicht ins medizinische Konzept. Stattdessen werden Krebspatienten selbst dann noch einer belastenden Chemotherapie ausgesetzt, wenn schon klar ist, dass es dem Ende zugeht. Dabei sei die dritte oder vierte Linie Chemotherapie für Onkologen meist nur eine Fluchtreaktion, um existenzielle Gespräche zu vermeiden, kritisiert Giovanni Maio. Ärzte täten sich nun einmal schwer damit, ihre Hilflosigkeit zuzugeben und eine Therapie einzustellen. Dabei ist es gerade am Ende des Lebens für viele Patienten wichtiger, Zeit für sich und ihre Angehörigen zu haben und in Ruhe Abschied nehmen zu können.

Ähnliche Gedanken formuliert auch Rolf Verres, ehemaliger Direktor des Instituts für Medizinische Psychologie am Heidelberger Uniklinikum: Was er in seinen Gesprächen mit Krebspatienten, Schwerstkranken und todgeweihten Menschen als »ganz entscheidend wichtig« erfahren hat, ist die Fähigkeit, selbst am Ende des Lebens »noch Hoffnung aufrechterhalten« zu können. Dabei gehe es allerdings nicht um die Hoffnung, wieder gesund zu werden, sondern um eine viel tiefere Hoffnung, die für Verres etwas mit der »Urlebenskraft« als solcher zu tun hat. Selbst wer nicht mehr auf Heilung hoffen darf, der könne dennoch Hoffnung haben – und zwar »auf Liebe, auf Begleitetwerden, auf Beschütztwerden, auf Schmerzfreiheit und so weiter«.[97]

Das ist, bei allem Lob des Optimismus und der Zuversicht, tatsächlich ein entscheidend wichtiger Gedanke: Mitunter gibt es Situationen im Leben, in denen alles positive Imaginieren nichts hilft und auch die zuversichtlichste Herangehensweise nichts an einer traurigen Tatsache ändert – etwa einer unheilbaren Krankheit oder dem Tod eines Angehörigen. Wer in solchen Momenten immer noch wohlmeinend dazu rät, doch möglichst positiv zu denken, agiert nicht hilfreich, sondern herzlos. Statt in solchen Situationen den Wert der Zuversicht zu preisen, sollte man lieber das tun, was einem der natürliche menschliche Reflex rät: den oder die Betreffende in den Arm nehmen, das Leid mittragen und fragen, wie man konkret helfen könne, um wenigstens die Rahmenbedingungen erträglicher zu machen. Diese schlichte menschliche Resonanz ist in vielen Fällen die beste Art, ganz ohne große Worte Trost zu spenden und auf diese Weise die Zuversicht der Mitmenschlichkeit zu vermitteln.

ALI MAHLODJI –
DER BOTSCHAFTER DER JUGENDTRÄUME

Anfangs wird er von allen ausgelacht. Als der junge Ali Mahlodji mit 14 Jahren zum ersten Mal von seiner großen Idee erzählt, schlagen ihm die üblichen Einwände entgegen, die man als Jugendlicher so zu hören bekommt. Geht nicht. Gibt's nicht. Interessiert niemanden. Und überhaupt: »Wenn das so einfach wäre, hätte das doch längst jemand anders gemacht.«
Tja, so kann man sich täuschen. Aus dem Jugendtraum entstand ein Unternehmen, das heute Millionenumsätze macht, über fünfzig Mitarbeiter aus zehn Nationen beschäftigt und von zahlreichen großen Firmen umworben wird. Das von Mahlodji gegründete Internetprojekt *Whatchado* erreicht monatlich mehr als eine Million Menschen und hilft ihnen, ihren Berufsweg zu finden. Und weil Mahlodji seine Idee gegen zahlreiche Widerstände verwirklichte, gilt er nun

selbst als Vorbild. Er reist als Redner von Konferenz zu Konferenz und ist seit 2013 offizieller »Jugendbotschafter« der Europäischen Union. Denn wenn es jemanden gibt, der Jugendlichen Zuversicht vermitteln kann, dann ist es dieser lässige Typ mit der Basecap, der vom Flüchtling und Schulabbrecher zum erfolgreichen Unternehmer und Berater wurde.

Dabei begann alles ziemlich naiv. »Kennst du diese Poesiealben und Freundebücher, in die jeder seine Lieblingstiere und Bücher schreiben musste?«, fragt Mahlodji. »So etwas wollte ich von jedem Menschen, ein großes dickes Buch, in dem jeder seine Lebensgeschichte erzählen kann.« Allerdings sollte es darin nicht um Tiere oder Lieblingsspeisen gehen, sondern um das, was Menschen tagtäglich tun, um ihre Berufe und Interessen.[98] Als 14-Jähriger hätte Mahlodji gerne selbst so ein Buch gehabt, war er doch auf der Suche nach Vorbildern und einem passenden Platz für sich in der Welt. Denn im Leben des 1981 in Teheran geborenen Mahlodji war vieles durcheinander und keine Perspektive vorgezeichnet. Als er zwei Jahre war, mussten seine Eltern Hals über Kopf aus dem Iran fliehen, weil sie an einer Demonstration gegen das Chomeini-Regime teilgenommen hatten. Sie ließen gute Jobs, zwei Häuser und drei Autos zurück und kamen mit nahezu leeren Händen als Flüchtlinge nach Österreich. Zuerst wohnten sie in einem Flüchtlingsheim, später in mehr oder weniger schäbigen Wohnungen in Wien, der Vater sortierte Flaschen in einem Supermarkt. Der junge Ali hatte keine Zukunftsperspektive und noch weniger Orientierung.

Als er zwölf ist, lassen sich auch noch seine Eltern scheiden, und für den Jungen bricht eine Welt zusammen. Er fängt an zu stottern und gilt als »schwieriger Schüler«. Als er im Berufsorientierungsunterricht gefragt wird, was er einmal machen will, fällt ihm nichts ein. Da kommt ihm die Idee eines Handbuchs der Lebensgeschichten: »Ein Handbuch, das in jeder Schule dieser Welt aufliegt und in dem alle Menschen, die einen Job haben, anhand derselben Fragen über ihre Arbeit, ihren Werdegang und ihr Leben erzählen.« Mithilfe eines solchen Buches soll es möglich sein, »die Geschichte von dem Menschen zu finden, der genauso tickt wie man selbst« – was ihm vorschwebt, ist also eine Art Universal-Berufsratgeber für alle Fälle. Die Lehrer, denen er davon erzählt, belächeln den Einfall. »Eine sehr schöne Idee, lieber Ali, aber leider vollkommen unrealistisch.« Wie soll man mit so vielen Menschen in Kontakt treten, wer soll so etwas drucken? Niemand glaubt an die Umsetzbarkeit – außer Ali. Denn er vergisst nie den Rat, den er als Zehnjähriger von seinem Vater bekommen hat: Dass er sich von dem vermeintlich überlegenen Wissen der Erwachsenen nicht allzu sehr beeindrucken lassen solle. Deren Ratschläge seien »im Grunde nichts anderes als ein Wissen aus der Vergangenheit dieser Personen«, hatte ihm der Vater gesagt. Zwar glaubten Erwachsene gerne, die Zukunft aufgrund ihrer Vergangenheit voraussagen zu können, doch dieses Wissen habe oft wenig mit der tatsächlichen Zukunft zu tun. »Wenn Du wissen willst, was da draußen in der Welt wirklich vor sich geht und welche Möglichkeiten dir offenstehen, dann geht das nur, wenn du dich in Bewegung setzt, da rausgehst und es für dich selbst ausprobierst.«

Kein Wunder daher, dass Ali der übliche Unterrichtsstoff in der Schule oft lebensfern und uninteressant vorkommt. Immer wieder gerät er mit seinen Lehrern aneinander, weil er den Lehrplan und ihren Unterricht infrage stellt. Als Stotterer fühlt er sich ohnehin oft wie eine Niete, wie ein »Fehler im System«. Als er dann noch hört, dass bei der mündlichen Abschlussprüfung nicht nur die Prüfer, sondern auch seine Mitschüler zuhören, überkommt ihn Panik. Er bricht die Schule ab und sieht sich endgültig als Versager abgestempelt. »Vorname Ali, Nachname unaussprechlich, Flüchtling, Ausländer … und jetzt auch noch der Titel »Schulabbrecher« in der Trophäensammlung«, schreibt er in seiner Biografie *Und was machst Du so?*[99]

Nur in puncto Berufserfahrung macht ihm bald kaum jemand etwas vor. Weil er schon mit 14 Jahren angefangen hat, nebenher zu arbeiten, kennt er vieles aus eigener Anschauung. In den Sommerferien hat er auf Baustellen geackert, in den Winterferien bei einer Fastfoodkette, an den schulfreien Samstagen im Supermarkt und am Sonntag in einem Kino. Auf insgesamt über vierzig verschiedene Jobs bringt er es im Laufe der Zeit – vom Briefträger über den Fließbandbetreuer, Putzmann, Sportartikeltester, Verkäufer bis hin zum Zimmerer.

Den »schlimmsten Job der Welt« aber lernt er nach seinem Schulabbruch kennen; da fängt er in einem Apothekenbetrieb an, in dem er Medikamente zusammenmischt und in dem der Chef seine Angestellten nach Belieben herumschikaniert. Es herrscht ein Klima der Angst und Ausbeutung, doch Mahlodji beißt die Zähne zusammen. Er kämpft sich durch, liest abends Managementratgeber und träumt heimlich von einer Silicon-Valley-Karriere.

Und dieser Traum, so naiv und abwegig er in diesem Moment auch scheint, wird sein Antrieb. Mahlodji ist begeistert davon, dass die »schöpferische Kraft der Gedanken Unternehmen entstehen ließ«, und in ihm reift die Überzeugung, dass auch er selbst es »irgendwann und irgendwie schaffen würde, meine Träume zu verwirklichen«. Diese Zuversicht verleiht ihm eine enorme Energie und Entschlossenheit, die sogar seinem Chef auffällt. Der ernennt ihn nach einem Jahr zum stellvertretenden Produktionsleiter, was Alis Ehrgeiz erst so richtig anfacht. Mit dem neu gewonnenen Selbstvertrauen beschließt er, an einer Abendschule seinen Schulabschluss nachzumachen. Schwerpunkt: Softwareentwicklung.

Er ignoriert die missgünstigen Kommentare seiner neidischen Arbeitskollegen und bewältigt die Doppelbelastung aus Vollzeitjob und Abendschule mit berserkerhafter Willenskraft. Was ihm hilft, sind sein Freund Markus und das Motto von Winston Churchill, das beide als Laptophintergrund verwenden: »Wenn Du durch die Hölle gehst, geh einfach weiter.« Nach drei Jahren schafft er tatsächlich den Abschluss und macht gleich weiter mit dem Aufstieg: Nun schreibt er sich an der Fachhochschule Wien für ein Informatikstudium ein und hegt weiter seinen Traum von einem Job im Computerbusiness.

Als »coolstes Technologieunternehmen der Welt« erscheint ihm zu dieser Zeit der IT-Hersteller Sun Microsystems. Und weil ihn dieser Traum nicht loslässt, beginnt Mahlodji irgendwann, sich dort zu bewerben. Er hat zwar keine Berufserfahrung und bekommt von Sun eine Absage nach der anderen – doch das ist ihm egal. »Im Grunde ist eine Absage zu erhalten nichts anderes, als herauszufinden, welcher Weg *nicht* zum Ziel führt«, sagt er sich und bewirbt sich stur immer weiter. Außerdem nimmt er an allen kostenlosen Firmenevents in Wien teil und bestellt sich alles von Sun, was er kriegen kann – Produktblätter und Schulungskataloge, egal was, er studiert alles ganz genau. So hält er zumindest seine große Vision am Leben, irgendwann doch ein Teil dieser Firma zu werden.

Und dann passiert etwas, das klingt wie aus einem modernen Märchen: Eines Tages läutet das Telefon, und die Marketingabteilung von Sun meldet sich. Man habe gehört, dass es in Wien einen verrückten Fan gäbe, der sich schon über 70 Mal beworben habe. Mahlodji macht sich auf ein Donnerwetter gefasst, doch es kommt ganz anders. Weil es Suns Firmenphilosophie sei, ambitionierten Menschen eine Chance zu geben, lade man ihn zur nächsten großen Firmenkonferenz nach Berlin ein, Eintritt und Hotel frei. Mahlodji ist im siebten Himmel.

Er reist zur Konferenz, knüpft Kontakte, und tatsächlich bekommt er bald einen Praktikumsplatz bei Sun angeboten, der nach einiger Zeit in eine richtige Anstellung umgewandelt wird. Denn Mahlodjis Engagement und Begeisterung fallen auch in diesem Unternehmen positiv auf. Der einstige Schulabbrecher fängt an, richtig Karriere zu machen. Er steigt auf, wechselt zu Siemens, geht zurück zu Sun und hat immer höhere Gehälter und immer größere Dienstwagen, aber auch immer mehr Stress und berufliche Anfeindungen. Da, mitten im Höhenflug, stirbt sein Vater, und dieser Tod wirkt auf ihn wie eine Ernüchterung.

Ihm wird bewusst, wie groß der Druck in seinem Leben mittlerweile geworden ist, wie sehr ihn die Kämpfe an vielen Fronten bei Sun belasten. Als er auch noch eine Panikattacke erleidet, ist irgendwann das Maß voll. Mahlodij sagt sich, dass es im Leben um mehr gehe als um ein dickes Gehalt und schicke Autos, und hört als Manager bei Sun auf. Stattdessen nimmt er einen Job in einer kleinen Onlineagentur an, deren Chef er schon lange heimlich bewundert. Nebenher beginnt er, als Aushilfslehrer an einem Wiener Gymnasium zu unterrichten, und trifft dort auf Jugendliche, die ähnlich planlos sind, wie er es selbst in diesem Alter war. Da fällt ihm seine alte Idee mit dem Freundschaftsbuch wieder ein.

Ein solches »Wikipedia der Lebensgeschichten«, so denkt er sich, könnte diesen orientierungslosen Jugendlichen bei der Berufswahl enorm helfen. Und obwohl ihm wieder von vielen Seiten gesagt wird, so ein Projekt sei kaum zu verwirklichen – »sonst hätte es doch längst jemand im Silicon Valley gemacht« –, glaubt Mahlodji daran. Er reicht seine Idee 2011 bei einem österreichischen Gründerwettbewerb ein und gewinnt den Publikumspreis. Von dem Scheck kauft er eine Videokamera und fängt mit ein paar Jugendfreunden an zu drehen. Das erste Vorstellungsvideo wird eine Katastrophe, viel zu lang und chaotisch. Doch Mahlodji bleibt unbeirrt. Auf Partys erzählt er halb ernst, halb ironisch, er werde die Welt retten – zumindest das Leben einzelner Menschen, indem er ihnen eine Perspektive aufzeige.

Irgendwann hört ein Mitarbeiter des Österreichischen Rundfunks von der Idee und bietet an, einen Beitrag darüber zu machen. Dabei hat Mahlodji außer seiner Vision und etwas Rohmaterial noch gar nichts vorzuweisen. Doch das Angebot spornt ihn an. Er bastelt eine Website, stellt die ersten Videos online und nennt das Ganze *Whatchado* – nach dem amerikanischen Slang für *What do you do?,* Was machst du so? Tatsächlich bringt der ORF einen Bericht und tritt damit eine regelrechte Lawine los: Schon bald melden sich Unternehmen wie McDonald's und wollen wissen, was es koste, ihre Mitarbeiter auf der Seite vorzustellen. So eröffnet sich plötzlich eine Einnahmequelle, Mahlodji macht sich selbstständig, und aus dem Hobbyprojekt wird 2012 eine richtige Firma.

Heute bietet Whatchado Tausende von Videos zu allen möglichen Tätigkeiten an (und jeden Monat kommen etwa hundert neue dazu). Wer die Seite besucht, kann zur ersten Orientierung 14 Fragen über seine Vorstellung vom perfekten Arbeitsplatz beantworten: Will man viel reisen oder lieber im Büro bleiben? Ist einem der Verdienst oder der Spaß an der Sache wichtiger? Strebt man eher geistige oder körperliche Tätigkeiten an? Aufgrund dieser Angaben werden einem jene Videos empfohlen, die den höchsten Grad an Übereinstimmung haben – also von Menschen, die so ähnlich ticken wie man selbst.

Dabei ist die Palette der vorgestellten Berufe denkbar breit, reicht vom Astronauten über die Youtuberin bis zum Zauberer. In drei- bis fünfminütigen Videos antworten sie alle auf dieselben sieben Fragen: Was sind drei Ratschläge an dein 14-jähriges Ich? Worum geht es in deinem Job? Was steht auf deiner Visitenkarte? Was ist das Coolste an deinem Job? Welche Einschränkungen gibt es? Wie sieht dein Werdegang aus? Ginge es auch anders? Ehrlich und ohne Schnörkel geben die Interviewten Auskunft, erzählen von sich und ihrem Arbeitsalltag; dabei geht es stets um den jeweiligen Menschen und nicht darum, die Werbetrommel für irgendein Unternehmen zu rühren.

Mahlodji selbst hat 2015 den Titel des CEO an seinen Mitgründer und Kindheitsfreund Jubin Honarfar übergeben und tourt nun als *chief storyteller* durch die Lande. Ständig ist er unterwegs, hält

Vorträge vor Topmanagern wie vor Schülern und erzählt allen, dass in jedem Menschen ein unglaubliches Potenzial stecke und dass man manchmal nur nicht wisse, worin das bestehe. Seine Vision sei es, Menschen zu helfen, zu sich selbst zu finden, erzählt Mahlodji in seinem eigenen Whatchado-Video.[100] Und dass es in seinem Job heute vor allem darum gehe, »zu wirken und Menschen zu inspirieren«. Und weil er dabei so unkonventionell und authentisch auftritt, Witz und Optimismus versprüht, kommt er auch bei Jugendlichen bestens an. Eine Klasse schrieb ihm in einem Dankesbrief, endlich fühlten sie sich von jemandem verstanden. Kein Zweifel: Der Schulabbrecher von einst ist zum Botschafter der Zuversicht geworden.

IV. Der Treibsatz der Kreativität

Von der wilden Seite der Zuversicht, dem Kreativlabor der Jugend und den schöpferischen Seiten der Unsicherheit

Auch wenn Sie vielleicht von Ali Mahlodji zuvor noch nie gehört haben, könnte Ihnen das Muster seiner Geschichte bekannt vorkommen: Ein verlachter Außenseiter, der einen großen Traum gegen alle Bedenken verfolgt und damit am Ende selbst zum Vorbild wird – das ist eine geradezu prototypische Erzählung. Viele Innovationen werden aus dieser Art von überschäumender Zuversicht geboren, die sich von nichts und niemandem beirren lässt. Auch dass neue Entwicklungen auf Ideen aus der Kindheit oder der Jugend zurückgehen, ist nicht ungewöhnlich. Denn in jungen Jahren hat man einen unbestreitbaren Vorteil gegenüber allem Etablierten: man ist unvoreingenommen und betrachtet alles mit frischem Blick. Deshalb werden so viele Innovationen von sehr jungen Leuten angestoßen, eine Tatsache, der etwa das Silicon Valley seinen Ruf verdankt: Steve Jobs war 21 Jahre, als er mit dem 25-jährigen Steve Wozniak die Firma Apple gründete, Bill Gates war keine 20, als er Microsoft aus der Taufe hob. Und Whitney Wolfe war 22, als sie das erfolgreiche Dating Portal *Tinder* mit begründete.

Während die Geschichten von Jobs und Gates schon oft erzählt wurden, ist jene von Whitney Wolfe weniger bekannt – aber ebenso spannend. Schon zwei Jahre nach der Tinder-Gründung verließ sie das Unternehmen wieder, weil sie dort diskriminiert und sexuell belästigt worden war. Und noch im selben Jahr brachte sie – mit 24 Jahren – eine neue Dating-App auf den Markt, *Bumble* genannt, bei der nur Frauen den ersten Schritt machen können und die ihnen anzügliche und diskriminierende Bemerkungen erspart. Mittlerweile gilt diese als die am schnellsten wachsende Dating-App in ganz Amerika, und Whitney Wolfe (inzwischen verheiratete Herd) wird als die »Königin des digitalen Dating« gefeiert.[101]

Aus eigener Erfahrung wisse sie, wie leicht einen abfällige Bemerkungen verletzen, wie sehr sie einen verunsichern können, sagt Wolfe-Herd heute. »Diese Erfahrung will ich anderen ersparen. Ich glaube, dass Selbstbestimmung dabei eine wesentliche Rolle spielt.« Schon früher habe sie immer davon geträumt, »etwas zu bewirken – auch wenn mir nicht klar war, was das sein würde.« Erst ihr Weg habe ihr das Ziel vor Augen geführt: »Ich möchte mich für die Gleichberechtigung der Geschlechter einsetzen.«[102]

Ins Leere springen

So gilt in vielen Bereichen: Ihre besten Ideen ziehen Menschen oft aus den Träumen, die sie als Jugendliche oder junge Erwachsene hegen. Und von diesen Einfällen zehren sie oft ein Leben lang. Die Erfolgsstory der Beatles begann, als Paul McCartney mit 15 Jahren in die Schülerband des damals 17-jährigen John Lennon eintrat. Mick Jagger und Keith Richards beschlossen mit 17, gemeinsam Musik zu machen. Und die Popikone Madonna, die als erfolgreichste/r Solo-Künstler/-in aller Zeiten gilt, war 18 Jahre alt, als sie den Schlagzeuger Steve Bray traf, mit dem sie ihre ersten Songs und später einige ihrer größten Hits schrieb.

Oder nehmen wir die Wissenschaft: Als er mit seiner Relativitätstheorie die Physik revolutionierte (und im selben Jahr gleich noch drei andere bahnbrechende Arbeiten veröffentlichte), war Albert Einstein erst 26. Auch die seltsame Quantenphysik ist zum großen Teil das Werk eines ungestümen Jungforschers: Mit knapp

24 Jahren fand Werner Heisenberg die erste mathematische Formulierung der Quantentheorie. Dabei hatte er erst zwei Jahre zuvor mit Mühe seine Doktorprüfung geschafft; fast wäre er wegen mangelhafter Kenntnisse in Experimentalphysik durchgerasselt; nur auf Intervention seines Doktorvaters Arnold Sommerfeld bestand er. Doch es war vermutlich gerade Heisenbergs Vorteil, dass er vom Ballast des Bestehenden nicht übermäßig beschwert war. »Wirkliches Neuland«, so schrieb er in seinen Erinnerungen, »kann nur gewonnen werden, wenn man an einer entscheidenden Stelle bereit ist, den Grund zu verlassen, auf dem die bisherige Wissenschaft ruht, und gewissermaßen ins Leere zu springen.«[103]

Diesen Schritt vergleicht Heisenberg mit der Entdeckung Amerikas und der großen Leistung des Christoph Kolumbus: Diese habe nicht in der sorgfältigen Vorbereitung der Expedition bestanden oder in der fachmännischen Ausrüstung der Schiffe, sondern letztlich in dem Entschluss, »alles bis dahin bekannte Land zu verlassen und so weit nach Westen zu segeln, dass mit den vorhandenen Vorräten eine Umkehr nicht mehr möglich war«.

Dieses »Ins Leere springen« fällt jenen leichter, die mit leichtem Gepäck reisen und nicht so viel Besitz mit sich schleppen. Wobei auch geistiger »Besitz« zur Last fallen kann, also all das Wissen und die Überzeugungen, die man im Laufe eines Lebens so angesammelt hat. Denn diese Vorstellungen von richtig und falsch, von dem, was geht und was nicht, können sich als mächtige Bremsklötze auf der Suche nach neuen Lösungen erweisen.

Typisch dafür ist die Geschichte des Physikers Dan Shechtman: Anfang der 1980er-Jahre fiel ihm eine neue Form chemischer Gebilde auf, die eine sich niemals wiederholende Struktur aufwiesen. Doch die Existenz solcher »Quasikristalle« widersprach allen bis dahin gültigen Regeln der Kristallografie, und niemand wollte ihm glauben. Höchstpersönlich erklärte der zweifache Chemie-Nobelpreisträger Linus Pauling die Sache zum Unsinn: »Es gibt keine Quasikristalle, nur Quasiwissenschaftler.« Und der Leiter von Shechtmans Forschungsgruppe empfahl ihm dringend, noch einmal die Lehrbücher zu lesen; später drängte er ihn gar, die Gruppe zu verlassen, um sie nicht zu blamieren.[104] Dreißig Jahre später erhielt Shechtman für seine bahnbrechende Entdeckung den Nobelpreis und bewies: Selbst die größten Autoritäten können im Angesicht des Neuen irren.

Den Tiger am Schwanz führen

Wer in unbekanntes Terrain aufbrechen will, darf sich also nicht zu sehr von der Bedenkenträgerei des Establishments beeindrucken lassen. Nur weil etwas bislang unmöglich schien, heißt das nicht, dass es prinzipiell ausgeschlossen ist. Denn die Welt verändert sich jeden Tag, und das, was gestern noch richtig schien, kann morgen schon obsolet sein. Wer neue Entwicklungen anstoßen und Dinge konstruktiv verändern will, braucht daher nicht nur Chuzpe und Zutrauen in die eigenen Fähigkeiten, sondern ebenso Neugier und Zukunftsoffenheit. Wer meint, alles liege schon fest und sei unwandelbar, sitzt genau jener Illusion des Realismus auf, von der im vergangenen Kapitel die Rede war. Wie es der dort zitierte Sudhir Kakar auf den Punkt bringt: »Um handeln zu können, darf man nicht allzu realistisch sein.«

Sonst ergeht es einem noch so wie Ronald Wayne, dem häufig vergessenen »dritten Gründer« von Apple, der 1976 das Unternehmen zusammen mit Steve Jobs und Steve Wozniak aus der Taufe hob. Der damals 42-jährige Wayne war bei Weitem der erfahrenste der drei und fungierte als Streitschlichter zwischen Jobs und Wozniak (die ihm erschienen wie »Kinder«). Dafür erhielt er einen zehnprozentigen Anteil, der seinerzeit 800 Dollar wert war. Doch schon zwölf Tage später gab er seinen Anteil wieder zurück. Denn

Steve Jobs hatte vollmundig die Lieferung von einigen Dutzend (noch gar nicht existenten) Computern mit einem Händler vereinbart und dafür einen Kredit von 15 000 Dollar aufgenommen. Als Wayne das erfuhr, bekam er kalte Füße. Er war bereits zweimal in seinem Leben mit einem Unternehmen gescheitert und hatte jahrelang Schulden zurückzahlen müssen. Nun überkam ihn die Furcht, mit Apple könnte es ihm erneut so gehen, und er verzichtete kurzerhand auf seine Beteiligung. Ein gigantischer Irrtum: Heute wäre Wayne mit seinem 10-Prozent-Anteil ein vielfacher Multimilliardär.

Erfahrung ist eben nicht immer ein Schatz, sondern mitunter auch eine Bürde. In Bezug auf die Apple-Revolution gab Wayne später zu, er sei wohl schlicht »zu alt für so was« gewesen. Jobs und Wozniak hingegen seien ihm »wie Wirbelstürme« erschienen: »Es war, als würde man einen Tiger am Schwanz spazieren führen.«[105]

Tatsächlich ist diese Art von wilder, ungebändigter Energie oft notwendig, um sich gegen die ganzen Widerstände und Bedenken des Bestehenden zu behaupten. Natürlich ist es mit Wildheit alleine nicht getan; eine Firmengründung, eine wissenschaftliche Revolution oder die Entwicklung neuer Musikstile erfordern auch Zähigkeit, Durchhaltevermögen und harte Arbeit – und nicht zuletzt eine kräftige Portion Glück. Doch ohne diese stürmische Entschlossenheit und die Gewissheit, sich für die richtige Sache einzusetzen, geht es eben auch nicht. Wer etwas wirklich Neues in die Welt bringen will, muss ja gegen enorme Beharrungskräfte ankämpfen. Und das geht in der Regel nur mit einem Überschuss an Selbstvertrauen.

Der Mann auf dem Drahtseil

Wer von dieser wilden Seite der Zuversicht eine plastische Vorstellung bekommen möchte, dem sei der großartige Dokumentarfilm *Man on Wire* empfohlen (den es auch auf YouTube zu sehen gibt): Er zeichnet die unglaubliche Geschichte von Philippe Petit nach, der kurz vor seinem 25. Geburtstag illegal ein Drahtseil zwischen den Türmen des World Trade Centers spannte und in 417 Metern Höhe mehrfach von einem Turm zum anderen balancierte. Tausende von Menschen blieben damals, am 7. August 1974, ungläubig auf den Straßen Manhattans stehen, um das gewagte Schauspiel hoch über ihren Köpfen zu verfolgen; 45 Minuten balancierte Petit buchstäblich zwischen Himmel und Erde, bevor ihn die Polizei schließlich festnahm.

Der Film ist deshalb so sehenswert, weil er auch Szenen aus dem Leben des jungen Petit zeigt (der ein Rebell und Schulabbrecher war, ähnlich wie Mahlodji) und dokumentiert, wie dieser sich mit ein paar Freunden jahrelang auf den verrückten Drahtseilakt vorbereitet – bodenlos naiv und akribisch detailversessen, häufig zweifelnd und doch von der Größe dieses Traums so berauscht, dass immer wieder die Energie zum Weitermachen entsteht. Da wird gelacht und geliebt, endlos diskutiert und wieder verworfen, albern herumgeblödelt und zielstrebig geplant. So reist Petit einmal zur Vorbereitung nach New York und gibt sich im World Trade Center rotzfrech als junger Journalist aus, um die Sicherheitsvorkehrungen auszuspionieren und den Bauleiter zu interviewen – der tatsächlich geschmeichelt und bereitwillig Auskunft erteilt. Häufig wirkt das ganze Projekt wie ein kindisches Räuber-und-Gendarm-Spiel, das jederzeit aufzufliegen droht.

Doch gerade diese Art von Verrücktheit und Unangepasstheit hilft, sich von der Last des »Geht nicht, gibt's nicht« frei zu machen. Denn der Druck der etablierten Verhältnisse ist enorm. Und ohne dass wir es merken, unterliegen wir alle dem Zwang zum Konformismus und zur Anpassung an das Bestehende. Deshalb lautet auch einer der wichtigsten Ratschläge von Ali Mahlodji an sein 14-jähriges Ich: »Wenn Du in der Welt eine Regel siehst, die keinen Sinn macht, dann darfst Du sie brechen. Nicht das Gesetz, aber eine Regel darfst Du brechen, sonst entsteht nichts Neues in der Welt.«[106]

Die ewige Angst vor der Jugend

Naturgemäß ist dieser rebellische Hang zur Regelverletzung in jungen Jahren besonders ausgeprägt (auch wenn es manche schaffen, bis ins hohe Alter unangepasst und querköpfig zu bleiben). Respektlos werfen Jugendliche zunächst einmal alles über den Haufen, was ihnen von den älteren Generationen als erprobt und gesichert empfohlen wird, erfinden ihre eigene Sprache und ihre eigene Musik, erproben neue Kleidungsstile und Denkmuster. Häufig pendeln sie dabei zwischen Selbstüberschätzung und Selbstzweifeln hin und her, geben sich mal überlegen-erwachsen, dann wieder kindisch-unreif, was ihre Eltern leicht zum Wahnsinn treibt.

Deshalb ist auch die Klage über die angeblich faule und unnütze Jugend so alt wie die Menschheit. Schon mehr als 400 Jahre vor Christus monierte der griechische Denker Sokrates den mangelnden Anstand und Respekt der jungen Leute. Auch in den Tragödien des antiken Athen findet man häufig Belege für den Stereotyp der respektlosen jungen Männer.[107] Ständig werde dort der Zwist zwischen Alt und Jung thematisiert, sagt der britische Althistoriker Matthew Shipton, und immer wieder treffe man auf Denkmuster, die uns seltsam aktuell vorkommen: »Alles wird immer schlechter, man lebt in der schlimmsten aller Zeiten, und

Kinder respektieren ihre Eltern nicht mehr.« Offenbar denkt jede Generation, dass es spätestens mit dieser Generation bergab gehe.[108]

Für dieses Phänomen hat der Soziologe David Finkelhor sogar einen eigenen Begriff geprägt: Die *Juvenoia* (abgeleitet von juvenil und Paranoia) beschreibt für ihn die stete Angst vor der Jugend und um die Jugend.[109] Insbesondere gehe es dabei »um die übertriebene Besorgnis vor dem Effekt, den soziale Veränderungen auf Kinder haben«, erklärt der Soziologe von der University of New Hampshire. »Wir ziehen gern den Schluss, dass es schlecht um unsere Kinder steht. Und dass das wiederum unserer Gesellschaft schaden wird.«

Für Finkelhor ist das nicht zuletzt auf unsere Evolutionsgeschichte zurückzuführen. Da unsere Spezies sich über lange Zeit in recht stabilen Verhältnissen entwickelte, hätten Menschen evolutionär bedingt Angst vor Veränderungen. Alles, was neu und anders daherkomme, löse daher erst einmal Abwehr aus. Und jede Generation begreife sich als Hüter bestimmter Werte, die es gegen solche Angriffe zu verteidigen gelte. Je rasanter die äußere Veränderung, desto abwehrender die Reaktion – auch gegen die unbotmäßigen Ideen der eigenen Jugend.

Die Unsicherheit umarmen

Man kann das respektlose Verhalten der Jugendlichen allerdings auch ganz anders sehen – so, wie es die Philosophin Natalie Knapp versucht. Aus ihrer Perspektive haben das oft sprunghafte Verhalten und die innere Widersprüchlichkeit der Jugendlichen nämlich einen guten Sinn. Im »Kreativlabor« der Pubertät erlernen Jugendliche ihr zufolge »die Kunst mit dem höchsten Schwierigkeitsgrad«, nämlich »die Kunst, eine eigene Identität zu finden, eine eigene Peergroup, eine eigene Kultur, ein eigenes Leben«. Dabei helfe ihnen vor allem ihre Flexibilität und Experimentierfreude, die Fähigkeit, spontan etwas auszuprobieren, die Ansprüche der Eltern zu vergessen und im größten Chaos entspannt zu bleiben, und je nach Anforderung zwischen verschiedenen Zuständen hin und her zu pendeln.

Dieses Unfertige, Strukturlose, ermögliche Jugendlichen, eine der unsichersten Zeiten ihres Lebens zu überstehen, schreibt Knapp: »Sie sind in der Lage, unsichere Situationen oder ungeklärte Fragen über einen längeren Zeitraum auszuhalten. Sie besitzen ein hohes Maß an Unsicherheitstoleranz, also die Fähigkeit, Mehrdeutigkeiten und ungelöste Probleme ertragen und zwischen allen Stühlen sitzen zu können.«[110] Diese »Unsicherheitstoleranz« hilft allerdings nicht nur Jugendlichen, den Zustand zwischen dem Nicht-mehr-Kind-Sein und dem Noch-nicht-erwachsen-Sein zu bewältigen – sondern ist zugleich von entscheidender Bedeutung für alle kreativen Prozesse.

Als Erwachsene hingegen fällt es uns zunehmend schwer, solche unsicheren Schwebezustände auszuhalten. Stattdessen entwickeln wir einen starken Zwang zu innerer Eindeutigkeit. Nur im Umfeld von Bekanntem und Bewährtem empfinden wir Sicherheit, und lieber bevorzugen wir erprobte Wege, statt neue zu erkunden. Dabei enthielten gerade »unsichere, unklare und widersprüchliche Situationen« das Potenzial, unsere schöpferische Kreativität zu aktivieren, schreibt Knapp. Die Philosophin plädiert daher in ihrem Buch *Der unendliche Augenblick* dafür, solche Zeiten der Mehrdeutigkeit nicht als störend, sondern als schöpferisch wertvoll anzusehen und »mit der Unsicherheit Freundschaft zu schließen«.

Ganz ähnlich argumentiert die Soziologin und Wissenschaftsforscherin Helga Nowotny. Man müsse »die Ungewissheit umarmen«, schreibt die weitgereiste Denkerin, die im Laufe ihres Berufslebens an zehn verschiedenen Universitäten weltweit lehrte und Präsidentin des Europäischen Forschungsrates ERC war, des wichtigsten Fördergremiums für Wissenschaft in der EU. Heute ist Nowotny zwar längst emeritiert von ihrem Professorenposten an der ETH Zürich, doch ihren klaren Blick auf die Herausforderungen der Gegenwart hat sie auch mit über achtzig Jahren nicht verloren. Diese Herausforderungen erforderten eine viel größere Flexibilität im Umgang mit Neuem, Ungewissen, als wir es bisher gewohnt sind. »Statt an alten Regeln festzuhalten, geht es um eine Offenheit für neue Situationen und nicht lineare Entwicklungen«, sagt Nowotny. Damit aber tue man sich insbesondere in Deutschland schwer, »weil wir eine Politik und eine Bürokratie haben, die stark an Regeln hängen. Diese haben vielleicht bisher gut funktioniert – sind aber jetzt möglicherweise überholt.«[111]

Schließlich sei die Komplexität in der globalisierten, digitalisierten Welt enorm gewachsen. »Die Dinge sind viel mehr miteinander verwoben als früher: strukturell, global aber auch medial.« Weil zum Beispiel im weltweiten Finanzsystem Milliarden in Sekundenschnelle über den Globus hin und her geschoben werden, kann etwa eine Immobilienkrise in den USA die Weltwirtschaft an den Rand des Kollapses bringen. Weil ein Bürgerkrieg in Syrien Millionen Menschen in die Flucht treibt, droht am Ende die Europäische Gemeinschaft auseinanderzufliegen. »So ändert sich plötzlich vieles, was wir für selbstverständlich gehalten haben«, sagt Nowotny und plädiert für »eine neue Balance zwischen Regelhaftigkeit und Offenheit«.

Das aber falle gerade den Bürgern der westlichen Gesellschaften schwer. Denn »wir schleppen zu viel Gepäck aus der Vergangenheit mit uns herum, als Dinge noch auf eine andere Weise funktionierten«, sagt Nowotny, »und unsere Institutionen wurden für die Probleme einer anderen Zeit geschaffen.« Nun erwiesen sich viele für sicher gehaltene Annahmen als obsolet, und wir erlebten beinahe täglich, wie sich etwas als brüchig herausstellt, was wir für stabil erachteten. Deshalb müssten wir sowohl als Einzelne wie auch als Gesellschaft lernen, »bisweilen die bisherigen Regeln zu vergessen, vermeintliche Sachzwänge beiseitezuschieben und etwas Neues zu wagen – ohne genau zu wissen, was kommt«.

Wie das geht, kann man ausgerechnet von jenen Menschen lernen, die hierzulande oft nur als Problem angesehen werden, den Flüchtlingen. Denn sie mussten notgedrungen lernen, ihre gewohnten Regeln hinter sich zu lassen und die Ungewissheit zu umarmen. So berichtet Ali Mahlodji, dass seit seiner Flucht aus dem Iran für ihn und seine Familie »die Unsicherheit eine tägliche Konstante« war, ja, sogar zu seinem »besten Freund« wurde. »Kennt man nur ein Leben voller Sicherheiten, stürzt man bei Unsicherheit ins Bodenlose. Kennt man allerdings die Unsicherheit als Konstante des Lebens, trifft es einen nicht so schwer, wenn sich die eigene Welt plötzlich verändert«, schreibt er in seiner Biografie.

Durch seine Fluchtgeschichte und seine Armut fühlte er sich als Junge gegenüber seinen gut situierten Mitschülern sogar in gewisser Hinsicht im Vorteil. Während diese ihn damit aufzogen, dass er immer dieselben Klamotten anhatte, stellte er fest, dass sie »alles hatten, aber nicht verstanden, wie reich ihr Leben eigentlich war«. Später wurde ihm klar, dass Menschen, die von Anfang an ein gutes Leben haben und privilegiert sind, unbewusst oft Verlustängste in sich tragen. »Sie fühlen sich unfrei, weil sie ständig Angst haben, ihren hohen Lebensstandard zu verlieren.« Und sie seien nicht in der Lage, »sich vorzustellen, wie das Leben ohne diese Sicherheiten ist«. Für ihn selbst war die Unsicherheit dagegen weniger mit Angst verbunden, sondern eher mit dem Gefühl, sich vom Leben überraschen zu lassen. »Wenn etwas gut lief, freute ich mich mehr als alle anderen um mich herum, und wenn etwas schlecht lief, war es für mich einfacher, dies zu akzeptieren.«[112]

Mit einer Rose als Stütze

Was für Mahlodji und Jugendliche im Allgemeinen gilt, betrifft in einer historischen Umbruchsituation – wie wir sie derzeit erleben – im Prinzip uns alle. In solchen Zeiten, in denen alles im Fluss ist, bringt es wenig, an den gewohnten Sicherheiten krampfhaft festhalten zu wollen. Vielmehr kommt es darauf an, sich auf die Veränderung einzustellen und darauf zu vertrauen, dass aus der Unsicherheit etwas Neues entsteht.

»Ich setzte meinen Fuß in die Luft, und sie trug« – so beschrieb die Lyrikerin Hilde Domin einmal ihre Fluchterfahrungen während des Zweiten Weltkriegs. Wegen ihrer jüdischen Herkunft musste sie immer wieder alle Sicherheiten aufgeben und von vorn beginnen. Von Italien aus floh sie 1939 mit ihrem Mann nach England, von dort nach Kanada und später in die Dominikanische Republik, wo sie ein neues Leben begann. Hätte sie am Gewohnten festgehalten, wäre sie vermutlich untergegangen. Was ihr dagegen half, war die Zuversicht, dass ihr das Leben immer wieder aus dem Nichts eine Brücke bauen würde – »mit nur einer Rose als Stütze«, wie der Titel ihres ersten Gedichtbandes lautete.[113]

Denn im Exil, geplagt von Einsamkeitsgefühlen und der zeitweiligen Entfremdung von ihrem Mann, begann Hilde Domin zu schreiben. Sie fand Worte für das schwebende Gefühl der Heimatlosigkeit und poetische Bilder für das schwer Fassbare, was sie einmal selbst als ihre »Alternative zum Selbstmord« bezeichnete. Nach und nach veröffentlichte sie mehrere Gedichtbände, einen Roman und verschiedene Essays. 1953 kam sie mit ihrem Mann zurück nach Deutschland, wurde mit vielen Preisen geehrt und erhielt kurz vor ihrem Tod 2006 noch den höchsten Orden der Dominikanischen Republik. Ihr anhaltender Erfolg beim Publikum, so schrieb *Der Tagesspiegel* zu ihrem Tod, »verdankte sich nicht nur der eingängigen Metaphorik ihrer Texte, sondern auch dem

Grundgestus der Zuversicht, mit dem sie sich scharf von der radikalen Negativität ihres Schicksalsgefährten Paul Celan abgrenzte«.[114]

Diese Zuversicht und die Erfahrung, dass »die Luft trägt«, können aber nur gewonnen werden, wenn man die gewohnten Sicherheiten und vermeintlich stabilen Fundamente einmal hinter sich lässt. Und das tun wir in der Regel nur, wenn wir dazu gezwungen werden. Zum Beispiel, wenn politische Umstände eine Flucht erfordern; oder wenn existenzielle Krisen uns vor die Notwendigkeit stellen, unser Leben neu zu erfinden – wie es bei Trennungen, Krankheiten, Todesfällen oder Berufswechseln der Fall ist; auch die üblichen altersbedingten Übergänge in neue Lebensphasen erfordern immer wieder die Zuversicht, dass aus dem Formlosen heraus eine tragfähige Realität entsteht. Das erleben nicht nur Jugendliche beim Übergang ins Erwachsenenalter oder Arbeitnehmer beim Wechsel in die Rente – sondern auch alle Mütter und Väter, die Kinder in die Welt setzen.

Bereits die Geburt ist ein Unternehmen voller Unsicherheiten. Man kann sich zwar auf jede erdenkliche Weise vorbereiten, medizinische Tests absolvieren, Geburtsvorbereitungskurse besuchen und alle möglichen Menschen um Rat fragen. Doch wie die Geburt des eigenen Kindes dann tatsächlich abläuft, wie lange sie dauert und wie problematisch (oder problemlos) sie am Ende wird, kann keine Frau mit Sicherheit vorher wissen. Denn bei aller medizinischen Raffinesse ist die Geburt immer noch ein Prozess, der nur bedingt steuerbar ist (sofern man sich nicht für einen Kaiserschnitt entscheidet). Irgendwann kommt bei jeder Gebärenden der Punkt, an dem sie innerlich loslassen und darauf vertrauen muss, dass ihr Körper (und das werdende Kind) schon von alleine wissen, was notwendig und zu tun ist.

Auch später, wenn der Nachwuchs größer wird, braucht es jede Menge Vertrauen vonseiten der Eltern. Schließlich wachsen die eigenen Kinder in eine Zukunft hinein, von der niemand genau sagen kann, wie sie einmal aussehen wird. Sie auf diesem Weg ins Ungewisse zu begleiten, sie zu unterstützen und ihnen Mut zu machen, selbst wenn man den Weg selbst nicht wirklich kennt – das geht nur mit einem großen Maß an Zuversicht und Unsicherheitstoleranz.

Wie man Unsicherheitstoleranz trainiert

Da hilft es, wenn man selbst im Kopf jung bleibt und sich immer wieder auf Unvorhergesehenes einstellen kann. Die dazu nötige geistige Beweglichkeit leidet jedoch, wenn wir uns Tag für Tag im selben Trott bewegen. Wer sich in der routinierten Bequemlichkeit allzu behaglich einrichtet, wird schon von der kleinsten Änderung aus dem Konzept und an den Rand seiner Nervenkraft gebracht. Als Prophylaxe empfiehlt es sich deshalb, immer mal wieder aus den gewohnten Bahnen auszubrechen und gezielt neue Erfahrungen zu suchen. Das müssen nicht immer große Reisen sein, oft reichen schon kleine Veränderungen im Alltag.

So fördert es etwa die geistige Beweglichkeit, wenn man:

- ab und zu bewusst einen anderen Arbeitsweg als sonst einschlägt (auch wenn es ein Umweg ist);
- als Rechtshänder einmal bewusst alles mit links erledigt (Linkshänder dementsprechend mit rechts) oder andere Bewegungsabläufe erprobt, zum Beispiel sich in anderer Reihenfolge ankleidet als gewohnt;
- im Mitarbeitermeeting oder im Stammlokal einmal *nicht* auf dem Stammplatz sitzt, sondern einen neuen Platz (und damit einen neuen Blickwinkel) wählt;
- neue Lokale aufsucht oder Gerichte wählt, die man nicht kennt;

- den Kontakt zu Altersgruppen sucht, die einem fremd sind;
- oder indem man täglich eine kleine Mutprobe wagt. Das kann vom Tragen zweier verschiedenfarbiger Socken über das gezielte Ansprechen fremder Menschen auf der Straße bis zum bewussten Bruch mit den üblichen Konventionen gehen.

Der Coach Jens Corssen empfiehlt zum Beispiel gerne die Übung, mit erhobenen Armen auf einer belebten Straße herumzulaufen und dabei laut »Kuckuck« zu rufen. Damit tue man niemandem weh und breche kein Gesetz – und trainiere doch die innere Widerstandskraft. Denn man verstößt gegen das übliche, »angemessene« Verhalten und damit gegen das ungeschriebene Gesetz des Konformismus. Tatsächlich sind solche kleinen Übungen ein gutes Training, um dem unterschwelligen Anpassungsdruck an das Gewohnte zu widerstehen. Probieren Sie es ruhig einmal aus. Das Schlimmste, das Ihnen dabei geschehen kann, sind die erstaunten Blicke der Passanten.

Solche kleinen Abweichungen vom Alltäglichen lockern nicht nur unsere eingefahrenen Denkmuster auf, sondern machen uns zugleich toleranter gegenüber dem abweichenden Verhalten anderer. Statt uns etwa über das unreif erscheinende Gehabe verrückter Jugendlicher aufzuregen, könnten wir zum Beispiel feststellen, dass sie versuchen, sich in einer ambivalenten, unsicheren Welt zu orientieren und eigene Spielregeln und Werte zu finden. Und statt ihr unendliches Handy-Gedaddel und das Geschnatter in den sozialen Netzwerken nur als schädliche Sucht zu begreifen, könnten wir darin auch die Erprobung neuer Kommunikations- und Organisationsformen in der digitalen Welt sehen (was nicht heißt, dass jedem Ballerspiel gleichsam höhere Weihen zukommen).

Wie groß das Potenzial ist, das in ganz normalen Schülern einer gewöhnlichen Schule steckt, wurde etwa am 24. März 2018 deutlich, als in den USA über eine Million Amerikaner zum *March for our Lives* auf die Straße gingen. Auslöser war das Attentat auf eine Highschool in Parkland (Florida) gewesen, bei dem einige Wochen zuvor ein 19-Jähriger 17 Menschen erschossen hatte. Weil die Reaktion der Politik auf das Massaker so enttäuschend ausfiel – statt eines schärferen Waffenverbots empfahl US-Präsident Trump eine stärkere Bewaffnung der Lehrer –, initiierten die Schüler eine beispiellose Protestbewegung.

Alles begann mit rund zwanzig Schülern, die das Massaker an der Marjory-Stoneman-Douglas-Highschool (MSD) überlebt hatten. Sie gründeten die Gruppe *Never Again MSD* und forderten eine stärkere Kontrolle des Schusswaffenbesitzes und eine Begrenzung des politischen Einflusses der mächtigen National Rifle Association. In früheren Zeiten hätte so eine Schülerinitiative allenfalls lokales Aufsehen erregt. Doch über Twitter und Facebook erzielte sie eine enorme Öffentlichkeitswirkung, die Schüler wurden ins Fernsehen eingeladen und erhielten schließlich Spenden von Prominenten wie Steven Spielberg, George Clooney oder der Talkmasterin Oprah Winfrey, die am Ende insgesamt mehrere Millionen Dollar betrugen.

Auf diese Weise entwickelte sich die Initiative der 16-, 17- und 18-Jährigen allmählich zu einer landesweiten Bewegung, die breiten Rückhalt in der Bevölkerung fand und am Ende sogar die Politik in Zugzwang brachte – gerade weil die Schüler nicht parteipolitisch argumentierten, sondern dem schlichten (man könnte auch sagen: naiven) Wunsch nach Frieden Ausdruck verliehen.

Dabei trugen die Schüler ihr Anliegen zum Teil erstaunlich souverän vor. Bei der Kundgebung zum *March for our Lives* trat etwa die 18-jährige Emma González selbstsicher auf die Bühne vor dem Kapitol in Washington, trug in einer Art Gedicht die Namen aller getöteten Schüler und Lehrer von Parkland vor – und schwieg dann einfach. Sechs Minuten und 20 Sekunden, genauso lange wie das Massaker gedauert hatte, stand sie stumm vor Tausenden von Menschen (und den Kameras, die ihr Bild in alle Welt trugen), hielt die Spannung und schuf auf diese Weise einen gemeinsamen Raum der Stille und der Trauer, der wirkungsvoller war als alle Worte. Zugleich bewies sie mit ihrem bewegenden Auftritt (den man sich selbst im Video ansehen sollte[115]) ein enormes Gespür für die öffentliche Inszenierung von Gefühlen.

Dabei hatte zuvor nichts darauf hingewiesen, dass die Schüler der Marjory-Stoneman-Douglas-Highschool in irgendeiner Weise besonders oder außergewöhnlich wären (was sie vermutlich auch nicht sind). Es war wohl eher so, dass im Moment der Katastrophe all diese Fähigkeiten zur politischen Organisation, zur Verteidigung grundlegender Werte und zur medialen Verbreitung des eigenen Anliegens zutage traten – Fähigkeiten, die den Schülern kaum ein Erwachsener zugetraut hätte und die am Ende selbst *DIE ZEIT* zu der euphorischen Aussage hinriss: »Amerikas Kinder sind die letzte Hoffnung, das Land zu retten.«[116]

Wo Zukunftsvisionen entstehen

Gerade in einer alternden Gesellschaft wie der deutschen – die neben der japanischen die älteste Bevölkerung weltweit hat – ist die Zuversicht der Jugend eine extrem wertvolle Ressource. Wer noch ein ganzes Leben vor sich hat, widersetzt sich leichter der resignierenden Bequemlichkeit des »Man kann ja doch nichts tun«. Und wer über weniger Erfahrung verfügt, hat den Vorteil, auch weniger Fehlschläge erlebt zu haben. Deshalb wagen Jüngere selbst dort noch einmal einen Anlauf, wo vor ihnen schon viele andere gescheitert sind – und halten somit die Chance offen, dass es diesmal eben doch klappen könnte, so wie es in der Geschichte der Menschheit immer wieder geschah: dass die Sklaverei irgendwann eben doch abgeschafft wird, dass die Rassentrennung aufgehoben wird, dass die Gleichberechtigung von Mann und Frau Wirklichkeit und ein gerechtes Gesellschaftsmodell möglich wird.

Und weil auch den Unternehmen klar ist, dass die heutigen Vorstellungen der Jüngeren die Zukunft von morgen bestimmen, suchen sie inzwischen gezielt deren Expertise. So hat etwa der Axel Springer Verlag, eines der größten Verlagshäuser in Europa, einen »Jüngstenrat« eingerichtet. Dieser besteht aus sechs Mitarbeitern unter dreißig Jahren, die ein- bis zweimal im Monat mit den Vorständen intensiv über die strategische Ausrichtung, Investitionen und neue Technologien diskutieren.[117] Auch anderswo wird mit solchen »Jungräten« experimentiert. Sie sollen sicherstellen, dass die Unternehmen vorwärtsgewandt und innovativ bleiben und sich nicht auf alten Lorbeeren ausruhen – eine Idee, die man auch Deutschlands Politik empfehlen möchte. Denn in allzu vielen Bereichen ist man hierzulande mit rückwärtsgewandter Bewahrung beschäftigt, mit der Verteidigung des Bestehenden, statt mit dem Entwickeln mutiger und origineller Visionen für die Zukunft.

Nicht dass es solche Visionen nicht gäbe. An vielen Orten wird über neue Gesellschaftsmodelle nachgedacht, über Tauschbörsen und Sharing-Konzepte, bedingungsloses Grundeinkommen, nachhaltige Wirtschaftskonzepte und über technische Lösungen für eine sauberere Umwelt. In Berlin sammelt etwa die Stiftung *FUTURZWEI* schon seit Jahren »Geschichten des Gelingens«, die Alternativen aufzeigen und vorbildliche neue Projekte vorstellen. Mit einer Vielzahl von Veranstaltungen, Bündnissen, Projekten und Aktionen ist das Team um den Sozialpsychologen

Harald Welzer auf der Suche nach Alternativen zum *business as usual* und Wegen zu einer »zukunftsfähigen, enkeltauglichen, offenen Gesellschaft«.[118]

In der Schweiz versucht die Initiative Euforia gezielt die Innovationskraft und die Ideen junger Leute zum Tragen zu bringen um »die Welt zu einem besseren Ort« zu machen. Euforia bietet Workshops zur Planung sozialer und ökologischer Projekte an, bringt hoffnungsvolle Utopisten mit erfahrenen Kampagnenexperten zusammen und bildet junge Menschen zu *changemakers* und *transformative leaders* aus.[119] Ein ähnliches Ziel verfolgt das Young European Collective, das mit Onlinepetitionen oder digitalen Initiativen politische Prozesse anzustoßen versucht. Gelungen ist das etwa mit der Initiative #FreeInterrail, die dazu führte, dass die EU-Kommission kostenlose Interrail-Tickets für junge Europäer finanziert, damit diese einen Bezug zu dem abstrakten Gebilde »Europa« bekommen.[120] Für die Initiatoren der Kampagne, Vincent-Immanuel Herr und Martin Speer, ist das erst der Anfang. Unter dem Hashtag #TunWirWas rufen sie ihre Generation zum politischen Engagement auf.[121]

Als Labor für angewandte Veränderungen agiert auch die Innovationsstiftung Nesta (*National Endowment for Science, Technology and the Arts*) in London. Dort wird vor allem darüber nachgedacht, wie man das Internet und die mittlerweile riesigen Datenschätze einsetzen kann, um praktische Verbesserungen in allen möglichen Bereichen zu erzielen. So haben die Nesta-Reformer etwa eine Gesundheits-App entwickelt, die medizinisch geschulte Menschen zusammenruft, wenn in der Nähe ein Notfall geschehen ist. Und um die Demokratie zu verbessern, haben sie ein Programm für lokale Mitbestimmung entwickelt, das in Madrid eingesetzt wird: Jeder Stadtbürger kann neue Gesetze vorschlagen, und wenn eine Eingabe hinreichend unterstützt wird, stimmen die Bewohner darüber ab.[122]

Oder nehmen wir den aus Laos stammenden Architekten Van Bo Le-Mentzel, der heute in Berlin lebt und die Deutschen immer wieder mit ungewöhnlichen Ideen verblüfft. Bekannt wurde er durch die Entwicklung seiner Hartz-IV-Designermöbel, die für jedermann zum Selbstbau mit geringem Kostenaufwand geeignet sind. Auch sein Projekt der »100-Euro-Wohnung« soll Menschen mit wenig Geld eine Bleibe ermöglichen. Die kleinste Wohneinheit ist nur 6,4 Quadratmeter groß, beinhaltet auf engstem Raum Küche, Bad, Büro, Schlafzimmer und Wohnstube und kann auf einem Anhänger durch die Gegend gefahren oder mit anderen *tiny houses* zu größeren Wohneinheiten zusammengeschlossen werden.[123]

Ähnlich wie Ali Mahlodji hat auch Van Bo Le-Mentzel eine Flucht und eine schwierige Jugendzeit hinter sich. Und ähnlich wie der Whatchado-Gründer beherrscht der Architekt die Kunst, unsicheren Verhältnissen ein Feuerwerk an kreativen Einfällen entgegenzusetzen. Geht es nicht vielleicht auch ohne festen Wohnsitz? Brauchen wir heutzutage überhaupt noch so etwas wie Staatsangehörigkeiten? »Wäre es in einer globalisierten Welt nicht eh zeitgemäßer, sich einer politischen Idee zugehörig zu erklären statt einem Staat? Ideen statt ID«, träumt Le-Mentzel. »Wir hätten keine ID-Cards und Personalausweise, sondern *Idea*-Cards und Persönlichkeitsausweise. Darin würden Menschenwürde, Familiensinn und Karma-Ökonomie stehen. Und ich würde mich allen Gemeinschaften der Welt zugehörig fühlen, die genau diese Ideen zum Ideal erklären.«[124]

Klingt verrückt? Natürlich. Aber so verrückt haben anfangs schon viele Utopien in den Ohren der Zeitgenossen geklungen, die uns heute völlig selbstverständlich erscheinen. Und manchmal braucht es gerade solche utopischen Träume, um jene Lust auf die Zukunft zu erzeugen, die heute vielen Menschen so schmerzlich abgeht. Zumindest belegen diese Beispiele, dass es durchaus Ideen und Entwürfe für eine bessere Gesellschaft gibt. Nur kommen diese in der Regel nicht von oben, von Regierungen oder politischen Parteien, sondern wachsen eher von unten, von lokalen Initiativen, einzelnen Aktivisten oder Stiftungen, die mit konkreten Beispielen und Experimenten den Samen für große Veränderungen legen.

Dass längst nicht jede Saat aufgeht und so manche Utopie kläglich scheitert – nun ja, das gehört zu dieser Art von Entwicklungsarbeit dazu. Auch dass die Reformer anfangs meist belächelt werden, so wie Ali Mahlodji mit seinem Traum, ist normal: Die meisten Menschen haben nun einmal Mühe mit der Vorstellung, dass sich Dinge tatsächlich verändern und verrückte Ideen eines Tages Wirklichkeit werden können. Im Zweifelsfall hilft es, sich an die Devise von Vaclav Havel zu erinnern, wonach es weniger auf den Beifall der anderen ankommt, sondern mehr auf die Gewissheit, dass das eigene Anliegen sinnvoll ist. Denn wer über solch eine Gewissheit verfügt, hat schließlich schon gewonnen – egal, wie lange die Umsetzung dauern mag.

LÉLIA UND SEBASTIÃO SALGADO – DAS PAAR DER GENESIS

Er hat die Abgründe des Menschlichen ausgelotet wie kaum ein anderer und mehr Elend gesehen, als ein einzelner Mensch eigentlich ertragen kann. Fast wäre er selbst daran zugrunde gegangen. Umso erhellender sind die Umstände seiner Rettung: Wie ihm seine Frau aus der tiefsten Depression heraushalf, wie sie gemeinsam ein Hoffnungsprojekt starteten, das heute Menschen auf der ganzen Welt inspiriert – das ist eine Geschichte, die nicht nur von Zuversicht handelt, sondern auch von der Kraft der Liebe, der Schönheit der Natur und der Regenerationskraft des Lebens.

Lélia und Sebastião Salgado

Eine »Liebeserklärung an den Planeten« haben Lélia und Sebastião Salgado ihr Projekt *Genesis* genannt: eine epische Fotoreportage über die letzten unberührten Orte dieses Planeten, über Landschaften, Tiere und Urvölker, die noch leben, als existierte die Welt wie am ersten Tag der Schöpfung.[125] Im dicht besiedelten Europa kann man es sich kaum vorstellen, doch tatsächlich gibt es sie noch: Landschaften, Tiere und uralte Völker, die dem langen – und oft zerstörerischen – Arm der modernen Zivilisation entgangen sind. Man findet sie in riesigen, fast unberührten Wüsten, in den gefrorenen Landschaften der Antarktis, in den unzugänglichen Regionen der Hochgebirge und den Tiefen tropischer Wälder – in »unermesslich weiten Gebieten mit enormer Artenvielfalt, die erstaunlicherweise fast die Hälfte des Erdballs bedecken«, wie die Salgados in *Genesis* schreiben. In ihrem »Buch vom Anfang« haben sie diese Unberührtheit und den ewigen Zyklus des Lebens in atemberaubenden Bildern festgehalten.

Acht Jahre lang ist Sebastião (oft gemeinsam mit Lélia) dazu um die Welt gereist, zu Fuß, per Schiff, in kleinen Flugzeugen oder Fesselballonen. Er hat einen irrsinnigen Aufwand für jedes einzelne Bild getrieben, sie hat am Ende die Auswahl und Kuratierung der Fotos übernommen. Herausgekommen sind monumentale Schwarz-Weiß-Aufnahmen, die selbst in Museen gezeigt wurden und die den Vergleich mit den Gemälden alter Meister nicht zu scheuen brauchen. Den »Rembrandt der Fotografie« hat man Salgado genannt, weil er es meisterhaft versteht, mit Licht und Schatten zu malen – so wie es im Wort Fotographie (von griechisch *phos* = Licht, und *graphein* = zeichnen) angelegt ist.

All seinen Bildern haftet etwas Ikonisches an, das sich dem Betrachter nachhaltig ins Gedächtnis brennt und Salgado weltberühmt machte. Allerdings waren es keine Naturaufnahmen, die seinen Ruhm begründeten, sondern sozialkritische Fotos. Jahrzehntelang war Salgado zu den Brennpunkten der Not gereist und hatte die

Gräuel der Menschheit dokumentiert; Kriegsopfer in Angola[126] und die fürchterliche Hungersnot in der Sahel-Zone;[127] das Elend der weltweiten Flüchtlingsströme oder die entsetzlichen Folgen des Bürgerkriegs in Srebrenica. Vor keinem Abgrund schreckte er zurück, er nahm Kuwaits brennende Ölfelder im Golf-Krieg[128] ebenso in den Fokus seiner Kamera wie die Genozid-Opfer in Ruanda – bis er an diesen Reisen ins Dunkle der menschlichen Existenz beinahe selbst gestorben wäre.

Um zu verstehen, was ihn dahin gebracht hat – und was ihn gerettet hat –, muss man nicht nur Sebastiãos Geschichte kennen, sondern auch die gemeinsame mit seiner Frau Lélia. Denn ohne sie, die mit ihm seit über fünfzig Jahren eine kongeniale Lebens- und Arbeitssymbiose bildet, wäre seine Arbeit undenkbar. Lélia ist nicht nur die große Liebe in Sebastiãos Leben und die Mutter seiner beiden Söhne, sondern auch die Frau, die ihn zu seinen kühnsten Projekten inspiriert, sie mit ihm plant und am Ende die Vermarktung übernimmt. Ja, Lélia hat ihn überhaupt erst zum Fotografieren gebracht. »Ohne mich wäre er ein Banker geworden«, sagt sie selbst.[129] Denn als sie 1967 in São Paulo heirateten, strebte Sebastião noch eine Karriere als Ökonom an. Die Pianistin und Musikstudentin Lélia Deluiz Wanick hingegen war die musisch Begabtere der beiden, die sich später als Erste eine Kamera kaufte – mit der dann Sebastião zu fotografieren begann.

Bis dahin hatten die beiden bereits ein bewegtes Leben hinter sich. Sebastião war als einziger Sohn mit sieben Schwestern auf einer Fazenda, einem großen Landgut im brasilianischen Regenwald, groß geworden, einem »sagenhaft schönen Ort«, wie er selbst sagt. »Ich wuchs mit fantastischen Vögeln und Tieren auf, ich schwamm zusammen mit Kaimanen in unseren kleinen Flüssen.« 35 Familien lebten dort, und nahezu alles, was sie auf dieser Farm produzierten, verbrauchten sie selbst – mit Ausnahme riesiger Rinderherden, die einmal im Jahr, in einer wochenlangen Reise, zum Schlachten gebracht wurden. Doch mit 15 Jahren wurde ihm selbst dieses Paradies zu eng; er ging in die nächstgrößere Stadt, um seinen Schulabschluss zu machen, lernte das Leben und die Politik kennen, wurde zum linken Aktivisten, begann sein Studium – und es passierte das, was er selbst als »das Wichtigste in meinem Leben« beschreibt: Er lernte »ein atemberaubendes Mädchen kennen, das ein Leben lang meine beste Freundin werden sollte und meine Unterstützerin in allem, was ich bis heute getan habe« – die 17-jährige bildschöne Lélia Deluiz Wanick.

Doch weil damals Brasilien eine Militärdiktatur war und beide sich im studentischen Widerstand engagierten, standen sie irgendwann vor der Entscheidung, entweder in den Untergrund abzutauchen oder ins Ausland zu emigrieren. Sie entscheiden sich für Letzteres und ziehen nach Paris, wo Sebastião eine wirtschaftswissenschaftliche Dissertation schreibt, während Lélia beginnt, Architektur zu studieren – und eine Leica kauft. »Für meine Architekturstudien hatte ich mir eine Kamera gekauft, ohne mir vorzustellen, dass sie in Salgado eine solche Leidenschaft für Fotografie auslösen sollte«, erzählt sie. »Diese Entscheidung hat unser Leben verändert.«

Nachdem Sebastião seinen ersten Job bei einer Investmentbank angenommen hat, reist er häufig im Auftrag der Weltbank nach Afrika zu Entwicklungsprojekten – und die Kamera reist immer mit. Das Fotografieren begeistert ihn so sehr, dass er 1973 beschließt, die einträgliche Stelle als Ökonom an den Nagel zu hängen und Fotojournalist zu werden. Die Entscheidung erfordert Mut, denn mit einem Schlag müssen die Salgados von vorne beginnen. Zudem wird 1974 ihr erster Sohn Juliano geboren, sodass auch noch eine Familie zu versorgen ist.

Doch sie halten zusammen, und Sebastião beginnt, sich einen Namen zu machen. Zunächst fotografiert er für die Agentur Sygma, später wird er in die angesehene Magnum-Agentur aufgenommen. Er reist um die Welt, besucht Afrika, Europa und Lateinamerika und beginnt jene Langzeitprojekte, die ihn berühmt machen sollten. Wochenlang lebt er bei jenen Menschen, die er portraitieren möchte, teilt ihr Leben, ihren Schmerz und ihre Hoffnungen. »Man hat mich einen Fotojournalisten genannt, einen ethnografischen Fotografen, einen Aktivismus-Fotografen, aber ich tat viel mehr als das: Ich machte Fotografie zu meinem Leben«, sagt Salgado heute.[130] Dabei geht es ihm nicht nur um ausdrucksstarke Bilder. Sein ökonomisches Wissen versetzt ihn auch in die Lage, wirtschaftliche und politische Zusammenhänge zu sehen und diese in seiner Fotografie einzufangen. So entstehen jene ikonischen Aufnahmen, in denen stets mehr mitschwingt als nur das gezeigte Motiv.[131]

Da ist etwa 1986 die Fotoreportage über die Goldschürfer in der brasilianischen Goldmine Serra Pelada, einem gigantischen Erdloch, in dem 50 000 Menschen schuften und mit bloßer Muskelkraft die Erde nach oben schleppen. Als er das zum ersten Mal gesehen habe, erzählt Salgado, seien ihm alle Haare zu Berge gestanden. »Vor mir erschien im Bruchteil von Sekunden die Geschichte der Menschheit, die Geschichte vom Bau der Pyramiden, der Turm von Babel, die Minen des König Salomon.« Angesichts dieses menschlichen Gewusels, der Gier nach Gold und der Armseligkeit der Ausrüstung habe er sich »an den Anfang der Zeit« zurückversetzt gefühlt. Und genau dieses archetypische Gefühl vermitteln seine Aufnahmen von Serra Pelada, die später den Dokumentarfilmer Wim Wenders dazu bringen, einen ganzen Film über Salgado zu drehen.[132]

Während Sebastião in diesen Zeiten monatelang unterwegs ist, organisiert Lélia zu Hause die Logistik und das Familienleben. Nach Juliano wird 1981 Rodrigo geboren, der am Down-Syndrom leidet, und manchmal, gibt sie zu, sei es schwer gewesen. Aber als Opfer sieht sie sich nicht. »Es ist sehr schön, zusammen gehen zu können«, sagt sie heute, »es ist schön, dasselbe Ziel im Leben zu haben.« Ihr Paarleben beschreibt sie vor allem als komplementär: »Fotografen brauchen Unterstützung. Wenn sie weit weg reisen, um Bilder zu machen, brauchen sie jemanden, der auf ihr Leben aufpasst.« Das habe sie getan. Und weil sie Architektur studiert hat, besitzt sie ein Gespür für Fotobücher und -ausstellungen. »Auch da geht es ja um das Organisieren von Raum.«

So wendet sich die Stadtplanerin in den 80er-Jahren ebenfalls der Fotografie zu und organisiert – neben der Erziehung ihrer Kinder – als Leiterin der Magnum Galerie in Paris die ersten großen Ausstellungen ihres Mannes. Dass er oft lange abwesend war, sei »nie ein Problem für mich« gewesen. »Denn ich liebe auch sehr meine Unabhängigkeit. Und wir haben einen Weg gefunden, um meine Unabhängigkeit mit seiner Arbeit zu versöhnen.«[133]

In den 90er-Jahren – Salgado ist inzwischen weltbekannt – beginnt er eine ausgedehnte Reportage über die weltweite Migration. Sechs Jahre lang reist er durch vierzig Länder und fotografiert Menschen, die auf der Flucht sind, in Lagern leben oder in Slums.[134] Dabei entstehen Aufnahmen von verzweifelten Menschen, die von ihren Politikern und der Weltgemeinschaft im Stich gelassen wurden; von ausgezehrten Flüchtlingen, die auf endlosen Straßen dahinziehen oder über Felsen hasten, während sich auf ihren Rücken knochendürre Alte festkrallen oder Kinder in ihren Armen sterben. Diese Bilder gehen nicht nur dem Publikum unter die Haut, sondern auch Salgado selbst. Als er in Ruanda Zeuge des dort tobenden Bürgerkriegs wird, durchlebt er die wohl schwerste Phase seines Lebens. »Ich sah das Sterben Tausender Tag für Tag, und ich verlor den Glauben an die Menschheit.« Zur selben Zeit beginnt sein Immunsystem verrücktzuspielen, Sebastião wird von seinen eigenen Staphylokokken attackiert und hat bald am ganzen Körper Infektionen und Schmerzen. »Wenn ich und meine Frau uns liebten, kam kein Sperma mehr, sondern nur noch Blut.«

Er geht zu einem Arzt, um sich von der schweren Krankheit kurieren zu lassen, doch der stellt fest, dass ihm organisch gar nichts fehlt. Das Problem läge auf einer anderen Ebene: »Du bist nicht krank, du stirbst.« Salgado habe so viele Menschen sterben sehen, dass er nun selbst zu Tode erschöpft sei. Er müsse dringend mit dem Fotografieren aufhören, rät ihm dieser Arzt, »sonst wirst du mit den Leuten sterben, die du fotografierst. Hör auf!«

Also hört Sebastião auf zu fotografieren und stürzt in eine tiefe Verzweiflung. Er ist wütend auf die ganze Welt, die so viel Elend zulässt, und verliert jede Hoffnung auf eine Zukunft für die Menschheit. Das Einzige, was ihn in dieser Zeit auffängt, ist die Liebe seiner Frau und die Unterstützung seiner Familie. In Salgado reift der Wunsch, zurückzugehen an den Ort, an dem er geboren wurde, zurück ins Paradies seiner Kindheit. Der Zufall will es, dass Sebastiãos Eltern, mittlerweile alt geworden, ihm just zu dieser Zeit ihre Fazenda übertragen wollen. Also reisen Sebastião und Lélia nach Brasilien, um ihren neuen Besitz anzunehmen. Doch das einstige Paradies ist verschwunden, Rodungen und Bodenerosion haben den Anteil des Regenwaldes von fünfzig auf ein halbes Prozent schrumpfen lassen, das früher so fruchtbare Land hat sich in eine leblose Ödnis verwandelt – fast so, als wolle die karge Erde den Seelenzustand seines neuen Besitzers widerspiegeln. Sebastião erlebt das Land als »so tot wie mich selbst«.

Vielleicht wäre er in dieser Situation endgültig in die Depression abgerutscht, hätte er nicht Lélia an seiner Seite gehabt. Statt die Zuversicht zu verlieren, äußert sie eine Idee, die Sebastião zunächst völlig verrückt erscheint: »Warum stellst du den Regenwald nicht wieder her, so wie er damals war? Lass uns das Paradies wieder aufbauen!«, sagt sie zu ihrem Mann.

Und das tun sie.

Sie lassen sich von Agrarexperten beraten, wie man einen Regenwald aufforsten kann, sie lernen, dass man dazu Hunderte von verschiedenen Bäumen pflanzen muss, und beginnen, das Unmögliche zu versuchen. Sie setzen mit ihren Helfern einen Baum nach dem anderen, erleben, wie im ersten Jahr viele davon sterben, im zweiten schon weniger, und wie nach einigen Jahren das Land sich allmählich wieder grün zu färben beginnt. Vögel, Schmetterlinge und tropische Blumen kehren zurück, die heftigen Regenfälle lösen keine Sturzfluten mehr aus, sondern werden von der Erde aufgenommen, und die Bäche und Flüsse füllen sich mit Wasser. Am Ende sind sogar die Kaimane wieder da.

Staunend erleben die Salgados das Vermögen der Natur, sich selbst zu heilen, und überführen schließlich die Farm in ein großes Naturschutzprojekt.[135] Zugleich erfährt Sebastião die Selbstheilungskraft des Lebens am eigenen Leib. Die Symptome seiner Erkrankung klingen ab, die Zuversicht kehrt zurück, und irgendwann ist auch der Wunsch wieder da, zur Kamera zu greifen. Aber er will nicht mehr nur das eine »Tier« fotografieren, das er schon sein ganzes Leben lang fotografiert hat – den Menschen –, sondern will nun auch die anderen Bewohner dieses Planeten in den Fokus nehmen, Tiere, Landschaften und Gemeinschaften, die noch im Gleichgewicht mit der Natur leben.[136]

So beginnt er 2004 gemeinsam mit Lélia die Arbeiten an *Genesis.* Zunächst verstehen sie dieses Projekt als Protest gegen die Ausbeutung des Planeten, als Versuch, dessen Verschmutzung und Zerstörung zu dokumentieren. Doch dann, überwältigt von der Regenerationskraft des Lebens, ändern sie den Fokus. »Getragen von der Zuversicht, die der Anblick Hunderttausender junger Bäume und des neuen Lebens, das sie spendeten, in uns weckte«, entscheiden sie sich, statt der Gefährdung des Planeten seine Schönheit zu dokumentieren.

Wieder geht Sebastião auf Reisen und besucht – oft mit Lélia oder seinem Sohn Juliano – die abgelegensten Winkel der Erde. Es werden Zeitreisen zum Ursprung des Lebens, zu Erdbeben und Vulkanausbrüchen, die einst die Oberfläche unseres Planeten formten, zu den ältesten Tierarten, die sich der Zähmung noch immer widersetzen, und zu weltabgeschiedenen Stämmen, deren ursprüngliche

Lebensweise sich bis heute kaum verändert hat. Am Ende, nach acht, neun Jahren Arbeit, steht ein gewaltiger Bildband mit 250 Aufnahmen, die vom Wunder der Schöpfung erzählen, das auf unserem Planeten zu bestaunen ist.
Man hat Salgado mitunter vorgeworfen, die Grenze zum Kitsch zu überschreiten. Und tatsächlich, seine Bilder wirken selbst dann überwältigend ästhetisch, wenn sie Schreckliches zeigen. Denn immer scheint darin die existenzielle Tiefe menschlichen Erlebens auf. Auch *Genesis* ist keine romantische Inszenierung, sondern eher der Versuch, die überwältigende Kraft der Natur einzufangen und deren unermessliche Fähigkeit, aus demselben Material immer wieder Neues zu gestalten. Und wenn Sebastião heute sagt, ihm sei auf dieser Reise klar geworden, wie kurz das menschliche Leben sei und welche Erfahrung ein 2000 Jahre alter Baum gesammelt habe, dann klingt das fast religiös.
Aber wer so viel gesehen hat wie Sebastião Salgado, wer auch so viel Leid erlebt hat, entwickelt einen ganz eigenen Blick auf die Welt. Und vielleicht gibt es am Ende eines solchen Lebens nur die Wahl zwischen Zynismus und Zuversicht, zwischen einer tiefen Verzweiflung angesichts der menschlichen Grausamkeit und Dummheit – oder der staunenden Faszination darüber, dass das Leben dennoch immer wieder aufblüht, dass es dennoch Schönheit und Liebe auf diesem Planeten gibt und man selbst Teil dieses großen Kreislaufs ist.

Von solchen Erfahrungen, Teil eines großen Ganzen zu sein, wird auch im folgenden Kapitel zu berichten sein. Allerdings geht es dabei weniger um Ökologie, als vielmehr um Krisenbewältigungen der anderen Art: um den Umgang mit Gefängnis und Gewalt, um die Verarbeitung persönlicher Notlagen und die Frage, woraus man in solchen Situationen alles Kraft schöpfen kann.

V. Der Ausweglosigkeit entkommen

Wie man die Sprache als Fluchtauto nutzt, was Fahrlehrer und Philosophen in Krisenzeiten raten und warum man ohne Resonanz nicht leben kann

Verhaftet. Ohne Anklage im Gefängnis, der Willkür eines autoritären Regimes unterworfen, ohne zu wissen, ob man je wieder freikommt – eine solche Situation stellt jede Zuversicht auf eine harte Probe. Wie soll man sich auf diese Zwangslage einstellen, an was kann man sich in der Aussichtslosigkeit halten?

367 Tage lang steht Deniz Yücel vor dieser Frage, so lange währt seine bizarre Inhaftierung in der Türkei. Weil er in seinen Artikeln für die Tageszeitung *Die Welt* angeblich »Propaganda für Terrororganisationen« betrieben habe – ein Standardvorwurf, mit dem in der Türkei häufig Journalisten mundtot gemacht werden –, ist der deutsch-türkische Korrespondent in die Mühlen der Strafjustiz des Erdogan-Regimes geraten. Von einem Tag auf den anderen teilt er das Schicksal vieler anderer Gefangener und muss mit dem schwer zu ertragenden Gefühl des Ausgeliefertseins zurechtkommen. Zum Glück für Yücel gibt es einen Aufschrei der Empörung in Deutschland und eine breite Solidaritätsbewegung (»*Free Deniz*«), die den Fall im öffentlichen Bewusstsein hält. Auch setzen hinter den Kulissen diplomatische Bemühungen ein, die nach über einem Jahr Haft zu seiner Freilassung führen. Doch wie erlebt der – im doppelten Sinne von der *Welt* abgeschnittene – Journalist selbst seine Gefängniszeit? Was gibt ihm in der Isolationshaft den Mut durchzuhalten?

Vor allem zwei Impulse sind es, die ihm helfen: zum einen das Bewusstsein seiner Unschuld und der daraus resultierende Wille, sich nicht unterkriegen zu lassen; zum anderen der Wunsch, zu schreiben und Zeugnis über alles abzulegen, was er erlebt. So notiert er über seine Zeit im Polizeigewahrsam:

»An erster Stelle kommt das Rauchverbot. Das war das Schlimmste an den 13 Tagen, die ich in einer Zelle im Polizeipräsidium Istanbul verbracht habe. Gleich dahinter aber, noch vor dem schlechten Essen und all den anderen Schikanen, folgte für mich das Verbot von Stift und Papier. Doch es durfte ihnen nicht gelingen, mich zum Schweigen zu bringen. Und es gab ja so viel zu erzählen …«[137]

Eine Fußspitze in der Gefängnistür

Tatsächlich schafft es Yücel, seine Aufseher zu überlisten und schreiben zu können. Zuerst versucht er es mit einer abgebrochenen Plastikgabel als Feder und der roten Soße der Essenskonserven als Tinte. Aber die Soße ist zu fettig und die Gabelspitze zu grob. Doch dann ergibt sich bei einem Arztbesuch eine unerwartete Gelegenheit, »ein Stift direkt vor meiner Nase!« In einem unbeobachteten Moment greift Yücel zu und schmuggelt den Kugelschreiber an der Leibesvisitation vorbei in seine Zelle. Papier hat er zwar noch immer nicht. Aber er hat ein Buch – die türkische Ausgabe von *Der kleine Prinz* –, das seine Frau Dilek den Anwälten mitgegeben hat.

Beim Blättern erkennt Yücel, »welch wertvollen Dienst mir Antoine de Saint-Exupéry erwiesen hatte, indem er um seine Zeichnungen, aber auch um den Text herum so üppigen Weißraum ließ«. Auf diesen freien Platz im Buch kritzelt er nun mit dem Stift aus der Arztpraxis seinen Erfahrungsbericht, »bei schummrigem Licht, heimlich unter der Bettdecke«. Danach legt er das Buch in die schmutzige Wäsche, die er seinem Anwalt mitgibt.

»Der Anwalt wusste selber nicht, was er da in der Tüte mit den benutzten Socken transportierte.«

Damit schafft sich Deniz Yücel innerlich doppelt Freiraum: Zum einen überlistet er seine Aufseher und holt sich das Gefühl der Autonomie und Selbstbestimmung zurück; zum anderen gewinnt er durch das Schreiben seiner äußerlich so sinnlosen Haftzeit einen inneren Sinn ab. Denn, so berichtet Yücel, »alle, die ich hier kennengelernt habe – kurdische Aktivisten, Makler, Katasterbeamte, festgenommene Richter und Polizisten, Gangster, alle haben mir gesagt: ›Du musst das aufschreiben, Deniz Abi‹. Ich habe gesagt: ›Logisch, mach ich. Ist schließlich mein Job. Wir sind ja nicht zum Spaß hier.‹«

Wir sind ja nicht zum Spaß hier – unter diesem Titel kommen Yücels Aufzeichnungen an die Öffentlichkeit. Am 26. Februar 2017 erscheint sein erster Text in der *Welt am Sonntag*, rund ein Jahr später wird eine Sammlung seiner Reportagen, Beobachtungen und Satiren als Buch veröffentlicht.[138] Darin erinnert Yücel auch an andere Gefangene, die auf ähnliche Art Widerstand leisteten, wie etwa den *Cumhuriyet*-Journalisten Ilhan Selçuk: »Nach dem Militärputsch vom März 1971 wurde er in ein inoffizielles Gefängnis verschleppt, in dem die Gefangenen systematisch gefoltert wurden. Zwar durften sie Briefe schreiben, doch diese wurden zensiert. Selçuk schmuggelte die Nachricht über die Folter an der Zensur vorbei – in einem Akrostichon*, das er in einem unverfänglich klingenden Brief versteckt hatte. Ilhan Selçuk hatte damit die Folter besiegt.«

Er selbst, so berichtet Yücel, habe beim Herausschmuggeln seiner heimlich geschriebenen Texte »nicht bloß ein Triumphgefühl«

* Ein Akrostichon ist eine Art verschlüsselte Botschaft, bei der die Anfänge von Wort- oder Versfolgen hintereinander gelesen einen eigenen Sinn ergeben. Beispiel: **D**er **E**lefant **n**ickt **i**mmer **z**urück = Deniz.

empfunden, »sondern echtes, tiefes Glück«. Denn damit hatte er nicht nur die Zensur umgangen, sondern auch das zurückgewonnen, was ihm die türkische Justiz gerade hatte nehmen wollen: das Gefühl, handlungsfähig zu sein und etwas bewirken zu können. In diesem Sinne zitiert Yücel auch den türkischen Dichter Nazım Hikmet, der zwischen 1938 und 1950 aus politischen Gründen in der Türkei im Gefängnis saß und in einem seiner Gedichte aus der Haft schrieb: »Es geht nicht darum, gefangen zu sein/Sondern darum, sich nicht zu ergeben.«

Da ist er wieder, der Gedanke von Epiktet aus dem zweiten Kapitel: Gerade unter schwierigen äußeren Umständen kommt es auf die innere Haltung an. Ergibt man sich der Zwangslage und beginnt zu resignieren? Oder schafft man es, seelischen Widerstand zu leisten und seine innere Freiheit zu verteidigen? Dabei geht es gar nicht so sehr um den Umfang der widerständigen Handlung. Ob Yücel nun 50 oder 500 Seiten aus der Haft schmuggeln konnte, ist nicht so wichtig. Entscheidend ist vielmehr, dass es ihm überhaupt gelang, dass er, im übertragenen Sinne gesprochen, einen Fuß in die Gefängnistür brachte und diese einen Spalt weit öffnen konnte.

Wenn man sich nur ein wenig Bewegungsfreiheit zurückerobert, ist die Zwangslage nicht mehr ganz so zwingend, die Aussichtslosigkeit nicht mehr ganz so aussichtslos. Statt sich komplett in die Ecke gedrängt zu fühlen, spürt man plötzlich wieder Spielraum – und der ist unabdingbar für das Gefühl der eigenen Würde und die Aufrechterhaltung der Zuversicht.

Die Macht des Schreibens

Yücels Geschichte erinnert aber nicht nur an den Rat Epiktets, sondern macht auch klar, welch enorme Wirkung die Tätigkeit des Schreibens entfalten kann. Man ist versucht zu denken, das Schreiben sei ein trivialer Vorgang, insbesondere für einen Journalisten. Doch das Notieren eigener Erfahrungen hat eine Bedeutung, die weit über das journalistische Handwerk und das übliche Mitteilen eines Sachverhalts hinausgeht: Gerade in schwierigen und ausweglos erscheinenden Situationen kann das Schreiben eine therapeutische Wirkung entfalten.

Alleine der Prozess, das Erlebte in Worte zu fassen, verändert bereits dessen Wahrnehmung. So notierte der französische Philosoph Roland Barthes nach dem Tod seiner Mutter in seinem *Tagebuch der Trauer:* »Mein Kummer ist unausdrückbar, aber gleichwohl sagbar. Schon die Tatsache, dass mir die Sprache das Wort *›unerträglich‹* zur Verfügung stellt, bewirkt unmittelbar ein gewisses Ertragen.«[139]

Wer in der Lage ist, seine Gefühle oder Erfahrungen zu benennen und zu beschreiben, gewinnt automatisch eine innere Distanz. Statt im Erlebten gefangen zu sein, kann man die Perspektive wechseln und von außen auf das eigene Leiden blicken – ähnlich wie ein Arzt, der zwar die Misere sieht, aber auch Heilungsmöglichkeiten ins Auge fasst. Und man kann dem Erlebten beim Schreiben versuchsweise andere Seiten abgewinnen, es in einen anderen Kontext stellen. Dadurch verschwindet zwar das Leiden nicht, aber es wird erträglicher. »Die Angst ließ sich durchs Schreiben zähmen«, sagt die Schriftstellerin Herta Müller. »Ich wollte doch keine Literatur schreiben, sondern einen Halt finden«, erklärt sie oft auf die Frage nach ihrer Motivation zu schreiben.[140]

Daher ist das Schreiben – sei es von Kassibern im Gefängnis oder eines Tagebuchs im Krankenhaus – ein ebenso einfaches wie wirkungsvolles Instrument der Zuversicht. Denn wer schreibt, gewinnt im wahrsten Sinne des Wortes die Kontrolle über die eigene Geschichte zurück – zumindest über die Art und Weise, *wie* man diese Geschichte erzählt. Diesem Mechanismus verdanken zahllose literarische Werke ihre Existenz – von Franz Kafkas *Brief an den Vater* bis hin zu Karl Ove Knausgårds autobiografischem Romanzyklus *Min Kamp*.[141]

Besonders eindrücklich hat die heilsame Wirkung der Sprache der Schriftsteller Andreas Altmann beschrieben, der – ähnlich wie sein norwegischer Kollege Knausgård – eine schwierige Lebensgeschichte mithilfe des Schreibens verarbeitete. Schon der Titel von Altmanns Autobiografie sagt alles: *Das Scheißleben meines Vaters, das Scheißleben meiner Mutter und meine eigene Scheißjugend* hießen die gnadenlos ehrlichen Erinnerungen, die Altmann 2011 veröffentlichte.[142] Als Sohn eines tyrannischen, prügelnden Rosenkranzverkäufers in Altötting litt er lange an dem heuchlerischen Gewaltmilieu, dem er als Kind ausgesetzt war. Jahrzehntelang fühlte sich Altmann als »Totalversager«, der nach eigener Auskunft »an zwei Dutzend Berufen, an drei Studiengängen, an dreizehn psychotherapeutischen Behandlungsversuchen gescheitert« ist. Nur eine Sache habe ihn aus dieser Situation gerettet: »Ich habe – über die rätselhaften Umwege des Unbewussten und der Lebensumstände – die deutsche Sprache entdeckt. Als Heilsalbe, mit der ich meine Wundstellen betupfe. Sprache als Fluchtauto, als Lungenmaschine, als Flammenwerfer.« Über seinen Lebensverdruss hätte ihn »keine Liebe, keine Therapie, keine Lottomillionen« hinwegtrösten können. »Nichts, nur sie, die Sprache, war imstande, mich aus dem Sumpf eines ziellosen, eines verlorenen Daseins zu ziehen.«[143]

Jahrelang habe er therapeutische Betreuung gebraucht, um über den Tag zu kommen. Ohne das hätte er »das Am-Leben-Sein« nicht ausgehalten. Doch das habe schlagartig aufgehört, sobald er das Schreiben entdeckte. Die Wende kam mit einem Reisebericht aus China, den Altmann auf gut Glück an die Zeitschrift *Geo* schickte. Der Text wurde gedruckt, der ruhelose Reisende war mit einem Schlag Reporter und schrieb in der Folge auch für viele andere große Zeitungen und Zeitschriften. Die Erfahrung, dass »andere meine Arbeit anerkannten, ja – einsames Hochgefühl – Geld dafür herausrückten«, empfindet Altmann heute als die Rettung seines Lebens. Und ähnlich wie die (im vorigen Kapitel erwähnte) Schriftstellerin Hilde Domin, habe auch er, Altmann, im Schreiben sein »unabnehmbares Zuhause« gefunden.

Ein fiktiver Verbündeter

Man muss allerdings kein Reporter sein und für seine Geschichten bezahlt werden, um vom Schreiben zu profitieren. Schon das Führen eines Tagebuches kann heilsam sein und die Zuversicht stärken. Ärgerliche Missgeschicke – der vergessene Termin, die verlegte Brieftasche, der vertauschte Schlüssel – erscheinen in der nachträglichen Distanz des Schreibens oft als eher lustige Anekdoten. Und manchmal hilft schon ein Blatt Papier oder eine E-Mail an einen Freund, um Tragik in Komik zu verwandeln.

Ein prägendes Erlebnis dieser Art hatte ich als junger Mann, als ich mich wochenlang erfolglos um ein hübsches Mädchen bemühte. Nachdem wieder einmal ein ambitionierter Annäherungsversuch grandios gescheitert war, setzte ich mich abends mit einer Flasche Wein an den Tisch und klagte per Brief einem Freund mein Leid. Doch je länger das Schreiben wurde (und je leerer die Weinflasche), umso mehr wurde aus dem Herzensdrama ein komischer Bericht über die kuriosen Leiden des jungen S. Am Ende musste ich selbst über die Sache lachen, fast so, als sei das alles einem anderen passiert. Und bevor ich den Brief abschickte, machte ich aus einer Laune heraus eine Kopie und ließ diese der Angebeteten zukommen – »damit auch Du etwas zu lachen hast«. Ende der Geschichte: Das Mädchen war von dem selbstironischen Dokument so gerührt (oder erheitert), dass wir uns endlich trafen und doch noch ein Paar wurden.

Aber nicht nur Liebesgeschichten lassen sich durchs Schreiben beeinflussen. Auch große Katastrophen sind oft leichter zu ertragen, wenn man sie schriftlich verarbeitet. Denn beim Schreiben stellt sich unbewusst das Gefühl ein, man hätte einen Verbündeten – und wenn es nur der fiktive Leser der Zukunft ist.

Wie sehr Menschen vom Schreiben profitieren, hat als einer der ersten der Psychologe James Pennebaker von der University of Texas erforscht. In den 80er-Jahren entwickelte er das sogenannte expressive Schreiben als Therapieform. Dabei sollen Menschen traumatische Erlebnisse verarbeiten, in dem sie das Erlebte beschreiben und ihre damit verbundenen Gefühle in Worte fassen.

In einer Studie testete Pennebaker die Wirkung des Schreibens an 46 Studenten, die unterschiedliche schwere Erfahrungen hinter sich hatten; manche mussten den Verlust eines geliebten Menschen betrauern, andere hatten mit den Folgen eines Unfalls oder einer schweren Krankheit zu kämpfen, mussten schwierige Familiensituationen oder gar Missbrauchserfahrungen verarbeiten. Über vier Tage hinweg sollten sie jeweils 15 Minuten lang über die damit tief verbundenen Gefühle und Gedanken schreiben – was viele der Versuchspersonen offenbar so mitnahm, dass sie den Raum tränenüberströmt verließen.

Tatsächlich zeigte Pennebakers Studie, dass direkt nach dem Schreiben der Blutdruck in die Höhe ging und die Probanden häufig mit negativen Gefühlen zu kämpfen hatten. Auf lange Sicht aber profitierten die Studenten: Jene, die sie sich ihre schmerzhaften Erlebnisse von der Seele geschrieben hatten, gingen in den folgenden sechs Monaten seltener zum Arzt als die Studenten einer Kontrollgruppe, die in derselben Zeit über Belanglosigkeiten geschrieben hatte. Aufgrund dieser vielversprechenden Ergebnisse regte Pennebaker an, die heilsame Wirkung des Schreibens genauer zu untersuchen.[144]

Seither haben sich rund hundertfünfzig Studien diesem Thema gewidmet und den gesundheitlichen Effekt des Schreibens untermauert.[145] Dabei scheinen die positiven Auswirkungen auf die körperliche Gesundheit sogar noch stärker als jene auf die Psyche. Studien zufolge fördert das Schreiben die Aktivität des Immunsystems, wirkt wohltuend bei Erkrankungen und kann depressive Symptome lindern. »Die Vielzahl der Belege ist beeindruckend, die Wirkung verblüffend«, resümiert das Gesundheitsblatt *ZEIT Doctor*.[146]

Natürlich ist die Wirkung des Schreibens nicht bei jedem Menschen so durchschlagend wie bei Andreas Altmann; auch ist es kein Ersatz für eventuell notwendige Therapien. Andererseits ist es eine ebenso simple wie nebenwirkungsfreie Methode, die überall und jederzeit einsetzbar ist und die man ohne großen Aufwand erproben kann. Wer es genau wissen will, kann sich James Pennebakers *Arbeitsbuch zur Selbsthilfe*[147] besorgen oder sich an den »Übungen für verschiedene Krankheitsbilder« der Ärztin und Autorin Silke Heimes[148] orientieren. Man kann aber auch einfach im Selbstversuch erproben, ob und wie einem das Aufschreiben der eigenen Erfahrungen hilft. Es muss ja nicht gleich, wie bei Karl Ove Knausgård, eine sechsbändige, mehrtausendseitige Romanserie daraus werden.

Das Schreiben ist jedoch nur *ein* Beispiel für das Prinzip der Selbstwirksamkeit, das gerade unter schwierigen Bedingungen so wichtig ist: Wenn man in Zwangssituationen wenigstens einen Bereich findet, den man unter Kontrolle hat und in dem man sich selbst als wirksam erlebt, hat man die Dunkelheit schon halb besiegt. Denn die Erfahrung von Selbstwirksamkeit stärkt nicht nur die eigene Würde und die innere Freiheit; sondern geht auch mit einem Gefühl der Freude einher, eventuell gar, wie bei Deniz Yücel, mit »echtem, tiefem Glück«. Solche positiven Empfindungen sind die größten Antagonisten von negativen Gefühlen wie Angst, Sorge und Verzweiflung. Deshalb spürt, wer sich als selbstwirksam erlebt, in diesem Moment keine Angst, sondern Zuversicht.

Natürlich gibt es tausenderlei Möglichkeiten, dieses Gefühl der Selbstwirksamkeit zu erfahren. Meine 87-jährige Mutter, die mit den üblichen Gebrechen des Alters kämpft, erlebt es zum Beispiel jedes Mal bei ihrer Gartenarbeit: Wenn sie neue Pflänzchen zieht, ihre Tomaten hegt oder das angepflanzte Gemüse erntet, erfährt sie sich als ungebrochen selbstwirksam. Und obwohl ihr vieles zunehmend schwerer fällt, scheinen in ihrem geliebten Gemüsegarten ihre Schmerzen oft nahezu wie weggeblasen.

Auch bei künstlerischen Aktivitäten, beim Malen, Dichten oder Musizieren, schwingt stets das beflügelnde Gefühl der Selbstwirksamkeit mit; ebenso bei praktischen Tätigkeiten wie dem Kochen, Nähen oder Heimwerken. Deshalb erfreuen sich zum Beispiel auch die sogenannten Reparaturcafés so großer Beliebtheit. Gerade in Zeiten der digitalen Globalisierung, in der sich das Gefühl ausbreitet, vielen Entwicklungen hilflos ausgesetzt und nur ein kleines Rädchen in einer gigantischen Maschinerie zu sein, sind solche Erfahrungen der Selbstwirksamkeit psychologisch wohltuend. Auch wenn manche das Basteln, Kochen oder Gartenarbeiten vielleicht als naiv-unpolitisch belächeln mögen – solche Aktivitäten stimmen allemal zuversichtlicher als passive Konsumerlebnisse (etwa vor dem Bildschirm).

Das soll nicht heißen, dass man die Augen vor dem Weltgeschehen verschließen und sich nur noch ins heimische Gärtchen zurückziehen soll. Umgekehrt wird ein Schuh daraus: Nur wer es versteht, sich auch angesichts erschreckender Nachrichten und drückender Weltprobleme ein gewisses Maß an Selbstwirksamkeit zu bewahren, kann sich politisch engagieren und konstruktiv tätig werden. Sonst stellt sich angesichts des unendlichen Nachrichtenstroms, der uns tagtäglich mit News und Konflikten aus jedem Winkel der Welt versorgt, leicht das lähmende Gefühl der Ohnmacht ein: Was kann man bei der Vielzahl der Katastrophen, die meist außerhalb unserer Reichweite liegen, überhaupt ausrichten? Geht nicht alles den Bach runter? Bleibt einem da nicht nur die Resignation oder die frustrierte Wut auf »die da oben«, die diesen Schlamassel angerichtet haben?

Solche düsteren Gedanken werden übrigens oft noch verstärkt durch die spezielle Dynamik der modernen Netzwelt. Denn die digitalen Medien (auch die sogenannten »sozialen«) sind in der Regel auf sehr schnelles Feedback ausgerichtet. Und das funktioniert mit negativen Emotionen naturgemäß leichter als mit positiven. Deshalb würden die digitalen Medien dazu tendieren, »negative Gefühle zu betonen«, was im Netz leicht »zu einer Welle von Negativität« führe, erklärt der Internetexperte Jaron Lanier.[149] »Negative Emotionen entstehen schneller und ebben langsamer wieder ab. Man kann sehr schnell Angst bekommen, aber es dauert lange, sich wieder zu entspannen. Auf der anderen Seite dauert es lange, Vertrauen aufzubauen, aber man kann es sehr schnell wieder verlieren.«

Lanier, der selbst als Forscher für Microsoft arbeitet und als Vater des Begriffs der »virtuellen Realität« gilt, hat diesen Mechanismus an sich selbst eindrücklich erlebt. »Ich habe schon sehr früh gemerkt, dass ich in Onlineforen dazu neige, zum Schwein zu werden«, sagt er. Diese Tendenz zur digitalen Negativität habe ihm emotional wirklich zu schaffen gemacht – bis er daraus die Konsequenzen zog: Die Welle der negativen Gefühle wurde für ihn zum wichtigsten der *Zehn Gründe, warum du deine Social Media Accounts sofort löschen musst,* wie er programmatisch sein jüngstes Buch betitelte.[150]

Die rettende Lücke

Hilfreicher als die allzu lange Beschäftigung mit negativen Netzkommentaren ist daher die Orientierung an dem chinesischen Philosophen Konfuzius. Der hat den Gedanken der Selbstwirksamkeit nämlich in den weisen Satz gegossen: »Es ist besser, ein kleines Licht anzuzünden, als die Dunkelheit zu verfluchen.« Statt sich also in Onlineforen oder am Küchentisch lang und breit über die Übel und Ungerechtigkeiten dieser Welt auszulassen (und dabei untätig zu bleiben), ist es sinnvoller, wenigstens in einem Bereich (und sei er noch so klein) aktiv zu werden. Das macht nicht nur die Welt ein (winziges) Stück besser, sondern hebt unweigerlich die eigene Laune.

Wer es mit fernen Philosophen nicht so hat, kann sich alternativ an den Unterricht in der Fahrschule erinnern. Wie war das noch, wenn unvermutet hinter einer Kurve ein Hindernis auftaucht – ein umgestürzter Baum auf der Straße oder ein liegen gebliebenes Fahrzeug – und keine Zeit mehr zum Bremsen ist? Was tun? Bloß nicht auf das Hindernis fokussieren, lautete der Rat des Fahrlehrers, sondern Ausschau nach möglichen Auswegen halten. Wer gebannt vor Angst auf den Punkt der möglichen Kollision starrt, steuert zielsicher genau diesen an. Eine Chance zum Durchkommen hat nur, wer schnell die rettende Lücke findet.[151]

Ähnlich ist es mit der Perspektive auf die globale Weltlage: Wer den Blick nur auf Katastrophen und negative Entwicklungen richtet, verleiht diesen immer mehr Gewicht, bis sie schließlich das ganze Denken beherrschen. Auf diese Weise beschwört die ständige Konzentration auf mögliche Übel diese nachgerade herauf. Nehmen wir etwa die skandalisierte Berichterstattung über die Pöbeleien und Aussetzer Donald Trumps im US-Wahlkampf 2016: Weil die Medien sich über jede seiner Provokationen erregten, jeden seiner Tweets kommentierten und ständig Trump auf dem Titel hatten, verschafften sie ihm so viel Bedeutung und Gewicht, dass er es am Ende tatsächlich ins höchste Staatsamt schaffte.

Dasselbe gilt für den Umgang mit den heute so gefürchteten *Fake News*: Wer zur Widerlegung falscher Behauptungen diese ständig und ausführlich wiederholt und für falsch erklärt, macht sie nur glaubwürdiger. Denn Studien zeigen: Die Widerlegung wird schnell vergessen, die Wiederholung des Unsinns hingegen prägt ihn immer mehr ein.[152] Das erkannte übrigens, lange vor Erfindung des Internets und der sozialen Medien, schon der Reformator Martin Luther: »Eine Lüge ist wie ein Schneeball: Je länger man ihn wälzt, desto größer wird er.«

Gerade in einer Welt der schlechten (und manchmal gefälschten) Nachrichten ist der alte Rat der Fahrlehrer daher von unschätzbarem Wert: Statt sich ständig mit der drohenden Katastrophe zu beschäftigen, ist es viel sinnvoller, nach dem Positiven und der rettenden Lücke Ausschau zu halten.

Halt an einem Notenblatt

Das kann, wie bei dem Ehepaar Salgado, die intensive Beschäftigung mit der Natur (und die Kraft der Liebe) sein; die Rettung kann, wie bei Deniz Yücel, aus einem Kugelschreiber und einem

Buch mit viel Weißraum bestehen; auch das Lesen selbst kann heilsam wirken. Denn »Literatur kann, wenn sie wirklich gut ist, ihren Lesern den Weg zu inneren Orten weisen, an denen sie an das Substrat menschlichen Verständnisses, menschlicher Intuition und menschlicher Erfahrungen rührt«, wie der israelische Schriftsteller David Grossmann einmal schrieb. Gerade in Zeiten »postfaktischer« Lügen bringe uns eine gute Geschichte »wieder mit einer nicht zu erschütternden Wahrheit in Berührung: mit einem fast physischen Wissen um das, was gut und was böse ist. Was rein und klar, was korrupt und trübe, was hell und was dunkel ist.«[153]

Doch nicht nur in der Literatur, auch in der Musik kann sich manchmal die rettende Lücke öffnen. Denn diese ist in der Lage, selbst in größten Zwangslagen einen enormen Raum innerer Freiheit aufzuschließen – so wie etwa bei der legendären Cembalistin Zuzana Růžičková, die als Kind Auschwitz überlebte und sich zeitweilig nur an einem Notenblatt festhielt.

Auf diesem Notenblatt hatte die 15-jährige den Anfang einer *Sarabande* von Johann Sebastian Bach notiert, die sie besonders ansprach, die sie wunderbar fand, »so schlicht und traurig, die war mir so lieb geworden«. Und als sie von den Nazis deportiert wurde und drei Tage im Viehwagen eingesperrt war, »ohne Essen, ohne Trinken, der Durst war furchtbar, da hab ich eben mit meiner Mutter gesessen und immer die *Sarabande* angeschaut, dieses Stück Papier, und hab mir alles im Kopf gespielt, was ich von Bach kannte«, erinnerte sich Růžičková kurz vor ihrem Tod mit neunzig Jahren.[154]

Bei der Ankunft im KZ, »umgeben von fürchterlichem Hundegebell und dem Geschrei der SS«, hatte sie die Noten noch in der Hand, als man sie ohne ihre Mutter in einen Lastwagen schubste. Ein Windstoß riss das Blatt weg. »Und meine liebe Mutter, die wusste, wie viel es mir bedeutet, ist dem Papier nachgelaufen. Die Mädchen dachten, sie laufe mir nach, und zogen sie in den Lastwagen hinein.« So blieben sie zusammen. Später sang und spielte Růžičková im Lager mit anderen Kindern und wurde gar zur »Hilfsbetreuerin« ernannt – ein Posten, der ihr letztlich das Leben rettete.

Auch nach dem Krieg blieb Bachs Musik Zuzana Růžičkovás ständige Begleiterin. Sie empfand den großen Komponisten, dem das Leid selbst nicht fremd war, als Seelenverwandten und spürte in seiner Musik »eine Klage sondergleichen«. Zugleich gab es darin aber auch jene ergreifenden Passagen, die Růžičková das Gefühl vermittelten: »Da bist du jetzt, ein kleiner Wurm ganz auf dem Boden. Aber es gibt etwas Höheres, das dich transzendiert, eine Ordnung, die da ist. Und die auch für dich da ist, die das Menschliche ins Geistliche rettet.« Schließlich nahm sie an Bachs Geburtstag, am 31. März 1972, auch jene *Sarabande* der *Englischen Suite e-Moll* auf, die damals im KZ ihr Talisman gewesen war. Sie spielte sie in gemessenem Tempo ein und erlaubte sich nur eine einzige interpretatorische Freiheit ganz am Schluss, einen Ton, den Bach nicht schrieb: Mit einem gis verwandelte sie den letzten Mollakkord ins E-Dur der Hoffnung.

Der Widerhall der Welt

Růžičkovás berührende Geschichte ist ein eindrückliches Beispiel für eine Kraft, die uns buchstäblich am Leben halten kann, wenn sonst alle Quellen der Zuversicht versiegt scheinen: das Empfinden einer *Resonanz*, die uns das Gefühl gibt, von etwas getragen zu sein, auch wenn alle materiellen Sicherheiten weggebrochen sind.

Abgeleitet vom lateinischen *resonare* (»widerhallen«), beschreibt der Begriff Resonanz eigentlich in der Akustik das Mitschwingen von Saiten, wenn sie durch Töne geeigneter Frequenz angeregt werden. Dem Soziologen Hartmut Rosa zufolge lässt sich dieses

Phänomen aber auch auf den Menschen beziehen. »Was uns als Spezies auszeichnet, ist ja unser sozialer Sinn und unsere Fähigkeit, uns in die Gedankenwelt anderer hineinzuversetzen«, sagt Rosa. »Und am beglückendsten ist es, wenn wir das Gefühl haben: Da antwortet mir etwas, wir schwingen sozusagen auf derselben Wellenlänge. Man könnte uns vielleicht sogar als die Spezies definieren, die von allen Tieren die größte Fähigkeit zur Resonanz besitzt.«[155]

Dieser »Widerhall der Welt« ist für Rosa grundlegend für unser Lebensgefühl. Denn solch ein »Antwortverhältnis« erlebten wir immer dann, wenn wir uns von etwas besonders angesprochen fühlen, wenn wir den Eindruck haben, »es sagt mir etwas«, und wenn wir zugleich das Gefühl erlebten, auch selbst Gehör zu finden, und uns als wirksam und nicht als ohnmächtig erlebten.

Besonders intensiv erlebt man das Resonanzgefühl in der Liebe, wenn die übliche Trennung und Fremdheit zwischen zwei Menschen verschwindet und einem tiefen Gefühl der Vertrautheit und Verbundenheit Platz macht. Aber auch in der Kunst, beim Malen, Dichten oder Musizieren kann man Resonanzerfahrungen machen – wie etwa Zuzana Růžičková mit der Musik von Johann Sebastian Bach. Manche spüren eher in der Natur ein Gefühl von Verbundenheit, im Wald, am Meer oder in den Bergen; und natürlich stellt auch die Religion eine große Resonanzquelle dar. »Die ganze Bibel ist ja ein Dokument des Schreiens um Antwort«, sagt Hartmut Rosa. »Und alle religiösen Traditionen kennen verschiedene Resonanzpraktiken. Deshalb ist die Religion auch nicht tot zu kriegen.«

Doch egal, wo und wie man Resonanz erlebt: Auf irgendeine Weise suchen wir alle diese Erfahrung und sind ohne sie vermutlich auf Dauer nicht lebensfähig. Das sieht man insbesondere an Kindern: Ohne Zuwendung, Verständnis und Anerkennung vonseiten ihrer Eltern könnten sie weder wachsen noch so etwas wie

Selbstvertrauen oder eine eigene Identität entwickeln. Erst im Spiegel der anderen, in der Resonanz ihrer Umwelt, entstehen jenes Selbstwertgefühl und die spezielle Persönlichkeit, die einen ein Leben lang begleiten.[156]

Ausgehend von diesem Gedanken, postuliert Rosa in seiner »Resonanztheorie«[157], dass wir auch als Erwachsene stets versuchten, auf irgendeine Art Resonanz zu erleben: Lebendig fühle man sich immer dann, wenn etwas in der Welt »mit mir so in Beziehung tritt, dass ich mich durch diese Beziehung angesprochen fühle und mich dabei und darin verwandle«. Ohne diese Erfahrung von Resonanz hingegen fühle man sich leer, entfremdet und quasi im eigenen Leben »fehl am Platze«.

»You'll never walk alone«

Die vielleicht einfachste und zugleich konkreteste Form der Resonanz erlebt man natürlich beim Singen. Dort spürt man ganz unmittelbar im eigenen Körper die Schwingungen der Resonanz. Und dieses Gefühl wird noch intensiviert und verstärkt, wenn man mit anderen zusammen singt. Deshalb finden sich gemeinsame Gesänge auch in jeder Kultur und Religion, in Fußballstadien ebenso wie in militärischen Verbünden. Denn kaum etwas steigert das Gefühl der Verbundenheit und Zugehörigkeit so sehr wie das gemeinsame Singen. So schmettern die Fans in vielen Fußballstadien – von Liverpool bis Hamburg-St. Pauli – voller Inbrunst die Hymne *You'll never walk alone*, Du gehst niemals alleine. Und vermutlich pilgern viele Fußballfans samstags nicht nur wegen der Tore ins Stadion, sondern weil sie eben jenes beglückende Gefühl der Verbundenheit und Resonanz erleben wollen – genauso wie die Kirchgänger, die sonntags *»Jesu meine Freude«* anstimmen.

Welch erstaunliche Kraft das gemeinsame Singen entfalten kann, entdeckt zunehmend auch die Wissenschaft. Eine Studie von Psychologen der Universität Oxford etwa zeigt einen regelrechten »Eisbrechereffekt«: Singen stärkt das Gemeinschaftsgefühl mehr als viele andere gemeinsame Tätigkeiten. Dazu begleiteten die Psychologen um Robin Dunbar sieben neu formatierte Freizeitkurse sieben Monate lang. Die einen sangen, andere bastelten oder übten sich gemeinsam in kreativem Schreiben. Immer wieder befragten die Psychologen die Hobbykünstler und maßen die Menge an Endorphinen in ihrem Blut – körpereigene Morphine, die bei positiven Erlebnissen ausgeschüttet werden und die Schmerzempfindung senken. Die Auswertung zeigte am Ende, dass die Sänger schneller miteinander vertraut geworden waren und freudigere Erfahrungen gemacht hatten als die Teilnehmer aller anderen Gruppen.[158]

Auch bei Kranken hilft das Singen, das Wohlbefinden zu verbessern und Ängste zu mindern.[159] Einer australischen Untersuchung zufolge lindert das Singen im Chor sogar Schmerzen. Dazu teilten die Psychologen der University of Sydney die Patienten einer Schmerzklinik in zwei Gruppen: Die eine sang aktiv, insgesamt neun Sitzungen lang jeweils 30 Minuten, die andere lauschte in derselben Zeit nur passiv Gesang und machte stattdessen sportliche Übungen. Ergebnis: Beiden Gruppen ging es sechs Monate später besser, die Sänger allerdings empfanden weniger Schmerzen als die Sportgruppe.[160]

Die Kraft sozialer Resonanz

Es wundert also nicht, dass das Singen (vor allem mit anderen zusammen) ein wirkungsvolles Instrument der Zuversicht ist. Ein eindrückliches Beispiel dafür findet sich in den Erinnerungen von

Nelson Mandela, der nach seiner ersten Verhaftung zusammen mit anderen Führern der afrikanischen Befreiungsbewegung ANC wochenlang auf einen Prozess warten musste. Da begannen die Gefangenen jeden Tag gemeinsam Freiheitslieder zu singen – »mit äußerster Kraft«, wie Mandela notiert, denn »der Gesang hielt unsere Stimmung hoch.«[161]

Eines Tages stimmte einer der Gefangenen einen Lobgesang zu Ehren eines legendären Zulu-Kriegers an. Nach und nach fielen andere ein und fingen an zu tanzen, bis davon die ganze Gruppe mitgerissen wurde. »Einige bewegten sich graziös, andere ähnelten erfrierenden Bergsteigern, die versuchten, das Eis abzuschütteln, doch alle tanzten mit Gefühl und Enthusiasmus«, berichtet Mandela. Dabei seien im Tanz nach und nach sämtliche Unterschiede zwischen ihnen verschwunden, es gab »keine Rechten oder Linken, keine religiösen oder politischen Führer mehr«; alle fühlten sich vielmehr »miteinander verbunden zu unserer gemeinsamen Geschichte, unserer Kultur, unserem Land und unserem Volk«. So führte das gemeinsame Tanzen zu einer Resonanzerfahrung, die weit über das hinausging, was Worte hätten vermitteln können: »In diesem Augenblick«, berichtet Mandela, »spürten wir die Hand der großen Vergangenheit, die uns zu dem machte, wer wir waren, und die Kraft der großen Sache, die uns alle verband.«

Natürlich war es mit Singen und Tanzen allein nicht getan. Nach seinem Prozess musste Mandela schließlich insgesamt 27 Jahre im Gefängnis ausharren, fast sein halbes Leben lang, ohne zu wissen, ob er je wieder freikommen würde. Da hätten wohl die allermeisten Menschen jeden Mut und jegliche Zuversicht verloren. Doch Mandela ließ sich nicht brechen. Im Gegenteil: Während seiner Inhaftierung durch das Apartheidsregime in Südafrika schien er innerlich sogar noch zu wachsen und an Stärke zu gewinnen – so sehr, dass er zur Identifikationsfigur aller Unterdrückter weltweit wurde und nach seiner Freilassung 1990 zum ersten schwarzen Präsidenten der Republik am Kap aufstieg.

Heute gilt Nelson Mandela geradezu als Prototyp des zuversichtlichen Menschen, der selbst unter schwierigsten äußeren Bedingungen nicht resigniert und ohne fassbare Erfolgsaussichten unbeirrt an den Sinn seiner Sache glaubt. Wie ihm das gelang? Dafür sind viele Gründe verantwortlich, die wohl wichtigsten waren Mandelas außergewöhnliche Persönlichkeit, seine felsenfeste Überzeugung, im Recht zu sein, und letztlich der Zusammenhalt mit seinen ebenfalls inhaftierten Mitstreitern.

Von Anfang an konzentriert sich Mandela darauf, sich nicht brechen zu lassen und seine Selbstachtung zu bewahren. »Ein Gefängnis ist per Definition ein rein autoritärer Staat, der keinerlei Unabhängigkeit oder Individualität toleriert. Als Freiheitskämpfer und als Mensch hat man anzukämpfen gegen den Versuch des Gefängnisses, dem Häftling diese Eigenschaften zu rauben«, notiert er.[162] Er wehrt sich gegen jede Schikane, begegnet aber seinerseits den Wärtern ohne Groll und wird nie ausfallend. Stattdessen verweist der studierte Rechtsanwalt auf die Gefängnisvorschriften (die er genau studiert hat) und fordert nüchtern seine Rechte ein. Auch im Namen anderer Gefangener feilscht er um Arbeitserleichterungen, das Recht auf Zeitungen oder Besuchergenehmigungen. So erwirbt er sich allseits Respekt und erreicht tatsächlich im Laufe der Zeit kleine Verbesserungen.

Und ähnlich wie Deniz Yücel findet er auch immer wieder Wege, den Wärtern ein Schnippchen zu schlagen. Trotz zeitweiliger Isolationshaft und Sprechverbot gelingt es ihm, sich mit seinen Genossen heimlich auszutauschen, etwa über kleine Nachrichten, die die Häftlinge auf den Toiletten oder in Streichholzschachteln verstecken. Nach und nach können die Isolierten auf diese Weise mit den übrigen Gefangenen in den anderen Blöcken Kontakt aufnehmen und sogar – über das Küchenpersonal – Nachrichten nach draußen schleusen. Auf diese Weise fühlt sich Mandela selbst in der Isolationshaft nicht wirklich alleine, sondern unterstützt und getragen vom Rückhalt seiner Weggefährten. Anders gesagt: Er erfährt eine Art von sozialer Resonanz, die für ihn entscheidend wird. In seinen Erinnerungen schreibt Mandela dazu: »Der größte Fehler der Behörden bestand darin, uns zusammenzuhalten, denn das Zusammensein verstärkte unsere Entschlusskraft. Wir unterstützten einander und gewannen Kraft voneinander. Was immer wir lernten, was immer wir erfuhren, wir teilten es miteinander, und indem wir es miteinander teilten, vervielfachten wir, was immer wir an individuellem Mut besaßen.«[163]

Die Ruhe der Gegenwart

Tatsächlich kann der Wert dieser »sozialen Resonanz« kaum hoch genug eingeschätzt werden. Menschen können erstaunlich vieles ertragen – solange sie das Gefühl haben, mit anderen verbunden zu sein und von ihnen unterstützt zu werden. Fällt umgekehrt dieses Gefühl der Verbundenheit weg, etwa wenn alte Menschen abgeschoben und allein gelassen werden, leiden sie nicht nur schrecklich unter ihrer Einsamkeit, sondern verlieren oft auch jeden Lebensmut. Wozu, so fragen sie, lohnt es sich dann überhaupt noch zu leben? Deshalb ist die Resonanz in sozialen Beziehungen für das Erfahren eines sinnvollen Lebens so wichtig.

Bevor wir uns jedoch dem Thema Sinn in Kapitel sechs ausführlich widmen, soll zum Abschluss noch eine besondere Form der Resonanz erwähnt werden, eine Resonanz, die weder an anderen Menschen hängt noch an der Musik, der Natur oder sonstigen äußeren Quellen. Gemeint ist die Resonanz mit der Stille, in die man jederzeit und überall eintauchen kann und die – so ungewöhnlich das klingen mag – eine enorme Kraftquelle darstellt.

Zugegeben, das erfordert Geduld und eine gewisse Übung. Denn das Erleben von Ruhe und Stille kann anfangs auch als verstörend oder gar beängstigend erlebt werden. Plötzlich spürt man, wie im Kopf die Gedanken rasen und sich Unruhe im Körper ausbreitet. Gäbe es nicht so viel anderes, Besseres zu tun? Ist nicht noch so viel zu erledigen? Ist es nicht verschwendete Zeit, einmal alle Aktivitäten anzuhalten?

Doch gerade wenn man viele Dinge gleichzeitig im Geiste wälzt hat und buchstäblich nicht mehr weiß, wo einem der Kopf steht, ist so ein Innehalten extrem hilfreich. Wer sich der Stille anvertraut und sein Gedankenkarussell zur Ruhe kommen lässt, kann erleben, wie sich vieles von selbst sortiert und wie mit einem Mal die Prioritäten wieder klar werden. Zugleich erfordert dieses Eintauchen in die Stille eine radikale Konzentration auf die Gegenwart. Und das ist insbesondere dann heilsam, wenn man mit Zukunftsängsten zu kämpfen hat, mit der Sorge vor all den möglichen Gefahren, die sich unabsehbar vor dem inneren Auge ausbreiten.

»Die Zukunft ist ein gefährlicher, unsicherer Ort, sie macht mir Angst. Und wenn ich zu lange in der Vergangenheit bin, empfinde ich Bedauern«, bekannte einmal der amerikanische Regisseur Robert Zemeckis (der mit seinem Film *Forrest Gump* weltberühmt wurde). Wie jeder Mensch sei auch er ständig im Kampf mit sich selbst, seinen Sorgen und seiner Fehlerhaftigkeit. »Deshalb ist es für mich das Beste, meine Aufmerksamkeit auf die Gegenwart zu richten. Der einzige Ort, an dem ich innere Ruhe und Gelassenheit empfinde, ist das Hier und Jetzt.«[164]

Wer seinen Fokus ganz auf die Gegenwart richtet, unterbricht vor allem die Grübelschleifen, die einen immer tiefer in Angst und Sorgen hineinziehen und enorm viel Energie kosten. Außerdem kann man in der Konzentration auf den gegenwärtigen Moment eine ebenso einfache wie außergewöhnliche Erfahrung machen: das Wunder des schlichten »Da-Seins«. Denn die (keineswegs selbstverständliche) Tatsache, dass wir gerade *jetzt* am Leben sind, geht im üblichen Alltagsgetriebe allzu leicht unter. Erst wenn unser Leben bedroht ist, durch eine tödliche Krankheit, einen Unfall, durch Krieg oder andere Katastrophen, wird uns klar, welch großes Glück das Lebendigsein darstellt.

Deshalb empfiehlt sich die Konzentration auf die Gegenwart nicht nur in der Therapie von Angst- und Depressionszuständen,[165] sondern für alle von uns, die sich das Geschenk des Lebens immer mal wieder in Erinnerung rufen wollen. Wer will, kann sich dazu in der fast unübersehbaren Literatur zum Thema Meditation und Achtsamkeit orientieren. Man kann aber auch die ganz simple Methode nutzen, sich seines Atems bewusst zu werden und sich selbst dabei zuzuschauen, wie »es« einen atmet. Denn gerade weil uns der Atem ständig begleitet und wir ihn nicht bewusst »machen« müssen, ist die Konzentration darauf eine der besten Methoden, in Resonanz mit sich selbst und dem eigenen Leben zu kommen.

Das Schöne daran ist: Bewusst auf den Atem lauschen kann man überall, beim U-Bahnfahren, in der Schlange im Supermarkt, im Gefängnis und selbst im Krankenbett. Und wenn man sich dem Rhythmus des eigenen Atems anvertraut, innerlich ruhig wird und ganz im gegenwärtigen Moment aufgeht, macht man vielleicht sogar eine zutiefst spirituelle Erfahrung, die unabhängig von dieser oder jener Religion ist und die – um mit einer theologischen Formel zu sprechen – in der »Gegenwart des Gegenwärtigen« besteht. Was das genau bedeutet, lässt sich mit Worten nicht wirklich adäquat ausdrücken. Aber wir alle können es erfahren. Vielleicht probieren Sie es einfach einmal aus?

VIKTOR FRANKL –
DER SEELENARZT IN DER HÖLLE

Es ist eine seltsame Sache mit Viktor Frankl: Für die einen ist er weltberühmt und fast ein Mythos; für andere ist er ein völlig Unbekannter, von dem sie noch nie gehört haben. Die einen verehren ihn als einen der bedeutendsten Psychologen des 20. Jahrhunderts, die anderen denken bei dem Begriff »Logotherapie«, den Frankl entwickelte, an irgendeine obskure Methode.
Vielleicht hängt die kontroverse Rezeption damit zusammen, dass Frankls Überzeugungen so radikal waren, dass sie nie wirklich massentauglich wurden. Und anders als die Lehre Sigmund Freuds, mit dem Frankl persönlich bekannt war, ließ sich Frankls Denken nie auf ein paar einfache Schlagworte reduzieren. Zu Freud fällt allen etwas ein – Trieb, Verdrängung oder der Ödipuskomplex. Von Frankl sind solche Schlagworte nicht im Umlauf.

Zudem gerieten Themen wie Sinn und Zuversicht, mit denen sich Frankl beschäftigte, in der zweiten Hälfte des 20. Jahrhunderts eher ins Hintertreffen. In der politischen Debatte wie in der Wissenschaft war vor allem Kritikfähigkeit gefragt; lustvoll übte man sich in der Dekonstruktion bisheriger Glaubenssätze und Gewissheiten und versuchte, sich von allen überkommenen Konventionen zu befreien. Wer da mit Begriffen wie Sinn oder Hoffnung hantierte, galt als hoffnungslos naiv und vorgestrig.

Erst heute erleben Frankls Ideen so etwas wie ein Revival. In einer Zeit, in der alle Werte dekonstruiert sind, in der nichts mehr als feststehend und verlässlich erscheint, entdeckt man plötzlich die Wichtigkeit sinnhafter Bezüge wieder – in der Psychologie wie in der Unternehmensberatung. So konnte man vor einiger Zeit selbst im *Manager-Magazin* lesen: »Sinn (in der Bedeutung von Viktor Frankl) ist der entscheidende, nachhaltigste und wirksamste Motivator – und alles andere ist, daran gemessen, weit weniger wichtig.«[166]

Frankls Lehre ist allerdings nicht nur für Manager interessant, sondern für all jene, die sich mit der Frage beschäftigen, was in schwierigen Zeiten Lebensmut und Zuversicht vermittelt. Denn das hat der 1905 in Wien geborene Arzt und Psychiater wie kein Zweiter ausgelotet, sowohl in seinem beruflichen Denken und Handeln als auch im persönlichen: Während des Zweiten Weltkriegs wurde der jüdischstämmige Frankl von den Nazis deportiert und musste drei lange Jahre in verschiedenen Konzentrationslagern überstehen.

Viele KZ-Überlebende waren danach von ihren Erlebnissen derart traumatisiert, dass sie lebenslang mit Angstzuständen, Albträumen und Psychosen aller Art zu kämpfen hatten. Frankl war von dem erlittenen Unrecht zwar gezeichnet, aber nicht gebrochen. Kurz nach Kriegsende übernahm er die Leitung der Wiener Neurologischen Poliklinik; er begründete in Österreich die Ärztegesellschaft für Psychotherapie, verfasste 32 Bücher, lehrte unter anderem in Wien und Harvard, erhielt weltweit 29 Ehrendoktortitel, war begeisterter

Bergsteiger und machte im stolzen Alter von 67 Jahren noch seinen Pilotenschein.

Wie ein roter Faden zieht sich durch sein Leben eine Überzeugung: dass der Mensch die Fähigkeit besitze, unter allen Bedingungen dem Leben Sinn und Hoffnung zuzuschreiben – selbst in der entmenschlichten Atmosphäre eines Konzentrationslagers. *... trotzdem Ja zum Leben sagen,* hieß programmatisch das Buch, in dem Frankl seine Lagerzeit verarbeitete. Darin treibt er den bereits mehrfach zitierten Gedanken des griechischen Philosophen Epiktet auf seine äußerste Spitze: Für Frankl bleibt dem Menschen auch mitten im Leiden und Sterben noch eine innere Freiheit. Zumindest Einzelne, so schreibt er, hätten immer wieder unter Beweis gestellt, »dass man dem Menschen im Konzentrationslager alles nehmen kann, nur nicht: die letzte menschliche Freiheit, sich zu den gegebenen Verhältnissen so oder so einzustellen.«[167] Trotz Hunger und Schlafdefizit, unmenschlicher Behandlung und ständiger Angst vor dem Tod habe man noch »irgendwie entscheiden« können, ob man ein typischer »KZler« wurde oder »ein Mensch, der auch hier noch Mensch bleibt und die Menschenwürde bewahrt«. Und nicht nur das: Diese geistige Freiheit lasse einen auch »noch bis zum letzten Atemzug Gelegenheit finden, sein Leben sinnvoll zu gestalten«.

Solche Gedanken sind für Frankl alles andere als ungewöhnlich. Schon ganz früh in seinem Leben treibt ihn die Frage nach der richtigen Einstellung und dem Sinn des Ganzen um. Bereits mit vier Jahren schreckt er eines Abends kurz vor dem Einschlafen auf, so berichtet er in seiner Autobiografie, und wird »von der Einsicht aufgerüttelt, eines Tages würde auch ich sterben müssen«. Was ihm dabei zu schaffen macht, ist aber nicht die Furcht vor dem Sterben, sondern »nur eines: die Frage, ob nicht die Vergänglichkeit des Lebens dessen Sinn zunichtemache«. Und schon damals kommt ihm der Gedanke, dass »der Tod das Leben überhaupt erst sinnvoll« macht.[168]

Kein Zweifel, der junge Mann, der sich mit solchen Fragen beschäftigt, ist eine ungewöhnliche Persönlichkeit. Ein Psychologe attestiert ihm später einmal, noch nie einen Menschen getroffen zu haben, der über »eine solche Spannweite zwischen extremer Rationalität einerseits und tief greifender Emotionalität andererseits« verfüge. Frankl selbst führt das auf die unterschiedlichen Einflüsse von Vater und Mutter zurück. Der Vater habe ihm »eine spartanische Lebensauffassung und eine ebensolche Vorstellung von Pflicht« vorgelebt und ihn zum »Perfektionisten« erzogen. Dem Einfluss der Mutter wiederum, die er als »seelensgut und herzensfromm« beschreibt, ist zu verdanken, dass er kein kalter, sondern ein mitfühlender Perfektionist wird.

Von klein auf will er Arzt werden. Besonders fasziniert ihn die damals in Wien aufblühende Psychoanalyse. Bereits als Schüler hört er an der Wiener Volkshochschule Vorträge »Zur Einführung in die Psychoanalyse«. Davon inspiriert, schreibt er sogar einen Artikel: »Über die mimische Bejahung und Verneinung aus Sicht der Psychoanalyse« und schickt ihn Sigmund Freud. Dieser ist von der Arbeit des Gymnasiasten so angetan, dass er für einen Abdruck in seiner Zeitschrift *Psychoanalyse* sorgt.

1924 beginnt Frankl sein Medizinstudium und interessiert sich insbesondere für psychische Leiden, für Depressionen und die Ursachen für Suizid. Und weil er auch in der Jugendberatung tätig ist, organisiert er 1930 zur Zeit der Zeugnisausgabe spezielle Beratungen, um die Zahl der Schülerselbstmorde zu verringern – was gelingt und Frankl über Wien hinaus bekannt macht. Nach dem Studium wird er Oberarzt in der Psychiatrie und leitet den sogenannten »Selbstmörderpavillon« in Wien, wo er jährlich bis zu 3000 selbstmordgefährdete Frauen betreut.

Dabei stellt er zunehmend die Sinnfrage ins Zentrum seiner Arbeit. Er spricht von der »Logotherapie« (von griech. *lógos:* Sinn, Gehalt) und rückt damit deutlich von den damals tonangebenden Psychotherapeuten in Wien, Sigmund Freud und Alfred Adler, ab. Freud hatte vor allem die Wirkungen einer unterdrückten Sexualität in den Blick genommen und den Willen nach Lust als Triebfeder des Menschen bezeichnet; darauf hatte Adler mit der Gegenthese geantwortet, es sei der Wille zur Macht, der den Menschen antreibe. Frankl hingegen postuliert, es sei vor allem der »Wille zum Sinn«, der den Menschen auszeichne. Schließlich sei Homo sapiens das einzige Lebewesen, das Ideale und Utopien entwickeln und seinem Leben einen Sinn geben könne, der über das bloße Dasein hinausgehe. So wird Frankls Denken, nach den Lehren Freuds und Adlers, bald als die »Dritte Wiener Schule der Psychotherapie« bezeichnet. Frankls eigener Wille zum Sinn und seine lebensbejahende Haltung werden allerdings mit der Machtübernahme der Nationalsozialisten zunehmend auf die Probe gestellt. Bald nach dem »Anschluss« Österreichs 1938 wird ihm als Juden untersagt, »arische« Patienten zu behandeln. Statt ins Ausland zu gehen, praktiziert er weiter im jüdischen Rothschild-Spital – auch, weil er seine in Wien lebenden Eltern nicht allein zurücklassen möchte. Doch im September 1942 schlägt das Regime endgültig zu: Frankl wird mit seiner Frau Tilly, die er erst wenige Wochen zuvor geheiratet hat, und seinen Eltern ins Ghetto Theresienstadt deportiert, wo bald darauf sein Vater stirbt. Seine Mutter und sein Bruder Walter werden später in Auschwitz ermordet, seine Frau stirbt im KZ Bergen-Belsen. Frankl selbst kommt nach Auschwitz und wird von dort in immer neue Lager verlegt.

In dem Buch über seine Lagerzeit berichtet er über seine Gefangenschaft in einer eindrücklichen Mischung aus subjektivem Erfahrungsbericht und objektiver Analyse. Frankl beobachtet sich häufig selbst wie aus der Entfernung und notiert erstaunt und neugierig, wie »Häftling Nr. 119104« auf die Extremumstände reagiert. So konstatiert er beispielsweise, dass die medizinischen Lehrbücher lügen, die behaupten, der Mensch könne es ohne Schlaf nicht länger als soundso viele Stunden aushalten. »Ganz falsch«, hält Frankl fest, nachdem er zum Teil tage- und nächtelang bei Strafappellen wachgehalten wird. Oder er beschreibt minutiös, wie ihn bei der Verlegung nach Auschwitz zunächst ein namenloses Grauen packt, das aber allmählich in die Apathie übergeht, »die Abstumpfung des Gemüts, die innere Wurstigkeit und das Gleichgültigwerden«, die ihn »bald auch unempfindlich gegen das tägliche und stündliche Geschlagenwerden« machen. Und, ganz Psychologe, deutet er diese Unempfindlichkeit als »eine höchst notwendige Panzerschicht, mit der sich die Seele des Häftlings beizeiten umgibt«.

Immer wieder mischt sich in sein Entsetzen über das Lagerleben eine Art kühler Neugier, die er vom Bergsteigen kennt, von »glimpflich ablaufenden Stürzen im Gebirge«, wenn er sich in den Sekunden des Sturzes nüchtern fragte, »ob ich mit dem Leben davonkommen werde oder nicht, mit einem Schädelgrundbruch oder anderen Knochenbrüchen«.

So schildert er einmal, wie er im KZ in einer Fleckfieberbaracke liegt, »inmitten durchwegs hochfiebernder und deliranter Patienten«, von denen einer nach dem anderen stirbt und von den anderen Häftlingen mitleidlos gefleddert wird – wer kann, nimmt sich Holzschuhe, Kleidung oder ein paar verdreckte Kartoffeln. Da stirbt der Kranke neben ihm; Frankl schaut teilnahmslos zu, wie der Tote von einem Pfleger hinausgeschleift wird, über den holprigen Erdboden und die Stufen vor der Barackentür, wo »mit einem unheimlichen klappernden Geräusch der Schädel über die zwei Stufen kollert«. Unmittelbar darauf wird ein Suppenfass zur Baracke gebracht und ausgeteilt. »Während ich gierig den Inhalt schlürfe, schiele ich zufällig beim Fenster hinaus: draußen gafft der Leichnam, den man soeben hinausgeschafft, mit starren Augen durchs Fenster herein«, notiert Frankl. »Vor zwei Stunden habe ich mit diesem Kameraden noch gesprochen. Ich schlürfe die Suppe weiter. Wäre ich nicht quasi aus professionellem Interesse über meine eigene Ungerührtheit selber erstaunt gewesen, dieses Erlebnis wäre mir nicht in Erinnerung geblieben: so wenig gefühlsbetont war das Ganze.«

Gerade dieses »professionelle Interesse« ist einer der Impulse, die Frankl den Mut zum Weiterleben vermitteln. Es hilft ihm immer wieder, sich selbst als »Objekt einer interessanten psychologisch-wissenschaftlichen Untersuchung« zu betrachten und sich auf diese Weise, wenn auch nur kurzzeitig, »über die Situation, über die Gegenwart und über ihr Leiden zu stellen«. Mitunter malt er sich sogar aus, wie er in der Zukunft einmal vor einem aufmerksamen Publikum »in einem hell erleuchteten, schönen und warmen, großen Vortragssaal am Rednerpult« steht und von seinen Erfahrungen im Konzentrationslager berichtet.

Solche Gedankenspiele sind mehr als nur eine Flucht aus dem entsetzlichen Alltag. Sie sind auch eine Möglichkeit, selbst unter so menschenunwürdigen Zuständen dem Dasein einen Sinn zuschreiben zu können. Und das, so beobachtet Frankl, ist eine wichtige Überlebensgarantie. »Die meisten hatten etwas, das sie aufrecht hielt, und meistens handelte es sich hierbei um ein Stück Zukunft«, erinnert er sich im Nachhinein. Denn der Mensch könne »nur unter dem Gesichtswinkel einer Zukunft (…) eigentlich existieren«. Wer im KZ diese Orientierung auf die Zukunft hin verlor, war buchstäblich verloren. »Wehe dem, der kein Lebensziel mehr vor sich sah, der keinen Lebensinhalt mehr hatte« – der habe sich innerlich aufgegeben, sei sowohl körperlich als auch seelisch verfallen und oft innerhalb kurzer Zeit gestorben.

Zu einer lebenserhaltenden Kraft wird auch die Liebe zu seiner Frau Tilly, selbst wenn sie getrennt sind und er nicht weiß, wo sie ist. Einmal muss Frankl frühmorgens im Dunkeln mit anderen Gefangenen in Fünferreihen zum Arbeitsdienst marschieren, in eisiger Kälte und getrieben von brüllenden Wachposten, die mit dem Gewehrkolben auf die Häftlinge einschlagen. Doch während sie mit wunden Füßen durch die meterlangen Pfützen der Lagerstraße stolpern, steht plötzlich das Bild seiner Frau vor ihm: Eine »unheimlich rege Phantasie« erfüllt ihn, so wie er es früher, im normalen Leben, nie gekannt hat. Er führt Gespräche mit seiner Frau, »ich höre sie antworten, ich sehe sie lächeln, ich sehe ihren fordernden und ermutigenden Blick, und – leibhaftig oder nicht – ihr Blick leuchtet jetzt mehr als die Sonne, die soeben aufgeht.« Und da, in der gröbsten äußeren Misere, erfährt er zum ersten Mal in seinem Leben »die Wahrheit dessen, was so viele Denker als der Weisheit letzten Schluss aus ihrem Leben herausgestellt und was so viele Dichter besungen haben; die Wahrheit, dass Liebe irgendwie das Letzte und das Höchste ist, zu dem sich menschliches Dasein aufzuschwingen vermag.«

Selbst als ihm einfällt, dass seine Frau möglicherweise gar nicht mehr lebt, mindert das nicht die Intensität dieser Offenbarung. Denn die Liebe, so wird ihm klar, meint weniger die körperliche Existenz, sondern vor allem »das geistige Wesen des geliebten Menschen«. Ob seine Frau lebt oder nicht, steht da »irgendwie gar nicht mehr zur Diskussion«. Denn Frankls liebenden Gedanken, »der liebenden Schau«, so empfindet er, »kann das alles nichts mehr anhaben«.[169]

Solche Fluchten nach innen helfen ihm oft gerade in den bedrückendsten Situationen des Lagerlebens. Und ihm fällt auf, dass dieser »Rückzug aus der schrecklichen Umwelt und die Einkehr in ein Reich geistiger Freiheit« empfindsamen Menschen leichter fällt, die von Haus aus geistig rege sind. »So und nur so ist die Paradoxie zu verstehen, dass manchmal die zarter Konstituierten das Lagerleben besser überstehen konnten als die robusteren Naturen.«

Am schwierigsten erweist sich der Umgang mit der »Zukunftslosigkeit« des Lagerlebens. Anders als ein normaler Gefangener kennt ein KZ-Häftling keinen Entlassungstermin. Damit aber stellt sich die Frage: Worin lässt sich ein innerer Halt finden, wenn gar nicht klar

ist, ob man das Konzentrationslager je lebendig verlassen wird? In der Auseinandersetzung mit dieser Frage gelangt Frankl zu einem radikalen Schluss: Zuversicht lasse sich nur aus der Überzeugung gewinnen, dass das Leben auch dann einen Sinn habe, wenn es hauptsächlich aus Leiden bestehe. Frankl geht sogar so weit zu sagen, »dass im rechten Leiden ein Leisten liegt, dass es eine innere Leistung darstellt.« Aus seiner Sicht hat also nicht nur das tätige schöpferische Leben oder das genießende Leben einen Sinn, sondern: »Wenn Leben überhaupt einen Sinn hat, dann muss auch das Leiden einen Sinn haben.« Schließlich gehöre zum Leben notgedrungen das Sterben, »Not und Tod machen das menschliche Dasein erst zu einem Ganzen.«
Ausgehend von solchen Gedanken formuliert er schließlich jene Maxime, die zum Dreh- und Angelpunkt seiner Logotherapie wird. Dass es nämlich nicht darauf ankomme, »was wir vom Leben noch zu erwarten haben, vielmehr lediglich darauf: was das Leben von uns erwartet«. Damit geht es für Frankl bei der Sinnsuche um nicht weniger als »eine Art kopernikanische Wende«: nämlich »dass wir nicht mehr einfach nach dem Sinn des Lebens fragen, sondern dass wir uns selbst als die Befragten erleben, als diejenigen, an die das Leben täglich und stündlich Fragen stellt.«
So wird selbst das Lagerleben für ihn zu einer »inneren Bewährungsprobe« und zur Möglichkeit, »innerlich über sich selbst hinauszuwachsen«. Natürlich seien dazu nur wenige Menschen fähig, gesteht Frankl ein; dennoch aber sei es einzelnen gelungen, »noch im äußeren Scheitern und auch noch im Sterben zu einer menschlichen Größe zu gelangen, die ihnen früher, in ihrer Alltagsexistenz, vielleicht niemals beschieden gewesen wäre.«

Nicht alle Leser werden der Radikalität dieser Argumentation folgen können oder wollen. Abgesehen davon, ist es für uns friedensgewohnte Wohlstandsbürger nahezu unmöglich, die psychische Lage eines KZ-Häftlings wirklich nachzuvollziehen – selbst wenn die Lektüre von Frankls berührendem Buch zumindest eine Ahnung davon vermittelt. Aber wohl jedem Leser dürfte sein Bemühen um Sinngebung Achtung einflößen; und unabweisbar ist, dass Viktor Frankl ohne dieses Denken, ohne diesen inneren Halt, das jahrelange Grauen niemals überstanden hätte.

Nach seiner Befreiung durch die US-Armee im April 1945 lebt Viktor Frankl selbst vor, was er lehrt. Er kommt aus der Hölle zurück nach Wien und praktiziert wieder als Psychiater. »Er war frei von allen Impulsen der Rache, der Vergeltung«, schreibt der österreichische Schriftsteller Hans Weigel über Frankl. »Er sah das Gute und überwand dadurch das vielfache Böse. Seine Landsleute hatten ihn erniedrigt, gequält (...) er vertauschte das Lager-Gewand mit dem weißen Mantel des Arztes und half ihnen als ärztlicher Seelsorger«.[170]

Erst nach seiner Befreiung erfährt er, dass außer seiner Schwester, die rechtzeitig mit ihrem Mann nach Australien emigriert war, kein einziges Mitglied der Familie die Nazi-Herrschaft überlebt hat. Um nicht in Depression und Verzweiflung zu versinken, stürzt sich Frankl ins Schreiben und verfasst kurz nach seiner Rückkehr ins zerbombte Wien zwei seiner bedeutendsten Werke. Zunächst rekonstruiert er das Buch *Ärztliche Seelsorge,* das er schon vor seiner Lagerzeit begonnen hatte. Das Manuskript hatte er ins Mantelfutter eingenäht, doch es war ihm in der Desinfektionsbaracke von Auschwitz abgenommen worden. Und kaum ist dieses Buch fertig, diktiert er in nur neun Tagen seinen Bericht *Ein Psychologe erlebt das Konzentrationslager*. Zwar wird die erste Auflage in Österreich ein Ladenhüter. Doch in englischer Übersetzung *(Mans Search for Meaning)* und auf Deutsch unter dem neuen Titel *... trotzdem Ja zum Leben sagen,* wird es später zum Welterfolg, in 26 Sprachen übersetzt und allein in den USA neun Millionen Mal verkauft. Bei einer Umfrage der amerikanischen Library of Congress

wird es gar 1991 zu den »zehn einflussreichsten Büchern in Amerika« gezählt.
So hat Viktor Frankl selbst das beste Beispiel für seine These gegeben, dass der Sinn nicht darin bestehe, was wir vom Leben zu erwarten haben, sondern darin, wie wir auf die Herausforderung des Lebens antworten.

VI. Die Kraft der großen Sache

Vom Sinn im Leben und wie man ihn findet; weshalb das Leben bei Indianern so attraktiv ist und warum Erfolg nichts mit Titeln zu tun hat

Was macht ein gelingendes Leben aus? Was braucht es, damit wir das Gefühl haben, unser Leben sei in irgendeiner Weise gelungen und sinnvoll? Über diese Frage denken wir vielleicht selten konkret und zielgerichtet nach. Und doch liegt sie letztlich all unseren Vorstellungen und Überzeugungen zugrunde und ist der heimliche Antriebsmotor unseres Tätig-Seins.

Bevor wir in diesem Kapitel nach möglichen Antworten suchen, ist es aufschlussreich, zunächst einen kurzen Blick in die Vergangenheit zu werfen. Denn noch bis weit ins Mittelalter hinein beschäftigte die Frage des gelingenden Lebens die Menschen eher wenig. Warum? Weil Religion und Tradition eine für alle gültige Antwort vorgaben. Der Sinn des Lebens bestand demnach – stark verkürzt – darin, sich in die vorgefügten Strukturen einzufügen, ein guter Christ zu sein und auf das Leben im Jenseits zu hoffen. Weitergehende Überlegungen verboten sich in der Regel schon deshalb, weil das Leben des Einzelnen weitgehend vorgezeichnet war und ihm in vielem gar keine Wahl blieb. Wer als Bauer geboren wurde, blieb sein Leben lang Bauer, der Sohn eines Schmieds wurde in der Regel ebenfalls Schmied, und als Frau hatte man sowieso kaum eine andere Wahl, als sich um Kinder, Küche und Kirche zu kümmern. Für individuelle Zukunftspläne und Sinnfragen war da nicht viel Raum.

Erst mit der Neuzeit und der Aufklärung begann sich all dies zu ändern. Religionen und Traditionen verloren an Bindekraft, und der propagierte »Ausgang des Menschen aus der selbst verschuldeten Unmündigkeit« machte fortan Lebensführung und Sinnfragen zu einer zunehmend individuellen Sache, ganz nach dem Motto »Jeder ist seines eigenen Glückes Schmied«. Dabei entstand in der Moderne ein enormer Raum an Freiheitsgraden und Wahlmöglichkeiten, der durch immer neue technische und wissenschaftliche Erfindungen ständig vergrößert wurde.

Spätestens heute, da alles möglich und nichts mehr verbindlich scheint, wird uns die Kehrseite dieser Entwicklung bewusst: Das moderne Individuum hat in nahezu allem die Wahl – Beruf, Lebensführung, politischer oder sexueller Orientierung –, ist damit aber auch für alles selbst verantwortlich und muss sich selbst entscheiden, was es möchte und anstrebt. Das gilt auch für die Frage nach Sinn und Lebensglück. Wir können (oder wollen) uns nicht mehr einfach auf die überkommenen Regeln von Religion oder Tradition zurückziehen, sondern müssen versuchen, in einer sich dramatisch wandelnden Welt immer wieder neue Antworten zu finden, die für unsere individuelle Situation passend und überzeugend sind.

Die existenziell Indifferenten

Solche Antworten zu geben, fällt heute offenbar immer mehr Menschen schwer. Umfragen zeigen, dass rund ein Drittel der Bevölkerung keinen tieferen Sinn in ihrem Dasein zu entdecken vermag. Besonders ausgeprägt ist die Ratlosigkeit unter jungen Menschen: Fast 50 Prozent von ihnen geben an, ihr Leben nicht als sinnerfüllt zu erfahren; zugleich sagen sie, die Frage nach dem Sinn sei ihnen weitgehend egal.[171]

»Existenziell indifferent« nennt die Psychologin Tatjana Schnell diese Gruppe von Menschen. Kennzeichnend für sie sei das Gefühl, wenig Kontrolle über das eigene Leben zu haben. Zugleich zeigen sie wenig Leidenschaft und Engagement, sowohl für ihre eigenen Belange wie für die der anderen. »Ihr Leben bleibt mehr auf der Oberfläche«, sagt Schnell, »manche wissen gar nicht mehr, was ›Sinn‹ überhaupt ist.« Die Psychologin von der Universität Innsbruck ist eine der wenigen, die das moderne Sinnempfinden empirisch erforschen. Auf die Frage, warum die Sinnfrage bei so vielen Menschen außen vor bleibe, hat Schnell eine klare Antwort: Weil der alltägliche Leistungs- und Konkurrenzdruck, der Kampf um Job und Karriere »dem Einzelnen immer weniger Möglichkeiten öffnen, sich selbst auszuprobieren«.[172] Das heißt: Viele stecken so im täglichen Hamsterrad, dass sie gar keine Zeit für die Frage haben, wozu das Ganze eigentlich dient.

Erstaunlicherweise leiden die wenigsten wirklich unter der Sinnleere. Nur etwa fünf Prozent der Befragten zeigen, den Studien von Schnell zufolge, Symptome einer echten »Sinnkrise« wie Depression, Ängstlichkeit oder Selbstmordgedanken. Den meisten »existenziell Indifferenten« hingegen ist das Thema schlicht und einfach wurscht. Sie leben mehr oder minder vor sich hin, ohne sich darüber groß einen Kopf zu machen und ohne psychisch besonders unter dem Sinndefizit zu leiden. Andererseits fehlen ihnen auch die großen positiven Emotionen: Sie fühlen sich in der Regel weniger wohl, sind unzufriedener und tendenziell schlechter gelaunt als Menschen, die ihr Leben als sinnvoll erfahren.

Die existenzielle Leerstelle macht sich vor allem bemerkbar, sobald schwere Zeiten kommen. Spätestens wenn man seinen Job verliert, ein Angehöriger stirbt oder sich die Lebensbedingungen grundsätzlich wandeln, wird die Frage nach dem Sinn des Ganzen virulent. Wer darauf keine Antwort weiß, verliert leicht jeden Lebensmut und wird anfällig für Depressionen. Was Viktor Frankl einst in Extremform als Bedingung für das Überleben im Konzentrationslager beschrieb – »Wehe dem, der kein Lebensziel mehr vor sich sah, der keinen Lebensinhalt mehr hatte« –, gilt der Forschung zufolge heute ganz allgemein für den Umgang mit psychischen Belastungen: Sinnerfahrungen helfen, sich schneller von Schicksalsschlägen zu erholen, im Alltag gelassener zu bleiben und Stress besser zu bewältigen.[173] Frankl selbst brachte das auf seine berühmte (von Nietzsche entlehnte) Formel: »Wer ein Warum zu leben hat, erträgt fast jedes Wie.«[174]

Abgesehen davon erweist sich das Empfinden eines Lebenssinns auch als wichtiger Gesundheitsfaktor. Als zum Beispiel US-Forscher das Leben von mehr als 1 200 Senioren in und um Chicago untersuchten, stellten sie fest: Jene Menschen, die ihrem Dasein Bedeutung zumaßen und noch Ziele hatten, lebten messbar länger als die Pensionäre, denen ihr Leben leer vorkam.[175] Weitere Studien zeigen: Sinn zu erleben fördert das Wohlbefinden, hebt die Laune und kann sogar den Verlauf einer Alzheimer-Erkrankung abmildern.[176]

Was Sinnerfahrungen auszeichnet

Für das Thema Zuversicht ist also das Erleben von Sinn von zentraler Bedeutung. Die Frage ist nur: Wie findet man den persönlichen Lebenssinn? Wie kommt man zu der Überzeugung, das eigene Tun und Denken beziehungsweise die eigene Existenz sei in irgendeiner Weise sinnvoll? Anders als so vieles andere in unserer unerschöpflichen Warenwelt kann man sich einen Sinn ja nirgendwo kaufen; man kann noch nicht einmal, im Unterschied zur käuflichen Liebe, sich einen Sinn borgen oder sich eine Art Pseudosinn zulegen.

Denn eine echte Sinnerfahrung ist vor allem eines: eine Erfahrung und kein Gedankenkonstrukt. Sinn wird erlebt, nicht intellektuell erfasst. Entweder ein bestimmtes Tun fühlt sich sinnvoll für uns an – oder eben nicht. Und dieses Gefühl lässt sich nicht betrügen. Das bedeutet auch, dass ein Sinnerleben immer etwas Individuelles ist. Vorgegebene Antworten in Ratgebern oder Philosophiebüchern mögen uns zwar inspirieren. Doch ob *ich* einen Sinn für *mich* als gültig und motivierend erfahre, hängt letztlich nur an *meinem* eigenen, persönlichen Erleben.

Ein zweites Charakteristikum dieser merkwürdigen Größe namens Sinn ist die Tatsache, dass sie nicht an das Erreichen eines bestimmten Ziels gekoppelt ist, sondern mehr an das Darauf-Zu-Streben. Denn Sinn (von althochdeutsch *sinnan:* reisen, streben, trachten) hat vor allem mit einer Bewegungsrichtung zu tun, nicht mit dem Ankommen. Das beste Beispiel ist der Uhrzeigersinn, der angibt, in welche Richtung sich die Zeiger bewegen. Dabei geht es nicht darum, dass die Zeiger am Ende ein Ziel erreichen, sondern darum, dass sie etwas Unsichtbares sichtbar machen: die Ausrichtung der Zeit.[177]

Das Erleben von Sinn hat also mehr mit der Tatsache des Unterwegsseins und einem angestrebten Ideal zu tun als mit dem Ankommen. Paradoxerweise kann das Ankommen einen vorher erfahrenen Sinn sogar geradezu zerstören – weshalb sehr Reiche, rundum Gesättigte, die stets das Ziel des materiellen Wohlstands verfolgten, am Ende ihren Reichtum oft als sinnentleert empfinden. In diesem Sinne ist auch jenes berühmte Zitat zu verstehen, das der heiligen Theresa von Ávila zugeschrieben wird: »Es werden mehr Tränen über erhörte Gebete vergossen als über nicht erhörte.«

Und als Drittes wäre da die wichtige Unterscheidung zwischen Glück und Sinn. Für viele Menschen sind beide Begriffe synonym: »Sinn« bedeutet für sie, so viele Glückserfahrungen wie möglich zu machen, Spaß zu haben und das Leben zu genießen.[178] Ihr »Glücks-Sinn« ist also vor allem an das Erleben positiver Emotionen gekoppelt und an die Abwesenheit negativer. Leider sind solche glückhaften Zustände bekanntermaßen recht kurzlebig. Das

Glück der Verliebtheit, die Freude über den neuen Job, der Spaß im Vergnügungspark – sie alle teilen den bedauernswerten Nachteil, dass sie in der Regel allzu schnell vorbeigehen.

Eine Sinnerfahrung hingegen ist dauerhafter und kann einen ein ganzes Leben lang begleiten; sie vermittelt vielleicht keine ekstatischen Gefühle, geht aber tiefer als das oberflächliche Glück. Die wichtigste Unterscheidung jedoch: Sinn hängt nicht an positiven Emotionen. Im Gegenteil: Eine Sinnerfahrung kann auch negative Gefühle einschließen und sie in eine sinnvolle Erfahrung verwandeln.

Bestes Beispiel ist die Gründung einer Familie. Die allermeisten Eltern erleben die Geburt und das Bemühen um die eigenen Kinder als eine höchst sinnvolle Sache; doch niemand wird behaupten, dass Kindererziehung stets nur mit positiven Gefühlen einherginge. Anfangs kämpft man mit Schlafmangel und Kinderkrankheiten, später mit Schulproblemen, den Wirren der Pubertät und tausend anderen Sorgen. Das viel beschworene Familien»glück« wird da allenfalls auf einer grundsätzlichen Ebene erfahren; im Alltag erfordert es eine ausgeprägte Frustrationstoleranz und oftmals den Verzicht auf die Erfüllung eigener Wünsche.

Dennoch – oder gerade deshalb – führen solche Sinnerfahrungen auf Dauer zu größerer Zufriedenheit als kurzfristige Glückserlebnisse. Das hat auch die sogenannte »positive Psychologie« gemerkt. Nachdem sie jahrelang vor allem erforschte, wie Menschen glücklich werden, ist in jüngster Zeit ein Umschwung zu beobachten. Zunehmend wird den Psychologen klar, dass die Fokussierung auf Glück, Freude und Genuss (altgriech. *hedone*) alleine nicht zu einem gelingenden Leben führt. Was mehr zählt, ist das, was die griechischen Philosophen *eudaimonia* nannten: ein sinnhaftes Handeln, das im Einklang mit den eigenen Werten steht und hilft, auch unvermeidliche Krisen, Leid und Schmerz zu verarbeiten. »Die Studienlage jedenfalls ist eindeutig«, resümiert das

Fachblatt *Gehirn & Geist*: »Für unser Wohlbefinden und unsere Gesundheit scheint es wichtiger zu sein, an Stelle des schnellen, oberflächlichen Glücks den umfassenden Sinn anzustreben.«[179]

Vom Glück der Generativität

Doch in welcher Richtung soll man ihn denn nun suchen, den viel gepriesenen Sinn? Die erste Antwort darauf lautet: Schon allein die Suche nach einem persönlichen Sinn kann als sinnvoll erlebt werden. Denn es kommt ja eher auf die Richtung an als auf das Erreichen eines Ziels. Sich die Lebensfrage nach dem Sinn zu stellen – auch wenn das anfangs mühsam oder gar frustrierend erscheint –, bringt einen also bereits auf die richtige Spur.

Allerdings ist es nicht so, dass man den Sinn irgendwann findet, so wie man etwa einen Goldklumpen findet. Es wäre ein Missverständnis zu glauben, dass da draußen irgendwo der passende Lebenssinn wartet und man ihn nur aufspüren müsste. Das besondere Gefühl der Sinnhaftigkeit entwickelt sich eher allmählich, wenn man in die (für einen selbst) stimmige Richtung geht und die Bedingungen dafür schafft, dass das eigene Tun sich sinnvoll anfühlt.

Zudem gibt es für die meisten Menschen nicht *den einen* Sinn – außer vielleicht für Genies wie Hawking, die vor allem für eine Sache (etwa die Astrophysik) brennen. Es gibt vielmehr unendlich viele verschiedene Möglichkeiten, das eigene Leben sinnvoll zu gestalten. In ihrem Buch *Psychologie des Lebenssinns* listet Tatjana Schnell 26 »sinngebende Lebensbedeutungen« in fünf verschiedenen »Sinndimensionen« auf. Diese reichen von den Sinnelementen Vernunft, Moral oder Tradition (Dimension »Ordnung«) über Liebe, Gemeinschaft und Fürsorge (Dimension »Wir und Wohlgefühl«) bis hin zu klassischen Sinngebern wie Religion,

Spiritualität, Selbsterkenntnis oder Naturverbundenheit (Dimension »Selbsttranszendenz«).[180]

Als zentral erweist sich ein Begriff, der quer durch alle Befragungen und Dimensionen als einer der wichtigsten Sinngeber aufscheint: die sogenannte *Generativität*. Damit ist das Bemühen gemeint, etwas an andere Generationen weiterzugeben und zum »großen Ganzen« beizutragen – sei es, indem man Kinder erzieht, Wissen vermittelt, Musik komponiert, die Natur schützt oder sich politisch oder ehrenamtlich engagiert. Generativität hat also vor allem mit dem Gefühl zu tun, sich in einen größeren Zusammenhang eingebunden zu fühlen, der das eigene, begrenzte Leben überschreitet und der damit die individuelle Existenz mit Sinn erfüllt – selbst über den Tod hinaus.

Für Juliane Koepcke auf ihrem Weg durch den Dschungel war das zum Beispiel der nächtliche Wunsch, ihr Leben etwas Wichtigem zu widmen, »von dem die Menschheit und die Natur profitieren werden«. Sebastião Salgado fand seinen Sinn erst darin, das Leiden der Unterdrückten sichtbar zu machen, und später darin, die Ursprünglichkeit der Schöpfung zu dokumentieren. Und für Nelson Mandela lag der Sinn im Streben nach Freiheit und im Kampf gegen die Apartheid. Das Gefühl, das Mandela etwa beim gemeinsamen Singen und Tanzen mit seinen Gefährten beschrieb – »In diesem Augenblick spürten wir die Hand der großen Vergangenheit, die uns zu dem machte, wer wir waren, und die Kraft der großen Sache, die uns alle verband« –, ist ein wunderbares Beispiel für das Erleben von Generativität, sowohl in Bezug auf die Vergangenheit (»die uns zu dem machte, wer wir waren«) als auch im Hinblick auf die Zukunft.

Man muss allerdings nicht so genial wie Hawking oder so politisch begabt wie Mandela sein, um die »Kraft der großen Sache« zu spüren. Auch prosaischere Naturen können solche Erfahrungen machen, wie das Beispiel des früheren Nationaltorhüters Oliver

Kahn zeigt. Während seiner aktiven Laufbahn galt Kahn (der »Titan«) als ebenso brillant wie egozentrisch. Legendär waren nicht nur seine Glanzparaden, sondern auch seine Ausfälle auf dem Platz, die zum Teil brutale Aggressivität gegenüber den Spielern gegnerischer (und manchmal auch des eigenen) Teams. Niemand wäre auf die Idee gekommen, in dem eigenwilligen, oft überehrgeizigen Kahn so etwas wie ein Exempel für das Gefühl der Zusammengehörigkeit zu sehen.

Und doch machte ausgerechnet dieser harte Knochen am Ende seiner Laufbahn eine generative Erfahrung, die er im Rückblick als eine der »wichtigsten in meiner Karriere« bezeichnete. Denn bei der Fußball-WM 2006 musste der große Kahn eine schier unendliche Schmach hinnehmen. Der Mann, der vier Jahre zuvor bei der WM in Korea noch zum »besten Spieler« des gesamten Turniers gewählt worden war und der die deutsche Mannschaft fast im Alleingang ins Finale gebracht hatte,[181] durfte 2006 nur noch als Nummer zwei hinter Torhüter Jens Lehmann mitfahren. Erst als die Deutschen im Halbfinale gegen Italien verloren und zum Abschluss das Trostspiel um den dritten Platz bestritten, durfte Kahn ins Tor.

Vor dem Spiel habe er gedacht: »Dritter Platz, Entschuldigung, das bringt doch nichts«, erzählte damals Kahn. »Ich wollte immer nur siegen, mein ganzes Leben war auf Gewinn gepolt.« Die Ersatzbank während der WM sei für ihn als Sportler »die Höchststrafe« gewesen. Doch als er dann ins Stadion lief, die Euphorie der Fans erlebte, das Fahnenmeer und den enthusiastischen Jubel über das (am Ende gewonnene) Spiel, da wehte auch den harten Kahn die »Kraft der großen Sache« an. Ihm wurde plötzlich bewusst, dass er nicht nur für sich gespielt hatte, sondern für ein ganzes Land. Und ihm wurde klar: »Es gibt auch Erfolg, der nichts mit Titeln zu tun hat.«[182]

Heute bezeichnet er es rückblickend als eine seiner besten Entscheidungen, damals als Nummer zwei zur WM gefahren zu sein.

Und er findet dafür Worte der Begründung, die klingen, als hätte sie ein Experte für Generativität formuliert: »Sich einer Sache unterzuordnen, die größer ist als das persönliche Schicksal, und dabei nicht den ganzen Tag mit einem ›Beleidigte-Leberwurst-Gesicht‹ herumzulaufen, kann der eigenen Entwicklung nicht schaden.«[183]

Mit dieser Aussage wäre selbst Viktor Frankl zufrieden gewesen. Hatte dieser doch in seiner Logotherapie immer betont, es komme nicht darauf an, was man selbst vom Leben erwarte, sondern darauf, »was das Leben von uns erwartet«. In diesem Sinne hat Kahn echte Größe gezeigt: Statt sein eigenes Ego ins Zentrum zu stellen und sich über seine enttäuschten Erwartungen zu ärgern, war es ihm gelungen, die unfairen Wendungen des Lebens anzunehmen und auf diese Weise einen größeren Zusammenhang zu erleben.

Von der »Ego- zur Sinnorientierung« hat Frankl solche Wendungen genannt: Statt das Geschehen aus der üblichen Nabelschau zu betrachten, die alles nur im Hinblick auf die eigene Person interpretiert (Warum passiert das gerade *mir*? Wie geht es *mir* damit? Wie werde *ich* glücklich?), geht es in der Sinnorientierung vor allem um die Frage: Wie kann ich *anderen* helfen? Was kann ich beitragen, um die Situation zu verbessern? Der Clou daran: Eine solche innere Haltung ist nicht nur hilfreich für andere, sondern auch für einen selbst. Denn sie beschert einem automatisch positive Gefühle wie Selbstwirksamkeit und Zugehörigkeit. Anders gesagt: Die Ausrichtung auf andere lässt uns einen Zusammenhang erleben und spüren, dass wir dafür eine Verantwortung tragen – dass es also nicht egal ist, ob wir existieren und wie wir unser Leben leben.

Das Problem ist nur: In der modernen Wettbewerbsgesellschaft sind solche Erfahrungen der Zugehörigkeit eher die Ausnahme als die Regel. Denn in unserem Wirtschafts- und Gesellschaftssystem wird Konkurrenz groß- und Solidarität kleingeschrieben. Es ist bezeichnend, dass Kahn erst ganz am Ende seiner sportlichen Karriere klar wurde, dass er nicht nur für sich gespielt hat. Dabei ist gerade im Sport ständig von Zusammenhalt und Teamgeist die Rede. Doch die Wahrheit ist: Am Ende geht es nur darum, wer die Nase vorn hat; die Fähigkeit zur Unterordnung wird im Sport selten belohnt. Ganz ähnlich ist es in der Gesellschaft allgemein: Zwar werden in Sonntagsreden und Talkshows gerne die Solidarität mit Schwächeren und der gesellschaftliche Zusammenhalt beschworen. Doch wenn das Rampenlicht erloschen ist, dann geht es vielen Politikern, Managern und anderen Prominenten vor allem um eines: das persönliche Fortkommen.

Die Verstörung der Soldaten

Wie selten echte Erfahrungen von Gemeinschaft und Zugehörigkeit heute geworden sind – und wie groß die Sehnsucht danach ist –, das ist auch das große Thema von Sebastian Junger. Der Journalist und Dokumentarfilmer hat sich sozusagen auf menschliches Verhalten in Extremsituationen spezialisiert. Bekannt wurde er durch die beklemmende Schilderung des Untergangs eines Fischerbootes im Sturm,[184] danach dokumentierte er die Seelenlage von Soldaten im Afghanistankrieg aus nächster Nähe.[185] Zwischen 2007 und 2008 war er mehrere Monate mit Soldaten der amerikanischen Luftlandetruppe im afghanischen Korengal-Tal unterwegs, das damals als eines der gefährlichsten Frontgebiete im Kampf gegen die Taliban galt. Junger teilte das Leben der Soldaten, freundete sich teilweise mit ihnen an und begleitete auch ihre Rückkehr ins Zivilleben.[186]

Dabei machte er zwei verstörende Beobachtungen. Die eine war, dass viele der Soldaten zu Hause immer wieder davon sprachen, ihre Einheit zu vermissen und sich nach der Zeit in Afghanistan zurückzusehnen – obwohl sie im Kampfeinsatz nichts lieber gewollt hatten, als endlich heimzukommen. Zum anderen kam es unter den Veteranen zu einer regelrechten Epidemie posttraumatischer Belastungsstörungen (PTSD) – selbst bei jenen, die gar keine traumatischen Kriegseinsätze erlebt hatten. Obwohl nur zehn Prozent der Soldaten in Kampfhandlungen verwickelt gewesen waren, stellten rund fünfzig Prozent aller Veteranen später in den USA Anträge auf permanente Arbeitsunfähigkeit. Was die Soldaten so verstörte, folgerte Junger, musste also etwas anderes sein als die direkte Konfrontation mit Kampf und Gefahr. In einem aufsehenerregenden Artikel vertrat er 2015 die These, dass es weniger der Krieg sei, der die Soldaten traumatisierte, sondern eher der Wiedereintritt in eine Gesellschaft, in der sie sich nicht mehr gebraucht und zugehörig fühlten.[187]

»Was all diesen Leuten zu fehlen scheint, ist weder Gefahr noch Verlust, sondern die Nähe und Gemeinschaft, die mit Gefahren oft einhergehen«, schrieb Junger. In einem *platoon*, der aus 30 bis 50 Mann bestehe, erlebten die Soldaten ein extremes Zusammengehörigkeitsgefühl, ähnlich wie in der Frühgeschichte der Menschheit die Jäger-und-Sammler-Gemeinschaften. »Sie schlafen gemeinsam im selben Camp, gehen zusammen auf Erkundung, sind völlig aufeinander angewiesen, um sich zu unterstützen und zu schützen, und sie teilen eine Gruppenidentität, für die die meisten ihr Leben riskieren würden«, schrieb Junger, »denn das persönliche Überleben ist nicht ohne das Überleben der Gruppe möglich.«

Was die Soldaten also aus seiner Sicht an der Front erlebten, war eine tief greifende Verwandlung: Anstelle ihres individuellen Eigeninteresses trat plötzlich das Gemeinschaftsinteresse, aus Ego- wurde Sinnorientierung. Und das wurde offenbar als so wertvoll erlebt, dass sich die Soldaten – trotz aller Gefahren und Schrecken des Krieges – später im Zivilleben danach zurücksehnten. So erklärte einer der Veteranen einmal gegenüber Junger: »Die Leute zu

Hause denken, dass wir nach unserer Militärzeit deshalb so viel trinken, weil wir so viel Schlimmes erlebt haben. Aber das ist nicht wahr, das stimmt nicht. Wir trinken, weil wir all die guten Dinge von dort vermissen.«[188]

Dabei liegt es Junger fern, den Krieg zu heroisieren. Gerade das Korengal-Tal erscheint in seiner Schilderung als eine Art Hölle auf Erden, wo es im Sommer bis zu 40 Grad heiß wird und es im Winter Schneestürme gibt; wo Soldaten selten etwas Warmes zu essen bekommen, höchstens einmal die Woche duschen können, Tage unerträglicher Langeweile durchstehen müssen und dann wieder in ein Dutzend Gefechte an einem einzigen Tag verwickelt werden. Junger sah auch mehrere Menschen sterben, darunter den Sanitäter Juan Restrepo, dem mehrere Kugeln das Gesicht zerfetzt hatten (und nach dem einer von Jungers Dokumentarfilmen benannt ist).

Dennoch, so sagt der Kriegsreporter, habe er nach einigen Monaten begriffen, »dass dieser Ort für die Soldaten trotz allem der wichtigste der Welt geworden war, weil sie hier eine Art von Bestimmung und Berufung finden, die sie bisher nicht kannten und womöglich nie wieder so erleben werden«. Natürlich würden sie an der Front ihr Zuhause vermissen, ihre Frauen, die Abende mit Freunden beim Baseball oder ein kühles Bier, erklärt Junger. »Aber wenn sie nach Hause kommen, fühlt sich das alles anders an. Das ist ja das, was sie so irre macht: Sie sind der Hölle entkommen und müssen auf einmal feststellen, dass sie sich zu Hause weniger wohlfühlen als dort, wo sie gerade waren. Und sie müssen plötzlich erkennen, dass ihre Beziehungen mit Freunden und Familie nicht so fest und beständig sind, wie sie gedacht hatten.«

Siedler und Indianer

Diese Beobachtungen haben Sebastian Junger nicht mehr losgelassen. Er recherchierte weiter, sprach mit Anthropologen und Psychologen, beschäftigte sich mit Stammeskulturen und las historische Berichte von Kriegs- und Katastrophenzeiten. Am Ende fasste er seine Erkenntnisse in einem provozierenden Buch zusammen, das vor allem in den USA viele Rezensenten nachhaltig verstörte.[189] Denn in *Tribe* vertritt Junger die These, dass für Menschen nichts so wichtig sei wie das Gefühl des Gebrauchtwerdens und des Eingebundenseins – und dass unsere moderne Gesellschaft in dieser Hinsicht völlig versage. Denn sie habe »die Kunst perfektioniert, den Menschen das Gefühl der Nutzlosigkeit zu geben«. Und das habe verheerende Folgen.

Um das zu belegen, führt Junger eine Vielzahl von Beispielen an, nicht nur aus dem Afghanistankrieg, sondern auch aus der amerikanischen Historie. So beschreibt er die erstaunliche Asymmetrie, die bei dem Aufeinandertreffen der weißen Siedler mit den Indianern während der Besiedelung Amerikas zu beobachten war: Im Laufe der Zeit lief eine überraschend hohe Anzahl der Weißen zu den indianischen Gemeinschaften über; das Gegenteil jedoch, der freiwillige Anschluss von Indianern an die weiße Gesellschaft, geschah so gut wie nie.

Das irritierte die Siedler zutiefst, die doch von der Überlegenheit ihrer Lebensform felsenfest überzeugt waren. Benjamin Franklin, einer der Gründerväter der Vereinigten Staaten, notierte im Jahre 1753 erstaunt, es sei kaum möglich, ein Indianerkind von den Vorzügen der modernen Zivilisation zu überzeugen. Selbst wenn es bei Weißen aufgewachsen sei, deren Sprache und Bräuche erlernt habe, würde es beim Zusammentreffen mit seinen indianischen Verwandten unweigerlich dorthin zurückwollen und »sich nie wieder zur Rückkehr bewegen« lassen. Umgekehrt sei es fast unmöglich, weiße Gefangene nach ihrer Befreiung aus den Händen der Indianer zu Hause zu halten. »Obwohl von ihren Freunden freigekauft und mit aller denkbaren Behutsamkeit behandelt, um sie davon zu überzeugen, bei den Engländern zu bleiben, sind sie schon nach kurzer Zeit von unserer Lebensart angewidert«, schrieb Franklin, »und nutzen die erstbeste Gelegenheit, um wieder in die Wälder zu entkommen.«[190]

Ähnliche Beobachtungen machten auch andere. »Tausende Europäer leben bei den Indianern, und es gibt nicht ein einziges Beispiel für einen Ureinwohner, der freiwillig Europäer geworden ist«, berichtete 1782 ein französischer Siedler namens Hector de Crèvecœur. »Der soziale Zusammenhalt der Indianer muss etwas einzigartig Faszinierendes gehabt haben, das bei Weitem alles übertraf, dessen wir uns rühmen konnten.«

Tatsächlich ging es innerhalb der Indianerstämme in der Regel sehr viel egalitärer zu als in den Kolonien der Weißen, die oft von strengen Hierarchien und einengenden Moralvorschriften geprägt waren. Sozialer Status wurde bei den Indianern nicht vererbt, sondern musste von jedem Mann durch eigene Jagd- oder Kriegserfolge erworben werden. Auch konnten sich kaum große Wohlstandsunterschiede ausbilden, weil der persönliche Besitz auf das beschränkt war, was zu Pferd oder zu Fuß transportiert werden konnte. Selbst die Frauen waren weniger eingeengt als ihre weißen Geschlechtsgenossinnen. »Hier habe ich keinen Herrn«, zitierte der Sekretär der französischen Gesandtschaft eine Kolonialfrau, die über ihr Leben bei den Indianern sprach. »Ich bin allen Frauen im Stamm gleichberechtigt, tue, was mir gefällt, ohne dass irgendjemand etwas dazu sagt, und arbeite nur für mich selbst.«

Innerhalb eines Stammes galt allerdings das Gebot äußerster Loyalität. Weil die Gemeinschaft nur zusammen überleben konnte, war für die Indianer – ähnlich wie für die Soldaten in Afghanistan – das Stammesinteresse wichtiger als jedes persönliche Eigeninteresse. Wer sich in Kriegs- oder Krisenzeiten als feige erwies und sich nicht für die anderen aufopferte (oder wer auch nur mit dem Feind kommunizierte), musste mit der Todesstrafe rechnen. »Dieses simple Ethos erhob Loyalität und Mut über alle anderen Werte und adelte die Erhaltung des Stammes zu einem fast heiligen Auftrag«, schreibt Junger dazu.

Die Gemeinschaft der Stammeskulturen

Man hat Sebastian Junger vorgeworfen, in seinem Buch die Stammeskulturen allzu sehr zu idealisieren und deren oft grausame Seiten nicht genügend zu beleuchten. Tatsächlich hatte das viel gepriesene Gemeinschaftsgefühl eine dunkle Kehrseite: Der Zusammenhalt und die Kooperation im Inneren waren stets gegen Feinde im Äußeren gerichtet. Praktisch alle Indianerstämme führten Krieg gegen ihre Nachbarn und praktizierten dabei oft grausame Folterrituale. Auch Junger erwähnt, dass »Gefangene, die nicht sofort mit dem Tomahawk erschlagen wurden«, sich darauf gefasst machen mussten, »ausgeweidet und mit den Gedärmen an einen Baum gebunden, über einem kleinen Feuer lebendig zu Tode geröstet oder einfach in Stücke gehackt und an die Hunde verfüttert zu werden«. Ein Idyll war das Indianerleben sicherlich nicht.

Warum war es dennoch für viele weiße Siedler so attraktiv, dass sie sich entschlossen, ihre eigene Lebensweise aufzugeben und zu einem Stamm überzulaufen? Die Annahme liegt nahe, dass es aus demselben Grund geschah, aus dem die heimgekehrten Afghanistanveteranen wieder ins Kriegsgebiet zurückwollten: weil sie dort ein extremes Zusammengehörigkeitsgefühl erlebten und in eine verschworene Gemeinschaft eingebunden waren, die sie zu Hause vermissten.

Ein solches Gemeinschaftsgefühl war für die Menschheit während des Großteils ihrer Evolutionsgeschichte unabdingbar. Anthropologen konnten das noch bis vor Kurzem an Nomadenvölkern wie den !Kung in der afrikanischen Kalahariwüste studieren, die bis in die 1970er-Jahre ähnlich lebten wie unsere Vorfahren über Jahrtausende hinweg in der Steinzeit: Sie organisierten sich in kleinen Gruppen von etwa fünfzig Menschen, gingen gemeinsam zum Jagen oder Sammeln und teilten abends die erbeutete Nahrung, sodass jeder einen gerechten Anteil erhielt. Nahezu alles wurde in Gemeinschaft erledigt, auch die Kinder waren bei fast allen Aktivitäten selbstverständlich dabei, und kaum jemals war jemand alleine.

So machten die Stammesmitglieder ganz automatisch die Erfahrung der »Generativität«, die Psychologen heute als so wertvoll für das Gefühl eines sinnvollen Lebens beschreiben. Zwar war das Dasein in den Stammesgemeinschaften in vielerlei Hinsicht beschwerlich und gefährlich – Unfälle und Verletzungen waren an der Tagesordnung, ständig drohten wilde Tiere, Naturkatastrophen oder Kriege, und die Menschen alterten und starben viel früher als später in den wohlhabenden Industriegesellschaften – aber zumindest ein großes Manko der modernen Welt blieb ihnen erspart: Von Gefühlen der Sinnlosigkeit oder der »existenziellen Indifferenz« ist in den Stammesgesellschaften nichts bekannt; ebenso wenig waren Einsamkeit oder Selbstmorde ein nennenswertes Problem.

Das änderte sich mit der Entwicklung der modernen Zivilisation. Dank intensiverer Landwirtschaft, Arbeitsteilung, Technik und Industrie wuchs nicht nur der Wohlstand, sondern auch die persönliche Freiheit. Die Anhäufung von Besitz erlaubte den Menschen, immer häufiger individuelle Entscheidungen über ihr Leben zu treffen, und diese Entscheidungen verminderten unweigerlich den Einsatz der Gruppe für das Gemeinwohl. Deshalb schreibt

Junger: »Je moderner die Gesellschaft wurde, desto mehr sahen sich die Menschen in der Lage, unabhängig von jeder Gemeinschaft zu leben.«

Heute ist man in Notlagen nicht mehr zuerst auf die Hilfe seiner Nachbarn angewiesen, sondern vertraut eher auf den persönlichen Versicherungsschutz, der für jeden Ernstfall – Krankheit, Unfall, Feuer oder Arbeitslosigkeit – die richtige Police bereithält. Und wer nicht heiratet, keine Kinder bekommt und sich auch nicht anderweitig engagiert, kann sein Leben frei von jeder Verantwortung für andere führen, losgelöst von verbindlichen menschlichen Beziehungen und in dem (wenn auch illusionären) Gefühl, niemanden wirklich zu brauchen und von niemandem gebraucht zu werden.

Das führt zu dem modernen Dilemma, dass einerseits die Spielräume der persönlichen Freiheit enorm zugenommen haben – und andererseits das Gefühl der Zugehörigkeit abgenommen hat, das jahrtausendelang eine der wichtigsten Sinnquellen menschlicher Existenz war. Für Sebastian Junger erklärt sich so das Paradox, dass gerade in wohlhabenden Industriegesellschaften, in denen das Leben in materieller Hinsicht komfortabler und leichter ist als jemals zuvor, die Zahlen für Depressionen, Angststörungen und alle möglichen Arten psychischer Leiden deutlich ansteigen.[191]

Daten der Weltgesundheitsorganisation WHO zeigen, dass die Menschen in reichen Ländern achtmal so oft an Depressionen leiden wie Menschen in ärmeren Ländern, weshalb die Schwermut heute unter Fachleuten als »Krankheit der Moderne« gilt.[192] Dasselbe Etikett kann man auch der Einsamkeit anheften, die mittlerweile so viele Menschen betrifft, dass Großbritannien als erstes Land weltweit ein »Ministerium für Einsamkeit« einführte.[193] Und deutsche Politiker fordern inzwischen, diesem Beispiel auch hierzulande zu folgen.[194] Der Schluss liegt nahe, dass der Anstieg der Einsamkeit und der Depressionen eng zusammenhängt: Wer sich einsam fühlt, neigt verstärkt zu Schwermut, und wer depressiv ist, hat Mühe, soziale Beziehungen aufzubauen. Und daran ändern auch alle Fortschritte der Medizin nichts.

Wenn Menschen zusammenrücken

Kurioserweise scheint sich ausgerechnet in Krisenzeiten diese Entwicklung umzukehren. Je schlechter die äußere Lage, umso mehr rücken die Menschen zusammen – und umso weniger neigen sie zu Depressionen. Dieser irritierende Zusammenhang fiel schon dem Soziologen Émile Durkheim auf, der beobachtete, dass in Kriegszeiten die Selbstmordraten sinken (statt zu steigen, wie man erwarten könnte). Auch britische Psychiater stellten während des Zweiten Weltkriegs erstaunt fest, dass die Zahl der psychischen Störungen zurückging. »In Friedenszeiten chronisch neurotische Menschen fahren jetzt Krankenwagen«, notierte ein Londoner Arzt verblüfft. Sowohl bei der Bombardierung Londons durch deutsche Flieger als auch später bei den Angriffen der britischen Air Force auf Dresden zeigte sich, dass die (von den Angreifern erhofften) Massenhysterien ausblieben. Stattdessen schienen die Bombardierungen geradezu das Gegenteil zu bewirken: Statt demoralisiert zu sein, zeigten die Londoner wie die Dresdner mehr Entschlossenheit und Kampfgeist als zuvor.

Der amerikanische Offizier Charles Fritz, der für die amerikanischen Streitkräfte die psychologische Wirkung der Bombardierungen dokumentieren sollte, war von diesen Befunden so verblüfft, dass er nach dem Zweiten Weltkrieg zu einem Pionier der modernen Resilienzforschung wurde. In seinen Studien ging er der Frage nach, wie Gemeinschaften mit schweren Unglücken fertigwerden, nicht nur im Krieg, sondern auch nach Naturkatastrophen. Immer wieder zeigte sich: Statt in Panik oder Anarchie zu verfallen, rücken die Menschen in der Katastrophe enger zusammen, unterstützen sich und denken mehr an das Wohl der Gemeinschaft als an ihr Eigeninteresse.

Als Fritz 1961 seine Ergebnisse in einer längeren Abhandlung zusammenfasste, leitete er diese mit der denkwürdigen Frage ein: »Warum verursachen große Katastrophen eine so gesunde mentale Verfassung?« Seine Antwort: In Krisenzeiten entstehe eine »Leidensgemeinschaft«, in der sich die üblichen Klassen- oder Einkommensunterschiede verwischten und die auf ihre Mitglieder einen tröstenden, ermutigenden Einfluss habe. Das dabei erlebte Gemeinschaftsgefühl würde als enorm befriedigend erfahren und könne auf Menschen mit einer psychischen Störung geradezu therapeutisch wirken.[195]

Nun geht es nicht darum, Kriegs- und Katastrophenzeiten zu verherrlichen. Niemand, der seine fünf Sinne beieinanderhat, wünscht sich aus Gründen des sozialen Zusammenhalts einen bewaffneten Konflikt herbei. Interessant sind diese Erkenntnisse eher in umgekehrter Richtung: weil sie das Defizit des normalen Alltagslebens verdeutlichen, in dem viele Menschen eine solche Solidarität und ein derartiges Zugehörigkeitsgefühl schmerzlich vermissen.

Denn der real existierende Kapitalismus befeuert eher den Wettbewerb als den Gemeinschaftsgedanken. Schon in der Schule lernen Kinder, miteinander um die besten Noten, die kreativsten Leistungen oder die größten Sporterfolge zu wetteifern. Später setzt sich die Konkurrenz fort, wenn es um die coolsten Klamotten, die meisten Facebook-Follower, das dickste Gehalt oder die dünnste Taille geht. Das Konkurrenzprinzip steckt so tief in der Struktur unseres Denkens, dass wir selbst jene Tätigkeiten zum Wettbewerb erklären, die eigentlich der Entspannung und dem Abschalten dienen – wie es etwa auf »Yoga-Weltmeisterschaften«[196] geschieht. Unwillkürlich fühlt man sich dabei an das *Wettentspan-*

nen erinnert, das Peter Licht in seinem gleichnamigen Song ironisch besingt: »Wer sich schneller entspannt, ist besser als jemand, der sich nicht so schnell entspannt, der aber immer noch besser ist als jemand, der sich überhaupt nicht entspannt und eigentlich ja schon tot ist …«

Klar, man kann seinen Lebenssinn auch im steten Konkurrieren sehen; und das ständige Wetteifern um den ersten Platz – sei es beim Marathonlaufen, Luftgitarrespielen oder beim Pfahlsitzen – kann ein mächtiger Antrieb sein. Dummerweise sind jedoch die dabei entstehenden Glücksgefühle nie von langer Dauer; und selbst Ausnahmesportler wie Oliver Kahn müssen irgendwann der Tatsache ins Auge blicken, von anderen, Jüngeren, überflügelt zu werden.

Der kleine Sinn des Alltags

Unter der Perspektive des Sinnerlebens tut es also gut, die übliche Blickrichtung zu ändern und einmal nicht den eigenen Erfolg und das eigene Fortkommen im Blick zu haben, sondern sich als Gemeinschaftswesen zu betrachten und sich zu fragen, wo man sich eigentlich zugehörig fühlt und was man an andere weitergeben möchte. Schließlich ist der Wunsch nach Zugehörigkeit evolutionär tief in uns verankert. Und noch heute bewundern wir die erstaunlichen Zeugnisse des Gemeinschaftssinns früherer Epochen, wie er etwa in den gotischen Kathedralen zum Ausdruck kommt: Diese alten, kühnen Gebäude entstanden in zum Teil jahrhundertelanger Kooperation, und die anfangs Beteiligten konnten kaum damit rechnen, das Ende des Baus zu erleben (beim Kölner Dom dauerte es von der Grundsteinlegung 1248 bis zur Vollendung 1880 gar sage und schreibe 632 Jahre). Deshalb seien diese wagnisreichen Konstruktionen letztlich »auf ein Fundament aus

Zuversicht« gebaut, schreibt treffend der Architekturkritiker Hanno Rauterberg.[197] »Natürlich wussten die Baumeister damals so ungefähr, wie ihre Kirchen aussehen sollten. Doch ob ihre im Höhenrausch geborenen Inspirationen nicht zusammenbrechen, die Gelder nicht ausgehen, die Arbeiter nicht davonlaufen würden? Das wussten sie nicht.« Daran konnten sie nur glauben und auf die Fortsetzung durch künftige Generationen hoffen.

Wer würde heute noch ein solch zuversichtliches Gemeinschaftswerk in Angriff nehmen? Wer hätte so viel Vertrauen in die generative Kraft einer Idee, dass er sich auch von der Aussicht auf eine jahrzehnte- oder gar jahrhundertelange Realisierungsdauer nicht schrecken ließe? Beim Betreten einer mittelalterlichen Kathedrale ahnt man, wie groß früher Glaube und Zuversicht gewesen sein müssen und wie eng heute das Fenster unserer Hoffnungen geworden ist.

Zwar versuchen auch moderne Firmen heute, ihre Mitarbeiter nicht allein über das Gehalt zu motivieren, sondern über die Vermittlung von Wirgefühl und Zusammengehörigkeit. Die »Firmenfamilie« soll zum Ersatz für jene fehlenden Bindungen werden, die mit dem Verschwinden von Großfamilien, traditionellen oder religiösen Bezügen verloren gingen. Doch die beruflichen Gemeinschaftsprojekte sind in der Regel zeitlich eng begrenzt und vermitteln eher die Illusion von Zugehörigkeit als echten Gemeinschaftssinn. Denn letztlich geht es in Unternehmen nicht um Solidarität, sondern um Gewinnstreben. Und wenn der Profit sinkt, werden die zuvor geschätzten »Familienmitglieder« in der Regel ohne jeden Skrupel entlassen.

Doch es gibt Ausnahmen. So berichtet Sebastian Junger am Ende seines Buches von dem Unternehmer Martin H. Baumann, der in New York eine Firma zur Vermittlung von Führungskräften leitete und der offensichtlich seine »Firmenfamilie« ernst nahm. Als das Unternehmen in den 1990er-Jahren in wirtschaftliche

Schwierigkeiten geriet und zum ersten Mal Verluste machte, rief Baumann die Belegschaft zusammen und bat sie, eine zehnprozentige Gehaltskürzung hinzunehmen, damit er niemanden entlassen müsste. Alle erklärten sich einverstanden – worauf sich Baumann im Stillen entschloss, auf seine persönliche Entlohnung zu verzichten, bis die Firma wieder auf solidem Boden stand. Seine Belegschaft fand das nur deshalb heraus, weil der Buchhalter es ihnen verriet.[198]

Ein anderes Beispiel für herausragenden Gemeinschaftssinn lieferten die Mitarbeiter der Firma Seidel im hessischen Fronhausen, die Designprodukte aus Aluminium herstellt. Als sie erfuhren, dass der Sohn eines Angestellten an Leukämie erkrankt war und der Vater deshalb unbezahlten Urlaub beantragt hatte, beschlossen sie, ihm ihre eigenen Überstunden zu schenken. Bei der ungewöhnlichen Spendenaktion kamen am Ende fast 3300 Überstunden zusammen, die es dem Vater ermöglichten, sich ohne finanzielle Sorgen zu Hause um sein erkranktes Kind zu kümmern.[199]

Solche Beispiele zeigen: Ein gemeinschaftsdienliches Handeln ist unter vielen Umständen möglich, nicht nur in Indianerstämmen oder in Kriegs- und Katastrophenzeiten. Und oft reicht es, wenn ein aufmerksamer Mensch den Anstoß gibt, damit viele andere mitziehen. In der Fronhausener Firma Seidel war das die Personalleiterin Pia Meier. Als sie von dem Schicksalsschlag des Kollegen erfuhr, sprach sie mit der Geschäftsführung und dem Betriebsrat und rief die Überstundenaktion ins Leben – die dann einen überwältigenden Zuspruch erfuhr. »Wenn man selber Kinder hat, dann überlegt man nicht lange, dann handelt man und weiß, dass man so einem Arbeitskollegen helfen muss«, erklärte einer der Seidel-Mitarbeiter auf die Frage, warum er geholfen habe. Das sei doch »eine Selbstverständlichkeit« gewesen.

Auch das wäre vermutlich ganz im Sinne Viktor Frankls gewesen. Die meisten von uns wüssten oder ahnten im Innersten doch recht genau, »was wert- und sinnvoll wäre und was nicht«, sagt der heutige Leiter des Viktor Frankl Instituts in Wien, der Psychologe Alexander Batthyány. Woran es häufig nur zu mangeln scheine, sei das Wissen, »wie man konkret und realistisch wert- und sinnorientiert und engagiert leben« könne. In seinem Buch *Die Überwindung der Gleichgültigkeit* plädiert Batthyány deshalb dafür, die Frage nach dem Lebenssinn nicht allzu sehr zu überhöhen und nicht gleich zu meinen, man müsse mit seinem Beitrag die ganze Welt retten. »Gerade dann läuft man nämlich Gefahr, die vielen kleinen Sinnmöglichkeiten des Alltags zu übersehen«, schreibt Batthyány.[200]

Statt sich in alltagsfernen theoretischen Wertedebatten zu verlieren, reiche es, wenn jede/r in seiner unmittelbaren Umgebung dazu beitrage, dass »seine Welt ein etwas besserer Ort wird«. Das brauche meistens gar nicht viel: »ein freundliches Wort, eine Danksagung, ein unerwartetes Geschenk, sogar ein einfaches Lächeln, das Wohlwollen ausdrückt« – all das seien kleine Sinnmöglichkeiten, die einen Beitrag zum großen Ganzen leisten und die für Batthyány deutlich machen, »dass sich die Welt bereichern lässt (...) und dass wir es sind, die ihr mit unserem persönlichen Beitrag dazu verhelfen können, ein besserer Ort zu werden«.

IRENE DISCHE & NATALIE KNAPP – »ES GIBT IMMER EINE LÜCKE«

Irene Dische

Sie als Zuversichtsexpertinnen zu bezeichnen, wäre vermutlich unangemessen. Denn wenn es etwas gibt, das beide hassen, dann ist es der Versuch, sie in eine Schublade zu stecken. Sowohl die Schriftstellerin Irene Dische als auch die Philosophin Natalie Knapp sind unabhängige Charaktere, die beide ihren ganz eigenen Kopf haben. Und so unterschiedlich ihrer beider Lebensgeschichten sind, so eint sie doch beide die Fähigkeit, sich nicht dem Mainstream anzupassen und einen höchst individuellen, oft ungewöhnlichen Blick auf die Dinge zu pflegen. So gelang Irene Dische das Kunststück, die eigentlich tragische Geschichte ihrer jüdischen Familie in ihrem autobiografischen Roman *Großmama packt aus* auf derart kuriose Weise zu erzählen, dass man beim Lesen mitunter nicht weiß, ob man lachen oder weinen soll.[201] Und als 2016 nach der Wahl von Donald Trump in den Feuilletons überall das Entsetzen herrschte, zählte die Deutsch-Amerikanerin Dische in der *ZEIT* lauter Gründe auf, »warum wir Amerikaner uns über Trumps Sieg nicht allzu sehr grämen müssen«.[202]

Auch die fast zwanzig Jahre jüngere Natalie Knapp mag sich der allgemeinen Verzagtheit nicht anschließen. Während die allermeisten Menschen sich nach Sicherheit sehnen und auf das Wegbrechen der gewohnten Gewissheiten mit Angst oder gar Panik reagieren, vertritt die Philosophin Knapp die konträre Position: Aus ihrer Sicht sind Zeiten der Unsicherheit geradezu wertvoll. Und wie bereits in Kapitel vier erwähnt, plädiert sie dafür, dass man mit der Unsicherheit »Freundschaft schließen« solle.[203]

Es war daher ein glücklicher Zufall, dass sich in Berlin – wo Knapp wohnt und Dische ihren deutschen Zweitwohnsitz hat – die Gelegenheit zu einem gemeinsamen Gespräch der beiden ungewöhnlichen Frauen ergab (die sich zuvor noch nie gesehen hatten). Es war ein Experiment, von dem anfangs niemand wusste, wie es ausgehen würde. Doch dann gab ein Wort das andere, und es wurde ein reichlich unkonventioneller Austausch über die Kunst, auch

Natalie Knapp

unter widrigen Umständen die richtige Haltung zu bewahren – ein Dialog, der nicht nur von Zuversicht handelt, sondern auch von der Kraft der Heiterkeit, die selbst in schwierigsten Situationen zum Rettungsanker werden kann.[204]

Doch beginnen wir von vorn und mit der Frage, wie man selbst der Wahl von Donald Trump noch etwas Positives abgewinnen kann.

Was, Frau Dische, fanden Sie denn daran gut?

Irene Dische: Zum Beispiel, dass plötzlich die russischen Witze wieder aufblühten. Jahrelang hörte man keine, der letzte, der mir zu Ohren kam, stammte aus der Zeit der Perestroika. Nun erzählte man sich wieder solche Witze – nur ging es jetzt um Trump. Er und die alten Herren, die er um sich versammelte – das hatte etwas Politbürohaftes an sich.

Ist das der Galgenhumor der Verzweiflung?

Dische: Also ich bin nicht verzweifelt. Ganz anders als manche meiner Freunde aus New York, die sich nach Trumps Wahl vorgenommen haben, keine Zeitung mehr zu lesen. Das geht doch nicht!

Natalie Knapp: Ich verstehe schon, wenn jemand beschließt, nicht mehr jede einzelne Nachricht und jeden einzelnen Tweet zu verfolgen und darüber nachzugrübeln, was das anrichten könnte. Man kann die Weltlage auch eher mit einer Art Weitwinkelobjektiv betrachten. Für mich ist das aber keine Resignation, sondern gerade eine Möglichkeit, handlungsfähig zu bleiben.

Frau Knapp, Sie plädieren ja in Ihren Büchern und Vorträgen dafür, die Unsicherheit als etwas Wertvolles anzusehen. Was ist denn aus Ihrer Sicht das Gute an unsicheren Zeiten?

Knapp: Mir geht es nicht um gut oder schlecht, sondern um die Erkenntnis, dass die Unsicherheit eine wichtige Funktion hat. Sie ist eine notwendige Voraussetzung für viele Dinge, die ich für wertvoll halte. Etwa die Hoffnung. Gerade weil die Zukunft ungewiss ist, darf man auch Dinge erhoffen, die rational nicht erwartbar sind.

Diesen Gedanken hat Hannah Arendt herausgearbeitet. Wäre die Zukunft festgelegt, gäbe es weder dieses Element der Hoffnung, noch hätten unsere Entscheidungen irgendeinen Sinn. Das Gefühl der Unsicherheit teilt uns mit, dass unsere Zukunft offen ist und dass es darauf ankommt, wie wir mit dieser Tatsache umgehen.

Derzeit aber erscheint die Welt mit jedem Tag unsicherer. Da ist nicht nur die unberechenbare Weltpolitik, sondern auch die prekäre Lage Europas, der Vormarsch der Populisten, die Terrorgefahr – macht Ihnen das alles keine Angst?

Dische: *Oh come on!* Solche Ängste gab es doch immer! Seit ich denken kann, höre ich von dieser Angst vor der Zukunft. Das ist wirklich nicht neu. Ich fühle mich eher wie jemand, der sehr viel im Lotto investiert hat und jetzt die Angst hat, nicht zu gewinnen. Der Einsatz ist sehr hoch. Was wird geschehen? Wird es eventuell eine neue politische Bewegung geben?

Knapp: Das würde ich aber nicht Angst nennen, sondern eben: Unsicherheit. Die Angst sagt: Es passiert jetzt gleich etwas Schreckliches, du bist in deinem Leben bedroht. Das setzt ein emotionales Selbstverteidigungsprogramm in Gang, das für rationale Argumente kaum noch zugänglich ist. Die Unsicherheit hingegen führt zu einer Art von hellwacher Spannung. Denn immer wenn etwas wirklich Neues entsteht, weiß man nicht, was kommt. Sonst wäre es ja nicht neu. Diese innere Spannung kann sich sehr unangenehm anfühlen, ist aber die Grundstimmung von Kreativität. In solchen Momenten überfällt uns das Gefühl: Pass auf, hier passiert etwas Ungewohntes. Da heißt es aufmerksam sein, da kann man sich nicht routinemäßig durchwursteln.

Wie sehen Sie das Frau Dische? Ihre Eltern mussten vor den Nazis flüchten, Ihr Vater war der einzige Überlebende seiner jüdischen Familie. Was Sie in Ihrem Buch Großmama packt aus *erzählen, ist eigentlich eine Ansammlung von Katastrophen. Und dennoch ist das eine heitere Lektüre. Man spürt da eine*

Art stählerner Heiterkeit, die sich nicht beirren lässt, die den Glauben an das Gute bewahrt.

Dische: Ja, meine Eltern haben schreckliche Dinge durchgemacht. Aber sie haben nie darüber geklagt. Das war für mich eine Lehre. Wer wirklich Schlimmes erlebt hat, klagt selten darüber. Das ist auch bei vielen Syrern so, die schlimme Kriegserlebnisse haben. Die erzählen davon nichts – oder erst dann, wenn man sie lange kennt. Jene Menschen dagegen, die immer so rumjammern, haben meistens keine wirklich schlimmen Probleme. Diese Larmoyanz ertrage ich schwer. Sie bringt ja auch nichts.

Sie erzählen in Ihrem Buch beispielweise, wie Sie Ihr Kindermädchen Friedel immer in den Wandschrank sperrte oder Sie anderweitig quälte. Aus heutiger Sicht würde man sagen: Das war Kindesmisshandlung. Ein Wunder, dass Sie nicht schwer traumatisiert sind.

Dische: Eigentlich war vieles noch schlimmer, als ich es beschrieben habe. Unsere Kinderfrau war wirklich sadistisch. Aber wir haben gelernt, das Beste daraus zu machen. Nur ein Beispiel: Wir waren eines Sommers mit ihr drei Monate allein in einem Strandhaus. Und jeden Nachmittag hat sie uns gezwungen, zwei Stunden im Bett zu liegen, ohne Bücher oder sonstige Ablenkung. Sie wollte ihre Ruhe haben, und wir mussten in einem Kabuff liegen und still sein. Aber an dem Fenster war ein Rollo angebracht, durch das die Sonne schien. Und ich lernte bald, dass ich auf diesem Rollo, wie auf einer Leinwand, Filme sehen konnte.

Filme?

Dische: Ja, ich habe mir die einfach vorgestellt. Und ab da gab es jeden Nachmittag zwei Stunden lang Filme. Heute denke ich: Das ist das, was häufig auch in den Kirchen passiert ist. Stundenlange Gottesdienste haben die Leute durch Zwangslangeweile kreativ gemacht. Denn die Langeweile ist der erste Baustein der Kreativität.

Knapp: Oder der Resignation. Ich glaube, es gibt zwei Möglichkeiten, auf solche Zwangslagen zu reagieren: Entweder man sucht nach Auswegen und wird kreativ. Oder man weiß sich nicht zu wehren und resigniert oder wird traumatisiert. Ich habe einmal mit zwei Schweizerinnen gesprochen, die beide in einem winzigen Bergdorf aufgewachsen sind. Beide mussten täglich vor der Schule mit nüchternem Magen in der Kirche auf harten Bänken knien und eine Messe durchstehen. Die eine war immer vergnügt und renitent. Sie führte zum Beispiel mit einer Jesusfigur hochphilosophische Gespräche über die Langeweile, weil sie überzeugt war, dass sich dieser Jesus in der Kirche genauso langweilte wie sie. Der anderen ging es wirklich schlecht. Als sie davon berichtete, konnte man sehen, dass diese Niedergeschlagenheit immer noch Auswirkungen hatte.

Heißt Kreativität also auch: sich nicht unterkriegen lassen, Erwartungen unterlaufen und äußere Zwänge einfach nicht akzeptieren?

Dische: Mir macht es jedenfalls großen Spaß, die übliche politische Korrektheit zu unterlaufen. Ich bekam einmal einen Anruf von der Frauenzeitschrift *EMMA*. Die fragte mich, was ich über diese oder jene Frauenfrage dächte. Da sagte ich: Moment, ich muss mal schnell meinen Mann fragen. Das hat die richtig wütend gemacht, da haben die überhaupt keinen Spaß verstanden.

Knapp: (lacht) Das kann ich mir gut vorstellen. Sie haben sich Ihre Freiheit bewahrt. Statt zu denken: »Aha, das ist jetzt diese Zeitung, die wollen das von mir hören« haben Sie versucht, eine kreative Lücke zu finden. Das halte ich übrigens auch für einen wichtigen Teil meines Berufes: Erwartungen nicht zu erfüllen. Sonst nicken alle mit dem Kopf, aber niemand denkt wirklich mit. Wenn ich bei Vorträgen lediglich Erwartungen erfülle, entsteht nichts als gebildete Langeweile.

Dische: Ich habe einfach etwas dagegen, in eine Schublade gesteckt zu werden. Ich war einige Male in Talkshows eingeladen mit der offensichtlichen Erwartung, dass ich mich dort Amerika-kritisch äußere. Ich habe diese Erwartungen nur gar zu gern enttäuscht.

Knapp: Im Englischen gibt es dafür ja das Wort *cunning,* was so viel wie Gerissenheit oder Durchtriebenheit oder List bedeutet. Im Deutschen hat das gleich einen negativen Beiklang. Im Englischen ist es eher neutral besetzt, was ich interessant finde. Bei den alten Griechen war für diese Fähigkeit übrigens die Göttin Metis zuständig. Sie konnte ihre Gestalt verwandeln und so einer Menge Gefahren entgehen. Sie war die Klügste unter den Göttern. Manchmal half sie auch Seefahrern bei einem Sturm, hart am Wind zu segeln und durchzukommen.

Sie sind auch öfter hart am Wind gesegelt, Frau Dische. 1969 waren Sie zum Beispiel in Libyen als mittellose Tramperin unterwegs, als dort die Revolution ausbrach und Gaddafi an die Macht kam. Sie gerieten in Schießereien und andere unerfreuliche Situationen. Wie haben Sie sich da Ihre Zuversicht bewahrt?

Dische: Mein Gott, das ist doch eine Frage der Haltung, oder? Es geht um die richtige Haltung zu den Dingen. Dass man nicht nur das Schlechte, sondern auch das Gute sieht. Ich bin zufälligerweise in meinem Leben immer wieder in solche historischen Situationen hineingeraten. Zum Beispiel war ich nach 9/11 in New York und habe erlebt, wie erstaunlich gefasst die Menschen dort waren. Im Rest des Landes gab es großes Gejammer und patriotisches Geschrei, aber in New York war davon nichts zu spüren. Die Menschen haben sich geholfen, waren freundlich zueinander, haben getan, was zu tun war. Man könnte sagen: Das waren zwei herrliche Wochen nach dem Anschlag.

Sie haben offensichtlich Freude daran, die üblichen Ansichten auf den Kopf zu stellen. Ist das eine Art renitenter Reflex?

Dische: Vielleicht ist das so. Aber ich sehe wirklich in vielen Situationen das Gute, wo andere nur schwarzsehen. Vor zwei Jahren etwa dachte ich, ich müsste sterben. Es hieß, ich hätte Pankreaskrebs. Meine Kinder waren besorgt und niedergedrückt. Aber ich fühlte mich auf gewisse Weise sogar befreit. Ich dachte: Nie wieder muss ich meine Schlüssel suchen, nie wieder eine Steuererklärung machen. Ich war nicht eine Sekunde ängstlich.

Sie scherzen!

Dische: Nein, ich war wirklich heiter. Vorher dachte ich immer: Wer weiß, wie du reagierst, wenn es dich ereilt? Aber als es dann so weit war, habe ich eher das Gute daran gesehen. Auch die Spannung, die Angst vor dem Unbekannten, war raus. Ich dachte: So endet das jetzt also.

Knapp: Das finde ich sehr ermutigend, dass Sie das sagen. Viele Menschen haben ja ungeheure Angst vor dem Tod und versuchen, ihn mit allen Mitteln zu verdrängen. Mir geht es nicht so, ich finde den Gedanken an den Tod gar nicht so erschreckend. Aber natürlich frage ich mich oft: Wer weiß, was du denkst, wenn es wirklich so weit ist?

Dische: Natürlich, das geht jedem so. Aber ich habe mich dieser Entwicklung einfach gefügt, und plötzlich wurde es ganz leicht.

Aber Sie müssen zugeben: Diese Art von heiterer Zuversicht ist eher ungewöhnlich!

Dische: Sie sollten erst einmal meine Tochter kennenlernen! Derzeit lebt sie mit einem Libanesen zusammen, davor war sie mehr oder weniger verheiratet mit einem Syrer, der in Assads Gefängnis gesessen hatte. In Beirut hat sie die Bombardierung erlebt – sie kam wirklich mit viel Leid in Berührung. Aber zugleich hat sie einen großen Sinn für Komik. Sie arbeitet gerade an einem Film, einer Komödie über die Reaktion der deutschen Durchschnittsbürger auf »ihre Syrer«. Ich glaube, das wird sehr lustig.

Knapp: So eine Haltung der Heiterkeit scheint mir heute wichtiger denn je. Ist das nicht die einzige Haltung, die im Moment erlaubt, nicht in die Angst zu fallen und damit nicht mehr kreativ sein zu können? Statt sich von der Angst lähmen zu lassen und so zu tun, als sei die Zukunft schon beschlossene Sache, geht es doch darum, die kreative Lücke zu finden in der Gegenwart, aus der man etwas machen kann.

Wie soll man sich das konkret vorstellen?

Knapp: Ich möchte dazu eine kleine Geschichte erzählen: Vor einiger Zeit war ich in der Vorstellung eines Improvisationstheaters. Dort müssen ja die Schauspieler spontan das umsetzen, was das Publikum wünscht. Und eine Schauspielerin bekam die Aufgabe, ein Gedicht von Heine mit dem Titel »Das Kühlhaus« aufzusagen. Ich fragte mich: Wie macht sie das jetzt, wie kommt sie da raus? Heine hat ja nie über Kühlhäuser geschrieben. Doch die Schauspielerin ging ganz ruhig nach vorne an die Bühne und sagte: Sie hören jetzt ein Gedicht von Harald Heine.

Dische: Großartig! Harald statt Heinrich.

Knapp: Genau. Damit war sie aus dem Schneider und konnte machen, was sie will. Das war für mich ein Schlüsselerlebnis: Das Publikum hatte scheinbar alles festgelegt, was zu tun war – aber sie hat trotzdem die Lücke gefunden. Seither denke ich: Es gibt immer eine Lücke. So düster die Weltlage auch scheint: Es ist nie alles ganz festgelegt.

Dische: Ja, es gibt immer eine Lücke. Man muss manchmal lange danach suchen, aber es gibt sie.

VII. Haltung und Heiterkeit

Wie man schlechte Denkgewohnheiten verändert, weshalb der ständige Blick auf das Smartphone depressiv macht und warum Zuversicht schlussendlich auch eine Frage des Humors ist

Es geht auf die Zielgerade. Die Frage, wie Zuversicht entsteht und wie man sie fördert, wurde auf den vorangegangenen Seiten in unterschiedlichsten Facetten und anhand zahlreicher Beispiele erörtert. Bleibt die Frage, wie man nun die gewonnenen Einsichten und Anregungen praktisch umsetzt. Was soll man konkret tun, wenn man wieder einmal an der Welt zu verzweifeln droht und nur noch Gründe zur Tristesse sieht? Natürlich fällt für jede Leserin und jeden Leser die Antwort unterschiedlich aus. Doch als Startpunkt und Gedankenstütze für alle finden sich die wichtigsten Erkenntnisse dieses Buches am Ende noch einmal knapp zusammengefasst (siehe Seite 237). Diese »Zuversichtlichen Zehn« können als Resümee wie als praktische Anleitung dienen, gewissermaßen als Erste-Hilfe-Programm zur Behandlung akuter Anfälle von Hoffnungslosigkeit.

Vor einem Missverständnis allerdings sei gewarnt: Wissen alleine führt noch nicht zur Veränderung. Das ist ja gerade einer der Irrtümer unserer Wissensgesellschaft: Dass zur Verhaltensänderung vor allem Wissen notwendig sei. In Wahrheit ist es eher umgekehrt: Erst durch die Veränderung eingefahrener Gewohnheiten entstehen neue Einsichten. Das Erste-Hilfe-Programm wirkt also nur dann, wenn Sie es praktisch und regelmäßig anwenden – bis es zur Gewohnheit wird.

Denn der Großteil unseres Handelns wird gar nicht bewusst gesteuert, sondern unterliegt automatisierten Routinen. Das gilt für Tätigkeiten wie Essen, Reden oder Schuhezubinden ebenso wie für Denkgewohnheiten. Die Art, wie wir auf die Welt blicken, ist durch all die Erfahrungen geprägt, die wir im Laufe unseres Lebens gemacht haben und wie sie von unserer Umgebung verstärkt werden; und diese Art zu denken hat sich regelrecht in unser Gehirn eingegraben, hat bestimmte Nervenverbindungen gefestigt, andere verkümmern lassen. Wer sich verändern will, muss daher immer auch sein Gehirn verändern – und das braucht Zeit und wiederholte neue Erlebnisse.

Psychologen gehen heute davon aus, dass 30 bis 50 Prozent unseres täglichen Handelns durch Gewohnheiten bestimmt werden. Sie helfen uns, Energie und Zeit zu sparen, weil wir in der Regel nie mehr über sie nachdenken – etwa wenn wir immer denselben Weg zur Arbeit nehmen, zu Hause am Küchentisch immer am selben Platz sitzen oder stets denselben Blick auf die Welt pflegen –, und sind damit ebenso bequem wie hartnäckig.

Gewohnheiten funktionieren sogar ähnlich wie kleine Süchte. »Wenn wir die Erfahrung machen, dass ein bestimmtes Verhalten zu einer Belohnung führt, wiederholen wir es möglichst oft«, erklärt der Neurowissenschaftler Wolfram Schultz.[205] Dabei verstärkt das Gehirn jene Verhaltensweisen, die es wiedererkennt: Es schüttet Botenstoffe aus, durch die wir uns besonders wohlfühlen. »Belohnungen erzeugen ein neuronal verankertes Verlangen, sie verändern das Gehirn«, sagt Schultz. Das heißt: Einmal eingeübte Gewohnheiten haben eine starke Tendenz, sich selbst zu erhalten. Und das funktioniert bei positiven genauso wie bei negativen Gewohnheiten. Deshalb ist es so schwer, Letztere zu verändern.

Der echteste, bedeutendste Mensch

Wie also kann man diesen Mechanismus durchbrechen?

Der erste Schritt zur Veränderung von Denkgewohnheiten besteht darin, sich diese bewusst zu machen. Das heißt: sich selbst aufmerksam zu beobachten und festzustellen, wie man eigentlich den ganzen Tag so denkt. Denn die »Vorstellungen und Meinungen« von denen Epiktet sprach, unsere unbewussten Bewertungen einer Situation, laufen im Kopf so schnell und automatisiert ab, dass wir diesen Prozess in der Regel gar nicht registrieren. So entstehen Vorurteile und Denkschubladen, die unsere Perspektive einengen, ohne dass wir es bemerken.

Deshalb muss man dem automatischen Prozess seiner Gedankenmuster erst einmal auf die Schliche kommen. Ein Anlass dazu sind zum Beispiel starke Gefühle, die uns scheinbar grundlos überschwemmen – wenn wir etwa von starker Niedergeschlagenheit oder Angst überfallen werden, für die wir keinen äußeren Grund sehen. Versuchen Sie einmal zu rekonstruieren, was Sie unmittelbar vor dem Einsetzen einer solchen Emotion gedacht haben. Meist werden Sie feststellen, dass die Emotion durch einen Denkreflex ausgelöst wurde, etwa durch einen niederdrückenden oder beängstigenden Gedanken, der kaum ins Bewusstsein vordrang. Durch genaue Selbstbefragung lassen sich solche Automatismen dingfest machen.

Dabei ist unser dauerhaftes inneres Selbstgespräch vor allem eines: selbstgefällig. Wir alle halten uns für den Nabel der Welt und machen gerne andere dafür verantwortlich, wenn etwas nicht so läuft, wie wir uns das vorstellen. Denn unsere angeborene »Standardeinstellung«, so beschrieb es der Schriftsteller David Foster Wallace einmal, beruht auf der unausgesprochenen Überzeugung, dass das eigene Ich »der absolute Mittelpunkt des Universums« sei, »der echteste, lebendigste und bedeutendste existierende Mensch«.[206]

Und die innere Stimme zielt stets darauf ab, uns selbst in bestem Licht erscheinen zu lassen und es uns möglichst bequem zu machen. Bei Schwierigkeiten tendieren wir daher häufig dazu, uns über die ungerechte Welt zu beklagen und uns selbst als Opfer zu sehen – statt uns zu fragen, inwiefern wir selbst Verantwortung tragen und wie wir die Situation ändern können.

Um diesen Denkreflex der Selbstgerechtigkeit zu durchbrechen, hilft es, das Auftauchen solcher Gedanken aufmerksam zu registrieren. Sie können sogar eine Strichliste führen oder jedes Mal einen kleinen Zähler drücken, wenn Sie wieder einmal in die gewohnte Klagelitanei – über Politiker, das Wetter, den Verkehrsstau, die Nachbarn, Gott oder die Welt – verfallen. Manche Menschen kommen bei dieser Übung auf fast sechzig Klagemomente am Tag. Das heißt: Sie sind sechzig Mal dagegen, fühlen sich sechzig Mal als Opfer.[207] Schon das Registrieren dieses inneren Monologs führt dazu, dass er an Kraft verliert.

Diese Methode ist erheblich wirkungsvoller als der brachiale Versuch, es »ab heute ganz anders zu machen«. Denn in dem Fall erklären Sie Ihren bisherigen Denkgewohnheiten den Krieg und treten zum Kampf gegen Ihre eigenen neuronalen Muster an – was extrem ermüdend und wenig erfolgversprechend ist. Sinnvoller ist es, die Muster erst einmal zu beobachten; schon alleine das durchbricht den Automatismus, hebt ihn aus dem Unbewussten ins Bewusstsein – und schafft so die Möglichkeit zum Gegensteuern. Vergeuden Sie also keine Energien in einem sinnlosen Kampf gegen sich selbst, sondern begegnen Sie Ihren Schwächen eher mit Humor und Freundlichkeit. Dann verlieren diese allmählich von selbst an Wirkung, und es entsteht Raum für andere, neue Gewohnheiten.

Ebenso wertvoll sind Verbündete, die dasselbe Ziel haben und Sie auf dem Weg dahin begleiten und unterstützen. Kaum etwas prägt uns stärker als das Verhalten und die Stimmung der Menschen in unserer Umgebung. Deren Emotionen können sich sogar als regelrecht ansteckend erweisen.* Die einfachste Strategie, um Zuversicht zu entwickeln, hieße demnach: Umgeben Sie sich mit zuversichtlichen Menschen, und deren Haltung wird automatisch auf Sie abfärben.

Auch zur Überwindung von Depression und Verzweiflung sind wohlwollende Mitmenschen – Freunde, Familienmitglieder, Kollegen, bei Bedarf auch Therapeuten – von unschätzbarem Wert. Denn wer im Stimmungsloch sitzt, kann sich nur schwer selbst an den Haaren herausziehen. »Die psychologische Schwerkraft wirkt automatisch nach unten«, sagt der Unternehmensberater Werner Berschneider, der mit Viktor Frankls Methode Führungskräfte coacht. Soll heißen: Wer sich schlecht fühlt, dem fällt meist nichts Freudiges mehr ein. »Stattdessen legen wir uns zu Hause aufs Sofa und tun uns leid«, sagt Berschneider. Deshalb brauche es meist ein Gegenüber, um aus dieser Stimmung herauszukommen.

Wer auf solchen Beistand nicht zählen kann, sollte es mit körperlicher Bewegung versuchen. Da Psyche und Körper nicht getrennt sind (wie in Kapitel drei beschrieben), wird unsere Stimmung auch von rein körperlichen Verhaltensweisen beeinflusst. So empfehlen Mediziner heute regelmäßige sportliche Betätigung nicht nur als Heilmittel gegen eine Vielzahl moderner Leiden wie Arthrose, Rückenschmerzen, Diabetes, Herzinfarkt oder chronische Müdigkeit – sondern auch gegen Depressionen.[208] Schließlich ist

* Dieses Phänomen wird ausführlich in meinem Buch *Was kostet ein Lächeln?* (München 2015) beschrieben.

der Mensch von Hause aus ein Bewegungswesen; ständiges Sitzen oder stundenlanges Starren auf Bildschirme hat die Natur für ihn eigentlich nicht vorgesehen. Eine trübsinnige Stimmung lässt sich daher oft schon allein durch körperliche Bewegung aufhellen. Dabei geht es nicht um Leistungssport, sondern eher um maßvolle Aktivitäten wie Fahrradfahren, Joggen, Yoga oder Schwimmen. Selbst simples Spazierengehen wirkt auf Dauer gesundheits- und stimmungsfördernd – weshalb Hundehalter, die regelmäßig Gassi gehen, nachweislich länger leben.[209]

Ebenso werden unsere Emotionen von Körperhaltung und Mimik beeinflusst. Am augenfälligsten zeigt dies der berühmte Lächelversuch des Psychologen Fritz Strack von der Universität Würzburg: Dabei mussten Versuchspersonen einen Stift im Mund halten – entweder mit den Zähnen, was den Mund automatisch in eine lächelnde Position brachte, oder mit den Lippen, was ein Lächeln verhinderte. Danach sollten die Probanden Cartoons beurteilen. Ergebnis: Wer den Stift mit den Zähnen gehalten und sich zum Lächeln gezwungen hatte, bekam automatisch bessere Laune und fand die Cartoons lustiger als jene Probanden, denen das Lächeln erschwert wurde.[210]

Vom Wert des aufrechten Gangs

Das ist nur eines der vielen Ergebnisse der Forschungen zum sogenannten *embodiment* – dem Phänomen, dass unsere geistigen Aktivitäten stets verkörpert sind. Das heißt: Gefühle und Gedanken spielen sich nicht im luftleeren Raum ab, sondern immer in einem Körper und rufen dementsprechend biologische Reaktionen hervor. Angst und Sorge schlagen auf den Magen, Aufregung treibt den Blutdruck in die Höhe, und die Liebe zaubert uns Schmetterlinge in den Bauch. Umgekehrt beeinflussen Mimik und Körperhaltung nicht nur unsere Stimmung, sondern selbst unser Denk- und Erinnerungsvermögen: Wer sich aufrecht hält, denkt eher positiv, wer in sich zusammensackt, neigt automatisch zu einer pessimistischeren Sicht.

Das zeigt beispielsweise ein Experiment von Psychologen der University of Auckland. Sie regten die eine Hälfte ihrer Versuchspersonen dazu an, verschiedene Tests in einer betont aufrechten Haltung zu absolvieren, die andere Hälfte löste dieselben Aufgaben in eher zusammengesackter Pose. Dabei erwiesen sich die Probanden aus der aufrechten Gruppe als zuversichtlicher, weniger ängstlich, schwungvoller und insgesamt besser gelaunt. Auch die Ausdrucksweise unterschied sich: Die Gebeugten sprachen langsamer und benutzten häufiger emotional negativ besetzte Begriffe. Die Forscher aus Auckland empfehlen daher das aufrechte Sitzen als »einfache Verhaltensstrategie, um widerstandsfähiger gegen Stress zu werden«.[211]

Der Psychologe Johannes Michalak von der Universität Witten/Herdecke wiederum wies den Einfluss der Gangart auf die Stimmung nach: Er brachte Studenten dazu, auf einem Laufband entweder die typischen Gangmerkmale eines depressiven oder eines glücklichen Menschen zu imitieren. Mal sollten sie niedergedrückt dahinschlurfen, mal fröhlich-beschwingt gehen. Danach wurden ihnen verschiedene negative und positive Begriffe vorgelesen (»schön«, »mutig«, »freundlich«, »ängstlich«, »still«, »dumm«), und sie sollten sich überlegen, wie die Wörter zu ihnen passen. Acht Minuten später wurden die Versuchspersonen gefragt, an welche Begriffe sie sich noch erinnerten. Ergebnis: Nach frohgemuter Gangart hatten sich die Probanden mehr positive Begriffe gemerkt; schlurften sie depressiv dahin, merkten sie sich eher die negativen Wörter. Schlussfolgerung der Forscher: Offenbar verändert alleine die Körperhaltung die Tendenz, positive oder negative Informationen zu verarbeiten.[212]

Interessant sind solche Forschungsergebnisse vor allem im Hinblick auf den ubiquitären Gebrauch von Smartphones. Denn welche Körperhaltung geht damit einher? Und wie wirkt sich das langfristig auf die Stimmung aus? Die Antwort liegt auf der Hand: Wer ständig den Kopf nach vorne neigt, um auf sein Display zu starren, befördert genau jene gebeugte Rundrückenhaltung, die so typisch für depressive Verstimmungen ist.

Deshalb warnt die Psychologin Amy Cuddy in der *New York Times*: »Ihr iPhone ruiniert Ihre Haltung – und Ihre Stimmung.« Wer täglich mehrere Stunden am Handy verbringe, um etwa seine Produktivität zu steigern, müsse sich darauf einstellen, dass die Interaktion mit diesen Geräten »ironischerweise gerade das Gegenteil bewirken könnte, nämlich unsere Produktivität zu vermindern und unsere Durchsetzungsfähigkeit zu schwächen.«[213]

Um den gefürchteten *iHunch*, den »i-Buckel«, zu verhindern, reicht es eigentlich schon, sich die Zusammenhänge von Psyche und Körperhaltung bewusst zu machen. Wer das innerlich »auf dem Schirm« hat, achtet automatisch mehr darauf, sich beim Blick auf das Handy nicht nach vorne zu krümmen. Wer Mühe hat, seine Haltungsgewohnheiten zu verändern, kann auch sogenannte »Erinnerungsanker« zu Hilfe nehmen: Beispielsweise lässt sich jedes Klingeln oder Summen einer Nachricht als Gedächtnisstütze verwenden, um an eine aufrechtere Haltung zu denken. (Solche kleinen Rituale und Erinnerungsanker sind übrigens auch zum Durchbrechen aller anderen negativen Verhaltensweisen zu empfehlen.)

Und ganz generell sind natürlich regelmäßige Smartphone-Pausen ratsam, in denen man den Blick einmal vom Display löst und in die Ferne, in die Natur, richtet. Das tut nicht nur den Augen und der Haltung gut, sondern stärkt – im praktischen wie im übertragenen Sinne – die Fähigkeit zum Weitblick. Statt sich ständig mit dem Nachrichtenstrom oder dem Geschnatter in sozialen Netzwerken zu beschäftigen, kann man in solchen Auszeiten dem Gehirn Zeit geben, auf ganz eigene, neue Gedanken zu kommen.*

Die wichtigste Waffe

Wenn allerdings alle Mittel und Strategien versagen, bleibt einem immer noch eine letzte Rückzugsbastion, um seine Selbstachtung und Zuversicht auch in größter Not zu verteidigen: der Humor. Er kann, wie Irene Dische und Natalie Knapp sagen, zur letzten rettenden Lücke werden, wenn sämtliche anderen Auswege verbaut und vernagelt scheinen. Daher ist der Schluss dieses Buches – nach so ernsten Themen wie Angstbewältigung, Selbstwirksamkeit oder Lebenssinn – der Heiterkeit gewidmet, die für die Zuversicht nicht minder von Bedeutung ist.

Zum ersten Mal wurde mir das vor vielen Jahren klar, als ich noch mit dem Rucksack durch die Gegend zog und im Hafen von Athen einen weitgereisten Weltenbummler traf. Seit drei Jahren umrundete der Neuseeländer den Globus, arbeitete mal hier, mal dort, erkundete Wüsten und Gebirge, schlug sich durch Krisengebiete und den Dschungel der Großstädte. Gemeinsam bestiegen wir dasselbe Schiff, um als Deckpassagiere von Griechenland nach Israel zu reisen. Als wir abends auf dem Schiffsdeck saßen und den Sternenhimmel über dem Mittelmeer betrachteten, erzählte er von seinen Erlebnissen – von korrupten Grenzpolizisten in Pakistan, der Kälte in den Bergen Kurdistans, seinen Nächten im »dünnsten Schlafsack der Welt« oder von seinem ungemütlichen Zusammentreffen mit Rockern in der New Yorker Bronx.

* Wer sich für die dabei ablaufenden neurobiologischen Effekte interessiert, sei auf mein Buch *Muße. Vom Glück des Nichtstuns* (München, 2010) verwiesen.

Irgendwann fragte ich ihn, ob er eigentlich eine Waffe dabeihabe, um sich im Notfall zu verteidigen. Darauf lachte er nur. *A smile can get you out of more situations than a gun*, sagte er fröhlich, ein Lächeln hilft dir besser aus der Patsche als eine Knarre. Das war die Quintessenz seiner dreijährigen Reiseerfahrungen – und er hatte oft Gelegenheit gehabt, diese Maxime in der Praxis zu testen.

Es gibt schätzungsweise 7 000 verschiedene Sprachen auf der Welt, in vielen Ländern begreift man als Fremder weder die Schrift noch das gesprochene Wort. Und doch gibt es eine Form der Kommunikation, die rund um den Globus verstanden wird – die Botschaft eines Lächelns. Sie wird in Alaska ebenso erfasst wie in Papua-Neuguinea, in Deutschland wie in Feuerland. Und überall hat Freundlichkeit etwas Entwaffnendes.

Leider trifft man selten Menschen, die diese schwierige Kunst der humorvollen Entspanung beherrschen. Im Gegenteil: Je grimmiger die Zeiten, umso angespannter in der Regel die Reaktionen, was am Ende oft erst jene Konfrontationen heraufbeschwört, vor denen sich alle fürchten. Daher gilt, auch wenn es paradox klingt: In Krisen- und Notsituationen kann der Humor zur entscheidenden Waffe werden.

Ein schönes Beispiel dafür lieferte der Hamburger Comedian Andre Kramer während der Krawalle rund um den G20-Gipfel im Juli 2017. Tagelang war Hamburg damals im Ausnahmezustand, hochgerüstete Polizeitruppen einerseits und randalierende Demonstranten andererseits heizten die Aggression an, mancherorts trauten sich die Menschen kaum noch vor die Tür, eine explosive Mischung aus Angst und Wut verbreitete sich – da entschloss sich Kramer zu einer paradoxen Intervention. Er trat mit einem selbst gebastelten Pappschild auf die Straße, auf das er in großen Lettern geschrieben hatte: »Ich bin Anwohner und gehe nur kurz zu Edeka. Danke.«

Für einen kurzen Moment entwich damit die Luft aus der aufgeheizten Atmosphäre, die verängstigten Passanten fingen an zu lachen, und die vermummten Demonstranten wirkten plötzlich ebenso lächerlich wie die martialisch auftretenden Polizisten. So führte Kramer die Absurdität der bürgerkriegsähnlichen Situation mitten im Wohngebiet vor, und wer weiß, was geschehen wäre, wenn genügend andere Hamburger Bürger seinem Beispiel gefolgt wären und ebenfalls Aktionen der heiteren De-Eskalation gestartet hätten.

Humor als »Essential«

Doch Heiterkeit und Humor haben, zumal in Deutschland, nicht den besten Ruf; in schwierigen Zeiten haftet ihnen der Ruch des kindisch Unstatthaften an, das nicht dem Ernst der Lage angemessen sei. Dabei gilt das Gegenteil: Gerade wenn es ernst wird, zeigt sich der Wert entspannter Heiterkeit. Das hat niemand deutlicher zum Ausdruck gebracht als der Psychiater Viktor Frankl. In dem Bericht über seine Zeit im Konzentrationslager beschrieb er den Humor als »eine Waffe der Seele im Kampf um ihre Selbsterhaltung«. In der schlimmsten Zeit habe ihm der besondere »Lagerhumor« oft aus dem Elend geholfen, wenn auch nur für Sekunden oder Minuten. Für Frankl war die Heiterkeit gar ein »Essential«, das »wie kaum sonst etwas im menschlichen Dasein geeignet ist, Distanz zu schaffen und sich über die Situation zu stellen«.

Auch nach dem Krieg war Frankl für seine heitere Haltung bekannt. »Ich werde nie vergessen, wie viel Spaß wir zusammen hatten«, erinnert sich der Psychologe Haddon Klingberg, der mit Frankl zusammengearbeitet hat. »Immer wieder sagte er im Gespräch ›Moment, da fällt mir ein Witz ein‹, oder er spielte den Clown. Manchmal lachten wir so, dass Frankl auf dem Boden lag und sich vor Lachen schüttelte – zum Teil hatte ich buchstäblich Angst, dass er sich totlachen würde.«[214]

Aus Sicht der Humorforschung hat Frankl damit instinktiv das Richtige getan. Denn Freude ist der mächtigste Antagonist der Angst. »Und Humor ist eine unserer wirksamsten Techniken der Gefühlsverarbeitung«, sagt der Psychologe Willibald Ruch, der seit vierzig Jahren die Wirkungen der Heiterkeit erforscht. Für ihn benötigt der Mensch den Humor daher gerade dann, wenn er es schwer hat. »Positive Emotionen erweitern das Blickfeld, Angst und Ärger bewirken das Gegenteil«, sagt Ruch, der an der Universität Zürich Persönlichkeitspsychologie lehrt. »Zahlreiche Studien zeigen, dass der Mensch mit schwierigen Situationen besser umgehen kann, wenn er Humor einsetzt.«[215]

Ähnlich sieht es der Soziologe Heinz Bude, der die moderne Ängstlichkeit erforscht. Das Wichtigste im Umgang mit Ängsten sei, dass man Distanz dazu gewinne. »Das geht aber nicht rein willentlich und rein geistig«, sagt Bude. Deshalb sei der Humor ein probates Gegenmittel: »Der Lachende kann über die Angst siegen, denn das Lachen ist genauso unwillkürlich wie Angst. Beide Zustände überkommen uns, sie überwältigen Körper und Geist. Der Lachende gibt für einen Augenblick Kontrolle ab. Doch dieser Kontrollverlust weckt positive Emotionen, er schwächt uns nicht – sondern stärkt uns. Solange in einer Gesellschaft noch viel gelacht wird, kann die Angst sie nicht zerstören.«[216]

»Lachen tötet die Furcht«

Deshalb schöpfen karnevalistische Kulturen wie Parodien und Komödien häufig aus der Angst. Sie verspotten, was Befürchtungen weckt, verkehren das Erschreckende ins Groteske. So brachte der Dreißigjährige Krieg den Schelm *Simplicius Simplicissimus* hervor, dem Ersten Weltkrieg verdanken wir die heitere Figur des »braven Soldaten Schwejk«, und auf den stalinistischen Terror in der Sowjetunion antworteten Schriftsteller mit meisterhaften Satiren, so wie Michail Bulgakow, der in seinem absurd-komischen Roman *Der Meister und Margharita* die engstirnige Bürokratie seines Landes aufs Korn nahm, oder die Satiriker Ilja Ilf und Jewgeni Petrow, die in ihrem bissig-witzigen Roman *Das goldene Kalb* postulieren: »Das Schicksal spielt mit dem Menschen, und der Mensch spielt Trompete.« Gerade heute, in der angespannten Weltlage, sei daher eine heitere Haltung angemessen, argumentiert auch der *ZEIT*-Politikredakteur Gero von Randow: »Das Leben ist eben keineswegs nur dort zum Lachen, wo das Böse abwesend ist, ganz im Gegenteil: Das Böse selbst ist absurd und allemal ein bitteres Auflachen wert.«[217]

Auch bei Umberto Eco lässt sich nachlesen, wie wirkungsvoll die Waffe des Lachens ist. Im Zentrum seines Mittelalterkrimis *Der Name der Rose* steht bekanntlich das verloren geglaubte Buch des Aristoteles über die Komödie, das um jeden Preis vor den Gläubigen verborgen gehalten wird. Denn die Fanatiker unter den Ordensleuten wissen: »Lachen tötet die Furcht, und wenn es keine Furcht gibt, wird es keinen Glauben mehr geben.« Deshalb gehören Satiriker zu den ersten Opfern repressiver Regime. Nichts fürchten Diktatoren mehr, als lächerlich gemacht zu werden, weil das ihren Machtanspruch und ihr Überlegenheitsgefühl untergräbt. Möglicherweise ist es daher sogar wirksamer, einen Mächtigen lächerlich zu machen, als ihn anderweitig anzugreifen.

Doch Humor ist nicht nur eine Waffe gegen die Auswüchse der Macht. Vor allem schützt er den, der ihn hat. In schwieriger Lage verschafft der Humor inneren Handlungsspielraum und wirkt gegen das frustrierende Gefühl der Ohnmacht. Das zeigen die Arbeiten der Neurologin und Psychiaterin Barbara Wild. Sie hat in der Stuttgarter Fliedner Klinik für psychische Störungen ein »Humortraining« etabliert, das den Patienten dort – neben Medikamenten und normaler Psychotherapie – angeboten wird. »Humor zu haben rettet nicht vor negativen Ereignissen, aber es hilft bei deren Bewältigung«, sagt Wild. Im Humortraining greifen die Teilnehmer oft auf Methoden aus dem Improvisationstheater zurück: Aus dem Stegreif sollen sie beispielsweise kleine Szenen spielen – Wie begegnen sich zwei alte Freunde, die sich lange nicht gesehen haben? Wie zwei alte Feinde? König und Untertan? – die Fantasie und Kreativität anregen und das auch bei ernsten Erwachsenen schlummernde Talent zum Blödeln und Herumalbern hervorzaubern. Oder die Übenden wetteifern um die »minimalste Leistung des Tages«: Der eine darf sich damit brüsten, morgens aufgestanden zu sein, die Zweite, dass sie ihre Augen geöffnet hat, der Dritte lässt sich dafür feiern, überhaupt geatmet zu haben. Hilfreich sei das vor allem für Menschen, die »das moderne Leistungsprinzip so tief verinnerlicht haben, dass sie jeden Fehler und jede Abweichung von der Norm fürchten«, erklärt Wild. Sich mit solchen Minimalleistungen vor eine Gruppe zu stellen und dann auch noch Beifall dafür zu bekommen, empfänden viele als »richtige Befreiung«, sagt die Psychiaterin und zitiert den Dichter Jean-Paul: »Freiheit schenkt Witz und Witz schenkt Freiheit.«

Tatsächlich geht eine heitere Stimmung mit erhöhter Resilienz einher, also der seelischen Widerstandskraft nach Traumata, wie Wilds Studien zeigen.[218] Eine wichtige Rolle dabei spielt für die Neurologin das Phänomen der »kognitiven Distraktion«, sprich: der geistigen Ablenkung. Denn negative Erlebnisse führen leicht zu Grübelschleifen – Warum muss das mir passieren? Warum gerade jetzt? –. die noch lange anhalten, auch wenn das Ereignis längst vorbei ist. Um das zu durchbrechen, haben sich humorvolle Stimuli als besonders wirksam erwiesen.

Eine Studie des Psychologen Robin Dunbar von der Oxford University wies gar nach, dass Heiterkeit unempfindlicher gegen Schmerzen macht; vor allem das gemeinsame Lachen mit anderen, stellte Dunbar fest, erhöht die Schmerzgrenze von Versuchspersonen – ein Effekt, den der Forscher auf die Freisetzung von Endorphinen zurückführt, also jenen Hormonen, die sowohl für angenehme Gefühle als auch für die Schmerzverarbeitung wichtig sind.[219]

Der lustigste Witz der Welt

Allerdings schlägt das Therapeutikum Humor längst nicht bei jedem gleich an. Denn neben den vielen unterschiedlichen Arten des Humors gibt es auch – je nach Geschmack des Empfängers – ganz verschiedene Reaktionen darauf.

Paradigmatisch zeigt das ein Projekt des britischen Psychologen Richard Wisemann, der vor einigen Jahren den lustigsten Witz der Welt ausfindig machen wollte.[220] Per Internet sammelte er über 40 000 Vorschläge, die in einer globalen Netzsbstimmung bewertet wurden. Der Siegerwitz, Achtung Trommelwirbel, geht folgendermaßen: *Zwei Jäger durchstreifen die Wildnis, als plötzlich einer kollabiert und sich nicht mehr regt. Hektisch zückt der andere sein Handy und ruft beim Notfalldienst an: »Hilfe, mein Freund ist tot, was soll ich tun?« Eine beruhigende Stimme antwortet: »Keine Panik. Erst einmal sollten Sie sich vergewissern, ob er wirklich tot ist.« Kurze Stille, dann tönt ein Schuss. »Okay«, spricht der Jäger wieder in sein Handy. »Und was jetzt?«.*

Haben Sie gelacht? Oder fanden Sie den eher mäßig komisch? Vielleicht gar plump? Humor ist eben Typsache. In Wisemans Befragung war der Jägerwitz auch nicht unbedingt jener, den alle am witzigsten fanden, sondern eher der kleinste gemeinsame Heiterkeitsnenner. Das Humorverständnis erwies sich nämlich von Land zu Land als unterschiedlich: Briten, Iren oder Australier lachen Wisemans Erhebung zufolge am liebsten über Wortwitze – *Patient: »Doctor, I've got a strawberry stuck up my bum.« Doctor: »I've got some cream for that.«*

Amerikaner hingegen freuen sich eher an derben Scherzen, in denen andere lächerlich gemacht werden (*Texaner: »Wo bist du her? Harvard-Absolvent: »Ich komme von einem Ort, an dem wir unsere Sätze nicht mit Präpositionen beenden.« Texaner: »Okay, wo bist du her, Arschloch?«*)

Und Europäer wiederum bevorzugen Witze mit leicht surrealer Note – etwa den *von dem Hund, der ein Telegramm mit dem Text »Wuff. wuff. wuff. wuff. wuff. wuff. wuff. wuff. wuff« aufgibt. Da sagt der Schalterbeamte: »Das sind nur neun Wörter. Sie können zum selben Preis noch ein ›Wuff‹ aufgeben«, worauf der Hund entrüstet entgegnet: »Aber das ergäbe ja keinerlei Sinn.«*

Die Weisheit der Heiterkeit

»Humor ist nicht gleich Humor«, sagt auch Willibald Ruch, der die Volksweisheit »Lachen ist gesund« für ein falsches Klischee hält. »Man kann schließlich fröhlich, hämisch oder bösartig lachen oder jemand anderen auf witzige Weise heruntermachen.« Daher würde Ruch Führungskräften nicht einfach pauschal mehr Humor nahelegen, wie es seine amerikanischen Kollegen tun. »Jemandem wie Donald Trump mit seinem speziellen Humor sollte man lieber mehr Zurückhaltung empfehlen«, sagt der Züricher Humorforscher.

Fragt man Ruch, welche Art von Humor er bevorzugt, dann holt er weit aus, spricht vom Humanismus im 17. und 18. Jahrhundert und davon, dass der Humor einst als Kardinaltugend begriffen wurde. »Da ging es nicht darum, Witze zu erzählen und lachend jeden Stress durchzustehen, was heute vor allem für Amerikaner wichtig ist.« Die Tugend Humor habe vielmehr zum Ziel gehabt »Weisheit und Mitgefühl zu entwickeln durch Einsicht in die menschlichen Schwächen«. Mit der aufgekratzten Dauerfröhlichkeit im Fernsehen, die eher der Ablenkung und Alltagsflucht dient, kann Ruch wenig anfangen. Für ihn ist Humor die »Gabe eines Menschen, den Unzulänglichkeiten der Welt mit heiterer Gelassenheit zu begegnen«.

Damit schließt der Psychologe an eine Tradition an, die bis ins 5. Jahrhundert v. Chr. zurückreicht. Damals pries der griechische Philosoph Demokrit in seiner Abhandlung *Über die Heiterkeit* die »euthymia«, die »Wohlgestimmtheit des Gemüts«. Durch Selbsterkenntnis und die Betrachtung des Wesens der Dinge sollte man ihm zufolge eine heitere, gelassene Stimmung entwickeln und Furcht und Hoffnung hinter sich lassen. Im Gegensatz zum modernen *positive thinking* wurden aber die unerfreulichen Seiten des Lebens in der antiken Heiterkeit nicht ausgeblendet, sondern im Gegenteil erst recht in die Betrachtung einbezogen.

So empfahl Demokrit als Mittel gegen die *kakothymía*, die schon damals verbreitete »Übelgesinntheit«, die Einsicht, dass die Dinge niemals reibungslos vonstatten gehen und dass insbesondere die menschliche Natur allerlei Schwächen und Defizite aufweise. Statt sich darüber aufzuregen, solle man sich darin üben, solche Eigenarten und Merkwürdigkeiten als gegeben hinzunehmen. So erreiche man anstelle von Missmut die Wohlgestimmtheit. Ferner riet der Philosoph, sich über erfreuliche Dinge auch wirklich zu freuen und so die Waage zwischen dem Misslichen und dem Heiteren gedanklich ins Gleichgewicht zu bringen.[221]

Knapp fünfhundert Jahre später nahm der Staatsmann und Philosoph Seneca in seiner Schrift *Von der Gemütsruhe* diese Gedanken wieder auf und empfahl neben Selbsterkenntnis und Bescheidenheit unter anderem den Verzicht auf allzu großen materiellen Besitz, um den man sich stets kümmern und dessen Verlust man ständig fürchten müsse. Wertschätzen solle man dagegen gute Freunde, denn »nichts erquickt den Geist so sehr wie treue und innige Freundschaft«.[222]

Warum jedes Ding drei Seiten hat

Nun ist allerdings, gerade wenn die Zeiten mühsam werden, kaum etwas schwieriger, als heiter zu bleiben. Trösten kann man sich da mitunter nur mit der segensreichen Wirkung der Zeit. Denn wie sagen die Briten? *Humour is tragedy plus time*, Humor ist Tragik plus Zeit. Und für viele Ärgernisse gilt: Was uns heute auf die Nerven geht – die verpasste Bahn, das verkrachte Rendezvous, der chaotische Urlaub – liefert morgen Stoff für die lustigsten Erzählungen. Wir müssen uns nur etwas gedulden.

Für Fortgeschrittene zu empfehlen ist auch die Kunst des Perspektivwechsels, so wie sie der große Humorist Karl Valentin propagierte: »Jedes Ding hat drei Seiten: eine positive, eine negative und eine komische.« Diese Technik nutzen selbst religiöse Leitfiguren wie Erzbischof Desmond Tutu und der Dalai Lama. Die beiden, die gleichermaßen für ihr dröhnendes Lachen bekannt sind, haben einmal einen Dialog über die Kunst der Heiterkeit in Krisenzeiten geführt.[223] Darin berichtet Tutu, wie er während der Zeit der Apartheid in Südafrika brenzlige Lagen dadurch entschärfte, dass er in seinen Predigten »die Leute mit Geschichten zum Lachen brachte, und ganz besonders zum Lachen über sich selbst«. Und der Dalai Lama antwortet auf die Frage, wie er es trotz aller Probleme schaffe, seinen Humor zu behalten, dass er sich bemühe, die Sache immer aus mehreren Blickwinkeln zu betrachten. Außerdem versuche er in Bezug auf die eigene Person »nicht allzu viel Ernsthaftigkeit« walten zu lassen.

Tatsächlich ist dieses Sich-selbst-nicht-so-wichtig-Nehmen die vielleicht sogar wichtigste Voraussetzung für die Haltung heiterer Gelassenheit. Denn die ausschließliche Orientierung an den eigenen Vorlieben, Wünschen und Interessen sorgt nicht nur für Selbstgerechtigkeit, sondern lässt auch die eigenen Sorgen und Nöte wie unter einer Lupe überdimensional groß und beängstigend erscheinen. Gerade in Krisenzeiten empfiehlt es sich daher, über den Tellerrand der eigenen Person hinauszuschauen und im besten Falle die Fähigkeit zu kultivieren, über die eigenen Schwächen ebenso lachen zu können wie über die Unzulänglichkeiten der Welt.

Wer diese Kunst meistert, hat sich eine Art von innerer Freiheit erworben, die selbst dann bestehen bleibt, wenn alle anderen Sicherheiten wegbrechen. Und aus der steten Angst ums Ich kann eine Zuversicht werden, die unabhängig von äußeren Umständen das Leben leichter macht – in schönen wie in schwierigen Zeiten.

Dass einem das längst nicht immer gelingt (außer vielleicht, man ist der Dalai Lama), gehört just zu den Unzulänglichkeiten der Welt, die man am besten mit Humor nimmt. Doch eine Lücke gibt es immer, und immer wieder kann man sich daran erinnern, dass auch die trübsten Entwicklungen mehr als eine Seite haben.

Besonders schön hat das einmal Snoopy auf den Punkt gebracht, der berühmte kluge Hund aus der Zeichentrickserie *Peanuts*, der dort das heitere Gegenstück zu seinem – stets leicht depressiven – Herrchen Charlie Brown bildet. In einer Folge sitzen beide auf einem Bootssteg und blicken auf den idyllischen See hinaus, was Charlie Brown unweigerlich auf traurige Gedanken bringt: »Eines Tages werden wir alle sterben, Snoopy«, sagt er melancholisch, worauf der Hund heiter antwortet: »Ja, aber an allen anderen Tagen leben wir.«

RESÜMEE – DIE ZUVERSICHTLICHEN ZEHN

Ein Erste-Hilfe-Programm für Fälle akuter Hoffnungslosigkeit. Wirkt auch gegen chronische Stimmungstiefs. Wiederholte Anwendung empfohlen.

1. **Erholen Sie sich.** Wer erschöpft und ausgebrannt ist, neigt automatisch zu einer düsteren Weltsicht. Deshalb lautet die erste Sofortmaßnahme gegen depressive Stimmungen: Gönnen Sie sich eine Pause, geben Sie Körper und Geist Zeit zur Regeneration. Wer erholt ist, blickt entspannter in die Welt und sieht die Dinge bereits positiver.

2. **Kommen Sie in Bewegung.** Geist und Körper sind nicht getrennt, deshalb lässt sich eine trübe Stimmung oft durch Bewegung oder eine bewusst aufrechte Körperhaltung verändern. Gehen Sie spazieren, joggen, tanzen oder was immer Sie mögen – alles ist besser, als auf dem Trübsinn buchstäblich sitzen zu bleiben. Ebenso hilfreich ist es, den Geist in Bewegung zu bringen – durch Musik, Kunst, Literatur oder ein gutes Gespräch mit Freunden.

3. **Weiten Sie den Blick.** Wir Menschen haben die fatale Angewohnheiten, uns vor allem auf Defizite zu konzentrieren: was uns fehlt, was andere uns voraushaben oder was generell in der Welt im Argen liegt. Positives hingegen nehmen wir schnell für gegeben und selbstverständlich. Durchbrechen Sie diese Gewohnheit und machen Sie sich klar, was in Ihrem Leben alles erfreulich ist. Sie können ein Tagebuch mit positiven Erlebnissen führen oder (wie

der krebskranke George Monbiot) Ihre individuelle *Shitstorm*-Skala erstellen. Gibt es auch Menschen, die schlechtere Werte als Sie erreichen? Wie gehen diese damit um?

4. **Shit happens!** Probleme sind unvermeidlich, doch wir haben die Wahl, wie wir sie bewerten. Erproben Sie die »glorreichen Fünf« Bewältigungsschritte, und denken Sie daran, dass es sich mit der seelischen Widerstandskraft ähnlich verhält wie mit dem Immunsystem: Abwehrkräfte entstehen erst durch die Konfrontation mit Schwierigkeiten. Wir können uns auch ein Beispiel am kleinen Hobbit nehmen: Möglicherweise stellen wir fest, dass uns in der Krise Kräfte zuwachsen, von denen wir selbst nichts ahnten.

5. **Zünden Sie ein Licht an.** Besser, als die Dunkelheit zu verfluchen, ist es, für Aufhellung zu sorgen. Schon das Schreiben, Malen, Musizieren und andere selbstwirksame Tätigkeiten können die Welt lichter machen. Und erinnern Sie sich an den Rat des Fahrlehrers: Statt wie gebannt auf eine drohende Gefahr zu starren, ist es besser, nach Ausweichmöglichkeiten Ausschau zu halten.

6. **Mut zur Hoffnung.** Die größten Realisten liegen oft dramatisch falsch bei der Beurteilung neuer Entwicklungen. Denn Fakten und Daten beziehen sich nur auf Vergangenes, nie auf Kommendes. Um die Zukunft zu gestalten, bedarf es daher eines gewissen Überschusses an Zuversicht. Allerdings sollte der Optimismus, wie Rotwein, in Maßen dosiert sein: Am besten fährt, wer sowohl das Ziel als auch die Hindernisse auf dem Weg dahin im Blick hat.

7. **Vermeiden Sie den »i-Buckel«.** Wer ständig auf sein Smartphone starrt, bekommt ein verzerrtes Bild der Welt: Denn digitale Medien sind auf schnellem Feedback aufgebaut; deshalb tendieren

sie dazu, negative Gefühle zu betonen. Auf Angst reagieren wir schneller als auf Entspannendes, Vertrauen lässt sich leichter zerstören als aufbauen. Zudem ruiniert der stete Blick nach unten auf Dauer Ihre Körperhaltung, was zusätzlich die Stimmung vermiest.

8. **Fördern Sie die Resonanz.** Wichtiger als materielle Sicherheiten sind gute Freunde und Aktivitäten, die Ihnen das Gefühl vermitteln, innerlich nach Hause zu kommen – zum Beispiel eine religiöse Praxis oder die Verbundenheit mit der Natur, die Liebe zu anderen Menschen, zu Kunst, Dichtung, Musik oder, wie bei Stephen Hawking, zur Astrophysik. Pflegen Sie diese Resonanzquellen; sie können in der Not zum wichtigsten Halt werden.

9. **Folgen Sie dem Sinn.** Kümmern Sie sich nicht ums Ankommen, sondern eher darum, ob Sie in die für Sie richtige Richtung gehen. Wer sein Tun als sinnvoll erlebt, hat schon gewonnen – egal wie es ausgeht. Und wer ein Warum hat zu leben, erträgt fast jedes Wie.

10. **Geben Sie etwas weiter.** Wer nur um die eigene Person kreist (Wie werde *ich* glücklicher?), verstrickt sich immer tiefer in Sorgen und Selbstmitleid. Handeln Sie lieber wie ein Arzt, der auch das Wohl der anderen im Blick hat und so im Notfall handlungsfähig bleibt. Auf diese Weise können Sie die Erfahrung der Generativität machen und – wie Nelson Mandela – die »Kraft der großen Sache« erleben.

Und zu guter Letzt noch ein Allzweckpflaster für alle Fälle: **Kultivieren Sie Ihren Humor**. Denn jedes Ding hat drei Seiten: eine positive, eine negative und eine komische. Und ein Lächeln hilft Ihnen oftmals eher aus der Patsche als eine Waffe.

ANMERKUNGEN

Was heißt hier Zuversicht

1 Stephen Hawking: *Meine kurze Geschichte*. Hamburg 2013
2 Susanne Mayer: Zuversicht. In: *ZEITWissen*-Magazin Nr. 6/2016
3 Zitiert nach Grimm'sches Wörterbuch, http://woerterbuchnetz.de
4 Francis Fukuyama: *Das Ende der Geschichte*. München 1992
5 Ralf Dahrendorf: An der Schwelle zum autoritären Jahrhundert. In: *DIE ZEIT* Nr. 47/1997
6 Stephen Hawking: This is the most dangerous time for our planet. *The Guardian*, 1. 12. 2016
7 Kommentare zur deutschen Übersetzung. S. Hawking: Gefährlichster Zeitpunkt der Menschheitsgeschichte. In: *Internationale Politik und Gesellschaft*, 6.1.2017
8 Zygmunt Bauman: *Retrotopia*. Berlin 2017
9 Fredmund Malik: Interview in *WertePraxis* Nr. II/2013, S. 13–16
10 U. Schnabel: Das Orakel von Cambridge. *DIE ZEIT* Nr. 37/2001
11 Friedrich Nietzsche, *Götzen-Dämmerung*, Sprüche und Pfeile, 12

I. Von der Angst zur Gestaltungskraft

12 Cool Germany. *The Economist*, 14.4.2018
13 Jen Jessen: Armes deutsches Würstchen. *DIE ZEIT* Nr. 37/2017
14 Florian Gathmann: Deutschland, Angstland, *SpiegelOnline*, 7.9.2016
15 Zukunftsinstitut: Next Politics. Ein Thesenpapier, 2017
16 »Die Sehnsucht nach Sicherheit«. Interview mit Heinz Bude. In: *GEO Wissen* Nr. 57, S. 24, 2016
17 Global Terrorism Index 2017, Institute for Economics & Peace, Sydney
18 Eine ausführliche Erklärung dazu findet sich in meinem Buch *Was kostet ein Lächeln*? München 2015
19 »Entspannte Fatalisten«. Interview mit Heinz Bude: In: *DIE ZEIT* Nr. 3, 2017

20 Daniel Kahneman: *Schnelles Denken, langsames Denken*, München, 2012, S. 349
21 »Man fühlt sich grauenvoll und schämt sich«, Interview mit Stefan und Gabriele Quandt. *DIE ZEIT* Nr 39/2011
22 P. Brickman, D. Coates: Lottery winners and accident victims: is happiness relative? In: *Journal of Personality and Social Psychology* (1978) Aug; 36(8): 917–27
23 »Reiche leben bis zu zehn Jahre länger«. Bericht auf Tagesschau.de vom 2.3.2017 zum Armutsbericht des Paritätischen Wohlfahrtsverbandes
24 P. K. Piff, J. P. Moskowitz: Wealth, Poverty, and Happiness: Social Class Is Differentially Associated With Positive Emotions. *Emotion*, 18. Dec. 2017. Advance online publication
25 Tali Sharot: *Das optimistische Gehirn*: *Warum wir nicht anders können, als positiv zu denken*. Berlin, Heidelberg 2014; S. 106ff.
26 Ebenda, S. 111
27 Bernd Ulrich: Wie radikal ist realistisch? *DIE ZEIT* Nr. 25/2018
28 Stefan Schmitt: Und wie geht's der Erde? *DIE ZEIT* Nr. 38/2017
29 Wolfgang Müller: Und sonntags wird die Terrasse repariert. *FAZ*, 22. Mai 2017
30 Christian Stöcker: Die Ratte in uns. *SpiegelOnline*, 20.11.2016
31 Gesine Schwan: Pegida ist überall. *DIE ZEIT* Nr. 1/2015
32 Leon Festinger: A Theory of Social Comparison Processes. In: *Human Relations* (1954), Nr. 7, S. 117–140
33 Robert Gernhardt: *Reim und Zeit, Gedichte*, Stuttgart 2009, S. 93ff.
34 Kolja Rudzio: Unverdiente Milliarden. *DIE ZEIT* Nr. 5/2018
35 K. Cramer: How rural resentment helps explain the surprising victory of Donald Trump, In: *Washington Post*, 13.11.2016
36 Jens Jessen: Tag der Deutschen Bahn. *DIE ZEIT*, 2.2.2017
37 George Monbiot: I have Prostate cancer. But I am happy. *The Guardian*, 13.3.2018
38 George Monbiot: *Out of Wreckage. A New Politics for an Age of Crisis*. London 2017
39 »Das Fürchten lernen«. Interview mit Ortwin Renn. *DIE ZEIT* Nr. 16/2014
40 Ortwin Renn: *Das Risikoparadox. Warum wir uns vor dem Falschen fürchten*, Frankfurt 2014
41 Hans Rosling: *Factfulness*. Berlin 2018
42 »Schlechter als Affen«, Interview mit Ola Rosling. In: *Der Spiegel*, 30.3.2018
43 Rollo May: *Love and Will*, New York 1969, S. 243

44 A. Widmann: Ein Held, der das Leben liebte. Zum Tode von Vaclav Havel. *Frankfurter Rundschau*, 18.12.2011

YACOUBA SAWADOGO – DER MANN, DER EINEN WALD PFLANZTE

45 Siehe z. B. Jean Giono: *Der Mann, der Bäume pflanzte. Mit Illustrationen von Quint Buchholz*. München 2016

46 Aus dem Nachwort von Walter Tappolet In: Jean Giono: *Der Mann, der Bäume pflanzte: Übersetzt von Walter Tappolet*. Zürich 1999

47 http://www.perso.ch/~arboretum/pla.htm

48 Andrea Jeska: Der Mann, der die Wüste aufhielt. In: *DIE ZEIT* Nr. 49, 2012. Der Text wurde übrigens ausgezeichnet mit dem renommierten Theodor Wolff Preis

II. Die innere Freiheit

49 Epiktet: *Handbüchlein der Moral*, Kap I/5, zitiert nach: Projekt Gutenberg-DE

50 A. Keller et. al.: Does the perception that stress affects health matter? In: *Health Psychology*, 33 (5), S. 677–684), (2012) siehe auch: Urs Willmann: *Stress. Ein Lebensmittel*. München 2016

51 Ellen Langer: *Counterclockwise*. Penguin, Randomhouse, 2009 (deutsche Ausgabe: Ellen Langer: *Die Uhr zurückdrehen*. Paderborn 2011)

52 Crum & Langer: Mind-set matters: Exercise and the placebo effect. *Psychological Science* Vol. 18, No. 2, S. 165–171, (2007)

53 Ilka Piepgras: Du bist, was Du denkst. *ZEITMagazin* Nr. 22/2016

54 Jens Corssen: *Das Corssen-Prinzip. Die vier Werkzeuge für ein freudvolles Leben*, München 2016

55 J. Corssen/U. Schnabel: *Persönlichkeit*. Video-Seminar und Begleitbuch. *ZEIT-Akademie*, 2017

56 J.R.R. Tolkien: *Der kleine Hobbit*. Aus dem Englischen von Walter Scherf München 2004, S. 34

57 Ursula Schafft-von Loesch: *Mit vorher nie gekanntem Mut*. Reinbek, 1997

58 Christina Bernd: *Resilienz. Das Geheimnis der psychischen Widerstandskraft*. München 2013

59 Ulrich Schnabel: Die Kraft aus der Krise. *DIE ZEIT* Nr. 45/2015 siehe auch: Raffael Kalisch: *Der resiliente Mensch*. Berlin 2017
60 M.D. Seery, E.A. Holman, R.C. Silver: Whatever does not kill us: Cumulative lifetime adversity, vulnerability, and resilience. *Journal of Personality and Social Psychology, 99*(6), S. 1025–1041. 2010
61 Bonanno G.A., Galea S, Bucciarelli A, Vlahov D:. Psychological resilience after disaster: New York City in the aftermath of the September 11th terrorist attack. *Psychological Science. Vol.* 17, S. 181–86, 2006
62 »Der Mensch ist ein zähes Tier«, Interview mit George Bonnano, *Brand Eins*, Nr. 11/2014

JULIANE KOEPCKE – DAS MÄDCHEN, DAS VOM HIMMEL FIEL

63 Juliane Koepcke: *Als ich vom Himmel fiel. Wie mir der Dschungel mein Leben zurückgab*. München 2011
64 Harro Albrecht: *Schmerz. Eine Befreiungsgeschichte*. München 2015
65 Deutsche Fassung: Julianes Sturz in den Dschungel. 1999. https://www.youtube.com/watch?v=rlJVIcCPIl8
66 https://panguana.de/
67 Pers. Kommunikation mit Juliane Diller, 22. Juni 2018
68 https://panguana.de/panguana-stiftung/mithelfen/

III. Das richtige Maß

69 W. Rief et. al.: Preoperative optimization of patient expectations improves long-term outcome in heart surgery patients, *BMC Medicine Vol.* 15 *(4)*, 2017
70 J. Maier: Das schaffe ich! In: *DIE ZEIT* Nr. 03/2017
71 Siehe etwa: H. Lumme: *Positives Denken. Einfach glücklich sein*. Kindle Edition, 2017
72 Eine gute Studien-Übersicht bietet das »Placebo-Netzwerk«: www.placebo-competence.eu/de/
73 J.B. Moseley et. al.: A Controlled Trial of Arthroscopic Surgery for Osteoarthritis of the Knee. In: *New England Journal of Medicine*, Vol 346, S. 81–88, 2002

74 Eine ausführliche Beschreibung dieses Phänomens findet sich in meinem Buch *Die Vermessung des Glaubens,* München 2008. (Kapitel 2)

75 S. Kam-Hansen, T.J. Kaptchuk, R. Burstein et.al.: Altered Placebo and Drug Labeling Changes the Outcome of Episodic Migraine Attacks. *Science Translational Medicine*, Vol. 6 (218), pp. 218 (2014)

76 Placebo in der Medizin. Stellungnahme des Wissenschaftlichen Beirats der Bundesärztekammer. In: *Deutsches Ärzteblatt* 107, Heft 28–29 (19.7.2010), S. A 1417–21

77 Placeboeffekt: Mehr als nur Einbildung. In: *Deutsche Apothekerzeitung*, Nr. 10., S. 1, 7.3.2011

78 C. Peterson, LM Bossio: Optimism and physical Well-Being. In: EC Chang (Hrsg.): *Optimism and Pessimism. Implications for Theory, Research and Practice*, American Psychological Association, Washington DC 2000

79 Zitiert nach: Michael Kraske: Die Kunst der Zuversicht. In: *Psychologie heute*, Nr. 04/2018

80 M. Puri, D.T. Robinson: Optimism and economic choice. In: *Journal of Financial Economics*, Elsevier, Vol. 86(1), S. 71–99, October 2007

81 Josef Karg: Die schönsten Fehlprognosen in Technik-Geschichte. In: *Augsburger Allgemeine*, 10.5.2010

82 Joachim Radkau: *Geschichte der Zukunft. Prognosen, Visionen, Irrungen in Deutschland von 1945 bis heute*. München 2017

83 Ulrich Schnabel: Das Überraschende erwarten. *DIE ZEIT* Nr. 16/2011

84 »Die Igel der Welt«, Interview mit Sudhir Kakar, *DIE ZEIT* Nr. 15, 2005

85 Tali Sharot: *Das optimistische Gehirn*. Berlin, Heidelberg 2014

86 O. Swenson: Are we all less risky and more skilful than our fellow drivers? *Acta Psychologica*, Vol. 47 (2) 145f. (1981)

87 M.D. Alicke, O Govorun: The Better-Than-Average Effect. In: Alicke et.al.: The Self in Social Judgement, New York, S. 85 – 108, (2005)

88 Robert Trivers: *Betrug und Selbstbetrug*. Berlin 2013

89 H. Shefrin: How Psychological Pitfalls Generated the Global Financial Crisis. In: L. Siegel: *Voices of Wisdom: Understanding the Global Financial Crisis*. Charlottesville, VA: CFA Institute, 2009

90 »Träum das Problem!« Interview mit Gabriele Oettingen. *DIE ZEIT* Nr. 50/2014

91 Gabriele Oettingen: *Die Psychologie des Gelingens*. München 2015

92 Giovanni Maio (Hrsg.): *Die Kunst des Hoffens. Kranksein zwischen Erschütterung und Neuorientierung*. Freiburg 2015

93 Zitiert nach: Christian Heinrich: Wie mächtig ist die Hoffnung? In: *DIE ZEIT* Nr. 37/2017
94 Anke Sparmann: Krebs. Warum wir ihn nicht besiegen sollten. In: *GEO* Nr. 11, 2016
95 Robert Koch Institut: Krebs in Deutschland, Berlin 2017
96 Jarle Breivik: We Won't Cure Cancer. In: *New York Times*, May 27, 2016
97 Rolf Verres und Dagmar Munck im SWR »Treffpunkt Klassik Extra«, 20.7.2013, siehe auch Ulrich Schnabel: *Was kostet ein Lächeln? Von der Macht der Emotionen in unserer Gesellschaft.* München 2015

ALI MAHLODJI – DER BOTSCHAFTER DER JUGENDTRÄUME

98 N. Roettger: Wie dieser Gründer das Wikipedia der Lebensläufe bauen will. Gründerszene. 24.1.2014
99 Ali Mahlodji: *Und was machst du so? Vom Flüchtling und Schulabbrecher zum internationalen Unternehmer*, Berlin 2017
100 https://www.whatchado.com/de/stories/ali-mahlodji

IV. Der Treibsatz der Kreativität

101 C. O'Connor: Billion-Dollar Bumble, *Forbes*, 12. Dez. 2017
102 W. Wolfe, Ich habe einen Traum, *ZEITMagazin* Nr. 6/2018
103 Werner Heisenberg: *Der Teil und das Ganze. Gespräche im Umkreis der Atomphysik.* München 1969, S. 101
104 D. Shechtman: Meine Stärke rührt aus der Kindheit. In: *DIE ZEIT* Nr. 50/2011
105 Interview mit Ron Wayne. *Financial Times Deutschland*, 7.10.2011
106 https://www.whatchado.com/de/stories/ali-mahlodji
107 Matthew Shipton: *The Politics of Youth in Greek Tragedy. Gangs of Athens.* Bloomsbury Academic, 2018
108 Zitiert nach: C. Peters: Warum Menschen auf die Jugend schimpfen. *SpiegelOnline*, 29.6.2018
109 David Finkelhor: The Internet, Youth Safety and the Problem of »Juvenoia«. 2011 www.*unh.edu/ccrc/pdf/Juvenoia%20paper.pdf*

110 Natalie Knapp: *Der unendliche Augenblick. Warum Zeiten der Unsicherheit so wertvoll sind.* Hamburg 2015
111 »Die Ungewissheit umarmen«. Gespräch mit Helga Nowotny, *DIE ZEIT* Nr. 32, 2018
112 Ali Mahlodji: *Und was machst du so?* Berlin 2017, S. 33
113 Hilde Domin: *Nur eine Rose als Stütze. Gedichte.* Frankfurt 1994
114 Michael Braun: Nur eine Rose. Zum Tod der Dichterin Hilde Domin. *Der Tagesspiegel*, 24.2.2006
115 Etwa hier: https://www.theguardian.com/us-news/video/2018/mar/24/emma-gonzalezs-powerful-march-for-our-lives-speech-in-full-video
116 Kerstin Kohlenberg: Wie lange hält die Bewegung? *DIE ZEIT* Nr. 14/2018
117 David Hein: Axel Springer führt Youth Council ein. *Horizont*, 13. April 2018
118 https://futurzwei.org/
119 www.euforia.org
120 http://freeinterrail.eu/
121 Herr & Speer: *#TunWirWas. Wie unsere Generation die Politik erobert.* München 2018
122 Uwe Jean Heuser: Bitte mehr Wumms! *DIE ZEIT* Nr. 37/2017
123 Architekten suchen Ideen gegen Platzmangel. Van Bo Le-Mentzel im Gespräch mit Dieter Kassel. *Deutschlandfunk Kultur*, 10.3.2017
124 Van Bo Le-Mentzel: *Der kleine Professor. 34 Dinge, die mich mein Sohn über das Leben, die Liebe und die Welt gelehrt hat.* Salzburg 2016, S. 121

LÉLIA & SEBASTIÃO SALGADO – DAS PAAR DER GENESIS

125 Sebastião Salgado: *Genesis*. Köln 2013
126 Ders.: *Africa*. Köln 2007
127 Ders.: *Sahel. The End of the Road.* Berkeley 2004
128 *Kuwait. Wüste in Flammen.* Köln 2017
129 Lélia Salgado: »Senza la mia macchina fotografica Sebastião sarebbe stato un bancario«. *IO Donna/Corriere della Serra*, 28.3.2016
130 S. Salgado: Das stille Drama der Fotografie, TED Talk, 2013
131 Siehe z. B. Salgados Bildbände: *Anderes Amerika.* München 2015. *Workers – Arbeiter. Zur Archäologie des Industriezeitalters.* Frankfurt 1993
132 Wim Wenders: *Das Salz der Erde.* Dokumentarfilm, 2014

133 Conversation with Sebastião and Lélia Wanick Salgado, Museum of Photographic Art, 19.7.2017
134 Sebastião Salgado: *Exodus.* Köln 2016
135 Instituto Terra, www.institutoterra.org
136 »Wir sind auch nur Tiere«. Gespräch mit S. Salgado. *DIE ZEIT* Nr. 14/2013

V. Der Ausweglosigkeit entkommen

137 Bericht von Deniz Yücel in *DIE WELT*, 10.2.2018
138 Deniz Yücel: *Wir sind ja nicht zum Spaß hier.* Hamburg 2018
139 Roland Barthes: *Tagebuch der Trauer.* München 2010 siehe auch: G. Kalberer: Maman war seine große Liebe. *Tagesanzeiger*, 10.4.2010
140 Herta Müller. Literatur hat keine Grenzen. *Deutsche Welle*, 4.12.2014
141 Der in Deutschland verständlicherweise *nicht* unter dem Titel »Mein Kampf« erschien, sondern dessen Bände unverfängliche Titel wie »Sterben«, »Lieben«, »Leben« oder »Kämpfen« trugen. (Luchterhand Verlag)
142 Leseprobe: http://www.andreas-altmann.com/leseproben/das-scheissleben-meines-vaters
143 Interview mit A. Altmann. Das war meine Rettung, *ZEITMagazin* Nr. 28/2017
144 J.W. Pennebaker, S.K. Beall: Confronting a traumatic event. *Journal of Abnormal Psychology*, Vol. 95, S. 274–281, 1986
145 Siehe: J. Frattaroli: Experimental Disclosure and its moderators: A meta-analysis. *Psychological Bulletin,* Vol. 132(6), S. 823–65, 2006
146 Claudia Wüstenhagen: Schreib Dich frei! *ZEIT Doctor* Nr. 14/2016
147 James Pennebaker: *Heilung durch Schreiben. Ein Arbeitsbuch zur Selbsthilfe.* Bern 2009
148 Silke Heimes: *Schreib dich gesund. Übungen für verschiedene Krankheitsbilder.* Göttingen 2017
149 »Gereizt, zynisch und paranoid«. Interview mit Jaron Lanier. *DIE ZEIT* Nr. 23/2018
150 Jaron Lanier: *Zehn Gründe, warum du deine Social Media Accounts sofort löschen musst.* Hamburg 2018
151 Alard von Kittlitz: Die Rettung des Schneeleoparden. *DIE ZEIT* Nr. 41/2017

152 G. Pennycook, T. Cannon, D. Rand: Prior exposure increases perceived accuracy of fake news. *Journal* of *Experimental Psychology: General,* June 2018, siehe auch: U. Schnabel: Wie stoppt man Fake News? *DIE ZEIT* Nr. 40/2017
153 David Grossmann: Gegen die Masse. *DIE ZEIT* Nr. 11/2017
154 V. Hagedorn: Es gibt etwas Höheres, *DIE ZEIT* Nr. 4/2017
155 Interview mit Hartmut Rosa, in: Ulrich Schnabel, *Was kostet ein Lächeln?;* München 2015, S. 251 ff.
156 Siehe etwa: Wolfgang Prinz: *Selbst im Spiegel. Die soziale Konstruktion von Subjektivität.* Frankfur/Main, 2013. Ausführlich beschreibe ich diese Prozesse in meinem Buch: *Was kostet ein Lächeln?* S. 145 ff.
157 Hartmut Rosa: *Resonanz. Eine Soziologie der Weltbeziehung*. Frankfurt/M 2016
158 E. Pearce, J. Launay, R. Dunbar: The ice-breaker effect: Singing mediates fast social bonding. *Royal Society Open Science*, Vol. 2: 150221. (2015)
159 Harro Albrecht: *Schmerz. Eine Befreiungsgeschichte.* München 2015, S. 550 ff.
160 D.T. Kenny, G. Faunce: The impact of group singing on mood, coping and perceived pain in chronic pain patients attending a multidisciplinary pain clinic. *Journal of Music Therapy* 2004; XLI(3): 241–58
161 Zit. nach: Nelson Mandela: *Der lange Weg zur Freiheit*. Spiegel Edition, 2006/2007, S. 258
162 Ebd., S. 421
163 Ebd. S. 494
164 R. Zemeckis: Ich habe einen Traum. *ZEIT Magazin* Nr. 43/2015
165 Siehe etwa Katrin Zeug: Ich schaffe das! *ZEITWissen-Magazin* Nr. 5/2017

VIKTOR FRANKL – DER SEELENARZT IN DER HÖLLE

166 F. Malik: Identifikation – womit und wofür? *Manager-Magazin*, 8.2.2005
167 Viktor E. Frankl: … *trotzdem Ja zum Leben sagen. Ein Psychologe erlebt das Konzentrationslager*. München 1982, S. 108
168 Ders.: *Dem Leben Antwort geben*. Weinheim 2017, S. 14
169 Ders.: … *trotzdem Ja zum Leben sagen*. S. 67
170 Hans Weigel im Vorwort zu … *trotzdem Ja zum Leben sagen*, S. 9

VI. Die Kraft der Großen Sache

171 Tatjana Schnell: *Psychologie des Lebenssinns*, Berlin, Heidelberg 2016
172 Interview mit T. Schnell: »Beim Sinn geht es nicht um Glück ...«. *Psychologie Heute*, Februar 2014
173 Miao, M., Zheng, L., & Gan, Y. (2016). Meaning in Life Promotes Proactive Coping via Positive Affect: A Daily Diary Study. *Journal of Happiness Studies*. doi:10.1007/s10902-016-9791-4
174 Viktor E. Frankl: *Wer ein Warum zu leben hat. Lebenssinn und Resilienz.* Weinheim 2017
175 U. Eberle: Die gefährliche Frage nach dem Sinn. In: *GEOWissen* Nr. 53, 2014
176 P.A. Boyle, A.S. Buchman, R.S. Wilson: Effect of Purpose in Life on the Relation Between Alzheimer Disease Pathologic Changes on Cognitive Function in Advanced Age. *Arch Gen Psychiatry*, Vol. 69, Nr 5, May 2012
177 Natalie Knapp: Über den Sinn. Vortrag im Rahmen der SyNA-Tagung, Hochschule Hannover, April 2018
178 Siehe z.B.: Allensbacher Berichte: Spaß haben, das Leben genießen. Nr. 5, 2001. Oder: https://www.sinndeslebens24.de/umfragen-zum-sinn-des-lebens-die-deutschen-zwischen-hedonismus-und-altruismus
179 Joachim Retzbach: Sinn schlägt Glück. *Gehirn & Geist*, Nr. 08/2017
180 http://www.sinnforschung.org/mein-lebenssinn/26-lebensbedeutungen
181 Stefan Willeke: Kahn im Finale. *DIE ZEIT* Nr. 27/2002
182 Was war da los, Herr Kahn? *Der Spiegel*, 22.12.2006
183 Interview mit Oliver Kahn: »Es gibt in diesem Moment keinen Trost«, *Der Spiegel* 23/2018
184 Sebastian Junger: *The Perfect Storm*, New York 1997
185 Sebastian Junger: *War. Ein Jahr im Krieg.* München 2010. Ders.: *Restrepo*, Dokumentarfilm, 2010
186 In seinem Dokumentarfilm *Korengal*, 2014
187 Sebastian Junger: How PTSD Became a Problem Far Beyond the Battlefield. *Vanity Fair.* 7.5.2015
188 »Unter Kriegern«. Interview mit Sebastian Junger. *Stern*. Nr. 45, 2010
189 Sebastian Junger: *Tribe. Das verlorene Wissen um Gemeinschaft und Menschlichkeit.* München 2017
190 Zitiert nach: Sebastian Junger: *Tribe*, München 2017, S. 24

191 World Health Organization: Depression and Other Common Mental Disorders: Global Health Estimates. Geneva: 2017. Licence: CC BY-NC-SA 3.0 IGO

192 B. Hidaka: Depression as a Disease of Modernity. *Journal of Affective Disorders*. Vol. 140, 2012

193 Die Staatssekretärin für Ziviles und Sport, Tracey Crouch, wurde mit dieser Aufgabe betraut, weil inzwischen etwa 9 Millionen Briten unter Einsamkeit leiden. Siehe z. B. *SpiegelOnline*, 17.1.2018

194 Jens Jessen: Biggest brother, *DIE ZEIT* Nr. 8/2018

195 Charles Fritz: Disasters and Mental Health: Therapeutic Principles Drawn From Disaster Studies, Disaster Research Center, University of Delaware, 1996

196 http://www.iysf.org/

197 Hanno Rauterberg: Das kleine, leichte Gefühl. In: *ZEITWissen*-Magazin Nr. 6/2016

198 Martin H. Baumann: Orbituary, *The New York Times*, 18.12.2015

199 A. Spiess: Mitarbeiter spenden 3300 Überstunden an Kollegen. *HR Info*, 5.2.2018

200 Alexander Batthyány: *Die Überwindung der Gleichgültigkeit. Sinnfindung in einer Welt des Wandels*, München 2017

IRENE DISCHE & NATALIE KNAPP – »ES GIBT IMMER EINE LÜCKE«

201 Irene Dische: *Großmama packt aus*. Roman, Hamburg 2005

202 Irene Dische: Trump l'œuil. *DIE ZEIT* Nr. 48/2016

203 Natalie Knapp: *Der unendliche Augenblick. Warum Zeiten der Unsicherheit so wertvoll sind.* Hamburg 2015

204 Eine gekürzte Fassung des Gesprächs erschien in: *DIE ZEIT* Nr. 31, 2017

VII Haltung und Heiterkeit

205 Zitiert nach: K. Zeug: Mach es anders. *ZEIT Wissen* Nr. 2/2013

206 David Foster Wallace: *Das hier ist Wasser,* Köln, 2012

207 Siehe J. Corssen/U. Schnabel: Persönlichkeit. Video-Seminar, *ZEIT-Akademie,* 2017

208 Eine Vielzahl von Studien dazu findet sich in Jörg Blech: *Die Heilkraft der Bewegung*. Frankfurt am Main 2014

209 M. Mubanga, T. Fall et. al: Dog ownership and the risk of cardiovascular disease and death – a nationwide cohort study. *Scientific Reports,* Vol. 7 (15821), 2017

210 F. Strack et. al: Inhibiting and Facilitating Conditions of the Human Smile, *Journal of Personality and Social Psychology,* Vol. 54(5), S. 768–777, 1988

211 S. Nair, E. Broadbent et. al.: Do slumped and upright postures affect stress responses? *Health Psychology*, Vol. 34(6), S. 632–641, 2015

212 J. Michalak, K. Rohde, N. F. Troje: How we walk affects what we remember: Gait modifications through biofeedback change negative affective memory bias. *Journal of Behavior Therapy and Experimental Psychiatry*, Vol. 46, S. 121–125, March 2015

213 A. Cuddy: Your iPhone is ruining your posture. *New York Times*, 12.12.2015

214 Haddon Klingberg in: *Viktor E. Frankl und der Humor,* Festschrift des Viktor Frankl Zentrums Wien 2015

215 Ulrich Schnabel: Wer lacht, hat keine Angst. *DIE ZEIT* Nr. 31/2017

216 Interview mit Heinz Bude, *GEO Wissen* Nr. 57, S. 24, 2016

217 Gero von Randow: Bombenstimmung. *DIE ZEIT* Nr. 44/2017

218 Barbara Wild (Hrsg): *Humor in Psychiatrie und Psychotherapie*. Stuttgart 2012

219 R. Dunbar et. al.: Social laughter is correlated with an elevated pain threshold. *Proc. Roy. Soc B, Biological Sciences*, (2012), Vol. 279(1731) S. 1161–7

220 https://richardwiseman.files.wordpress.com/2011/09/ll-final-report.pdf

221 Wilhelm Schmid: Heiterkeit. Rehabilitierung eines philosophischen Begriffs. *DIE ZEIT* Nr. 41/1999

222 Zitiert nach: Seneca: *Vom glückseligen Leben*. Stuttgart 1978, S. 53 ff.

223 Dalai Lama, Desmond Tutu: *Das Buch der Freude*, München 2016

BILDNACHWEIS

S. 13 picture-alliance/dpa
S. 55 Moussa Legrand Ouedraogo
S. 81 Erich Diller
S. 113 Raffael Stiborek
S. 142 Ricardo Beliel
S. 174 ullstein bild/Imagno
S. 209 Getty Images/Ulrich Baumgarten
S. 210 privat

REGISTER

Ulrich Schnabel

Was kostet ein Lächeln?

Von der Macht der Emotionen in unserer Gesellschaft

ISBN 978-3-89667-492-0

Merken Sie, wie Sie unwillkürlich lächeln, wenn Sie jemand anlächelt, wie Sie schlechte Laune erfasst, wenn Ihnen ein mürrisches Gesicht entgegenblickt? Nichts prägt unser Fühlen und Erleben so sehr wie die Emotionen anderer. Wir Menschen haben eine erstaunliche Fähigkeit, die Gefühle anderer zu lesen, uns in sie hineinzuversetzen – und uns von ihnen anstecken zu lassen. Forschungen zeigen, dass unser Verhalten oft stärker vom emotionalen Umfeld bestimmt wird als von unseren eigenen Überzeugungen. Und das hat zum Teil dramatische Folgen.
Ulrich Schnabel kartografiert die Gefühlslandschaft, durch die wir täglich navigieren, und beschreibt, wie wir zwischen der Sehnsucht nach stabilen Beziehungen und dem Wunsch nach Freiheit hin und her gerissen werden. Er entlarvt die emotionalen Fallen der Konsumgesellschaft, beschreibt die Mühen der modernen Liebe und berichtet von der »Gefühlsarbeit« und der emotionalen Erschöpfung speziell in sozialen Berufen. Zugleich zeigt er, wie wir uns gegen die emotionalen Zumutungen unserer Zeit wehren – ein starkes Plädoyer dafür, die Souveränität über die eigenen Gefühle zurückzuerobern.

BLESSING